Fredrika Bremers Reise

Durch Nordamerika und Kuba

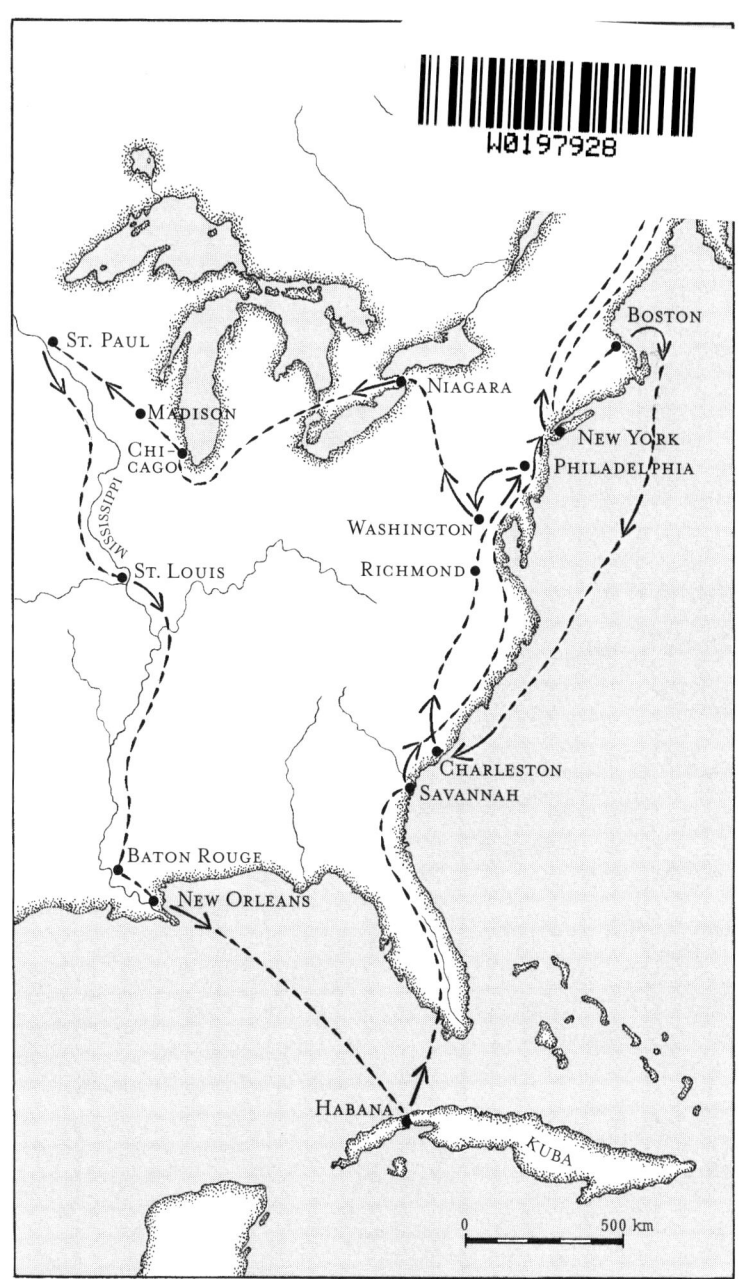

ALTE ABENTEUERLICHE REISEBERICHTE

Fredrika Bremer

F R E D R I K A   B R E M E R

Durch Nordamerika und Kuba

R E I S E T A G E B Ü C H E R   I N   B R I E F E N

1 8 4 9 – 1 8 5 1

Herausgegeben von

Detlef Brennecke

EDITION ERDMANN

INHALT

VORWORT DES HERAUSGEBERS

»Wie froh ich bin, dass ich hier bin
in der jungen, neuen Welt«
Fredrika Bremer (1801–1865)

Am 26. März 1843, einem Sonntag, besuchte der dänische
Schriftsteller Hans Christian Andersen während eines Aufenthaltes in Paris seinen ebenfalls dort weilenden deutschen
Kollegen Heinrich Heine. Der, notierte Andersen am Abend
in sein Reisejournal, geriet bei der Begrüßung des Gastes sogleich ins Schwärmen: hielt er doch »den Norden für das
mystische Land, in dem der Schatz der Poesie begraben liege«. Welch ein Reichtum an Geschichten! Aufs Höchste en-
thusiasmiert nahm Heine die günstige Gelegenheit wahr, den
Skandinavier nach der zurzeit erfolgreichsten Schirmherrin
jenes Hortes zu fragen – nach Fredrika Bremer.

In der Tat hatte die Schwedin seit etlichen Jahren mit ihren Romanen nicht nur daheim unablässig Verkaufsrekorde
aufgestellt, sondern auch im Ausland die Oberhand in litte-
ris gewonnen. Da konnte dann schon einmal eine Rezension
umschlagen in chauvinistische Impertinenz und der griechi-
sche Mythos von der unerfüllten Leidenschaft der Phädra gut
sein für die Verballhornung des Namens einer ledigen Frau,
einer Mitbewerberin um die Gunst des Publikums. »Fedrike
[sic!] Bremer«, schrieb Karl Gutzkow 1841 im *Telegraf für
Deutschland*, »eine Schwedin, ist jetzt die Beherrscherin der
deutschen Leihbibliotheken.« Diese Stellung hätte am liebs-
ten wohl er eingenommen: er, der fast jeden seiner Stoffe in
mehreren Bänden auszuwalzen pflegte. Doch die Hoffnung,
auf diese Weise das Gros der Leserschaft an sich zu binden,
erfüllte sich nicht. Es war zu jener »Mamsell Bremer« über-
gelaufen, deren Werke seit 1838 zunächst bei Brockhaus in
Leipzig und bald darauf bei einer Reihe von anderen Druck-
häusern erschienen. In einmütigem Wetteifer schürten sie

den gewinnträchtigen Boom und warfen innerhalb von drei Jahren vier Arbeiten ihrer Autorin auf den Markt. Und zwar in neunzehn Ausgaben: gebunden und als Heftchen, als Einzeltitel und Bestandteil von »Ausgewählten Schriften«, in Erstauflagen und Neufassungen, mal einfach, mal gediegen und mal sehr wertvoll ausgestattet. Dass dabei nicht auf Punkt und Komma geachtet wurde, weder bei der Entlohnung der Urheberin noch bei der Zuverlässigkeit der Übersetzungen – wen scherte das? Hauptsache war: Man blieb im Geschäft. Denn dieses lief, wie Heinrich Brockhaus bilanzierte, glänzend … handelte es sich doch um Bücher, »die uns wenig kosten, ziemlich teuer sind und vortrefflich gehen«.

Welchen Grad das Bremer-Fieber hierzulande über Nacht erreicht hatte, bekam der Dichterfürst der Schweden, Esaias Tegnér, im Sommer 1841 hautnah zu spüren. Nach der Rückkehr von einer Kur in Schleswig schilderte er in ein paar Zeilen an Fredrika Bremer, wie begierig man in Deutschland war, Nachrichten aus erster Hand über sie zu erhalten. »Als dein Landsmann hatte ich mich einer strengen Prüfung zu unterziehen, in Sonderheit bei den Damen.« Und dann zitierte er – auf Deutsch! – den Hergang des Verhörs: »›Sie kennen doch die Fräulein Brehmer?‹ – ›Freilich, ein wenig. Ich habe sie aber nur einmal gesehen.‹ – ›Ist sie schön?‹ ›Ist sie jung?‹ ›Ist sie reich?‹ ›Warum heiratet sie nicht?‹ ›Hat sie einen Liebhaber?‹ ›Hat sie viele Abenteuer gehabt?‹« Ratlos seufzte der alte Mann: »Liebste Fredrika! Was sollte ich auf alles das bloß antworten?«

Die Frage ist bis heute offen.

Fredrika Bremer wurde am 17. August 1801 auf dem Gut Tuorla geboren. Das lag in der Nähe von Åbo* an der West-

---

* Der Laut »Å« in schwedischen Namen wie »Åbo« oder »Årsta« wird ausgesprochen wie der Buchstabe »o« in den deutschen Wörtern »oben« oder »Ohr«.

küste der schwedischen Besitzungen in Finnland, in dessen Sprache jene Stadt »Turku« heißt. Hierher war ihr Großvater einstens über die Ostsee gekommen und hatte durch den Betrieb von Minen und Manufakturen ein riesiges Vermögen angehäuft, mit dem er weite Ländereien erwarb.

Alle diese Liegenschaften verwaltete nun sein Sohn Karl Fredrik Bremer, ein Mann – wie sich bald zeigen sollte – mit Spürsinn für die dräuenden Gezeitenwechsel der Geschichte. Er ahnte, dass in einer Epoche, da Napoleon Grenzen anfocht und sprengte und neue zog ... da Staaten Bündnisse schlossen und lösten und andere vereinbarten – dass folglich in einer Periode, in der nichts mehr Bestand hatte, ein Überseegebiet kein sicherer Boden war. Daher gab er Tuorla auf und zog mit seiner Familie 1804 nach Stockholm. Ein Jahr später kaufte er drei Meilen südlich von hier das Schlösschen Årsta, in dem Fredrika Bremer heranwachsen sollte. Årsta, das heutzutage malerisch eine Parkaue ziert, war damals wie eine Trutzburg in die Wildnis gebaut. Und dementsprechend ambivalent! Denn es stellte sowohl ein Walpole'sches »Castle of Otranto« dar als auch einen Rousseau'schen Retrait in die Natur. Mit einem Wort: Årsta war zugleich Arkadien und Qualheim.

Fernab vom kriegerischen Weltgetriebe, in dem Schweden – wie von Bremer befürchtet – seine Provinzen in Finnland 1809 an den Zaren verlor, herrschte in Årsta die Geborgenheit eines Zucht-und-Ordnung-Hauses, wo nach erniedrigendem Drill fünf höhere Töchter herangezogen wurden (vom Bildungsweg der zwei Knaben wird kaum etwas überliefert).

Es begann mit immer demselben Ritual. »Um 8 Uhr morgens«, erinnerte sich Charlotte, die Erstgeborene, »sollten wir angekleidet sein und hineinkommen und Guten Morgen wünschen, zuerst unserer Mutter, die dann in einem kleineren Wohnzimmer an ihrem Kaffeetische saß und unsern Gang von der Tür bis zu ihr genau betrachtete. Gingen wir dann schlecht, so mussten wir nach der Tür zurückgehen und die Promenade zur Mutter von neuem machen, knicksen und

9

ihre Hand küssen. Ging es mit der Verbeugung unglücklich, so musste sie wiederholt und verbessert werden. Die arme kleine Fredrika konnte niemals so gehen, stehen, sitzen oder sich verneigen, dass die Mutter damit zufrieden war, und hatte manche traurige Stunde deswegen.«

Dabei war dieses Exerzitium noch harmlos.

Folgenschwerer wog der Umstand, dass Frau Bremer die Ansicht vertrat, ein Kind, das sich satt äße, würde träge und dumm ... weshalb sie ihrem eigenen Nachwuchs zum Frühstück und zum Nachtmahl nie mehr auftischen ließ als ein Schälchen Milch und ein Scheibchen Knäckebrot. Ein Quantum, das im Übrigen das Wachstum der Mädchen aufhalten sollte – war die Gnädigste doch beim Lesen von Romanen oft auf Heldinnen gestoßen, die »zephirgleich« dahinschwebten: zerbrechlich und – wie bezaubernd! – blass. Drum hatten auch die kasernierten Nymphen jeden Sonnenstrahl zu meiden. Wogegen ihrem körperlichen Regungsdrang tunlichst nachzugeben sei. »Wenn wir Bewegung bedürften«, zitierte Charlotte, »so könnten wir uns hinter einen Stuhl stellen, die Lehne desselben anfassen und Sprünge machen.« Dass schließlich auch Frieren für zuträglich gehalten wurde, versteht sich bei dieser éducation radicale ganz von selbst. Wie obendrein die Tatsache, dass die Kinder alle miteinander kleinwüchsig waren und fünf der sieben vergleichsweise früh starben – an Auszehrung, wie es hieß: Sophie mit vierzehn Jahren, August mit zweiundzwanzig, Hedda mit vierunddreißig, Klas mit fünfunddreißig und Agatha mit dreiundvierzig.

Bloß den beiden Ältesten war ein längeres Leben vergönnt: Charlotte, der es gelang, sich in eine Ehe abzusetzen – und Fredrika, die zur Kämpferin wurde.

Abzusehen war das nicht. Denn die Isolationshaft, in der sie mit ihren Schwestern – sei es auf Årsta oder in der Wohnung

in der Stockholmer Regeringsgata – festgehalten wurde, weil
der Vater angeordnet hatte, seine Töchter gegen alles »Böse«
abzuschirmen … diese Käfighaltung also, in der er fünf Ia-
Ehefrauen heranzuzüchten meinte, brachte nichts anderes
hervor als fünf zerstörte Seelen. Wie am Schnürchen mühten
sich daher seine fünf Gelenkpuppen, ihn mit Proben ihrer
Kunst zu erfreuen – mit einer Etüde am Pianoforte, einer ver-
schnörkelten Häkelei, einem anmutigen Schattenriss, ein
paar selbst geschmiedeten Versen oder einer Rezitation in
fremdländischer Zunge:

> *»A woman is born to dignify retreat,*
> *In shade to flourish and unseen be great,*
> *Fearful of fame, unwilling to be known,*
> *Should seek but Heavens approval and her own.«*

> *»Dem Weibe geziemt Distanz zum Weltgeschehn,*
> *Es blüh im Schatten und wachs ungesehn,*
> *Hab keinen Ruf, sein Name sei nicht feil,*
> *Es such nur droben und bei sich sein Heil.«*

So eindringlich und nachhaltig war nach diesem Motto Alexander Popes auf Årsta Indoktrination betrieben worden,
dass es noch die achtundsechzigjährige Charlotte – längst
eine gestandene Gattin – mit Zustimmung wiederholte.

Fredrika hingegen widerte das alles an … diese monoto-
ne Marionetten-Existenz vom morgendlichen Appell bei der
Mutter über die täglichen Lektionen bei irgendeiner Gouvernante zur abendlichen Séance beim Vater, wenn dieser sich,
derweilen ein Mitglied des Hausstands nach dem anderen
einschlief, von seinen Töchtern aus historischen Monografien in der jeweiligen Ausgangssprache vorlesen ließ: aus Vol-
taires *Leben Carls XII., König von Schweden** (1731) und

---

* Werke, die ins Deutsche übersetzt worden sind, werden mit ihrem deutschen Titel zitiert; bei Werken, von denen es keine Nachbildung in unserer Sprache gibt, folgt im Anschluss an die Wiedergabe ihres Originalti-
tels dessen Übersetzung in Klammern.

William Robertsons *Geschichte von Amerika* (1777) – zwei
Bände! – und Friedrich Schillers *Dom Karlos, Infant von Spanien (1787)*.

Und doch! Entfachte die Eventualität, die der Marquis
von Posa nannte, dieses flüchtige Gesetzt-den-Fall:

> *»Wenn nun der Mensch, sich selbst zurückgegeben,*
> *Zu seines Werts Gefühl erwacht [...]«*

bei Fredrika nicht Erregung und Widerstandswillen, Empörung?

Ja, dies erst recht, nachdem der alte Bremer – da war
Fredrika just zwanzig geworden – im Sommer 1821 eine
Continental Journey anberaumt hatte, auf der sich die Familie samt Dienerschaft und Postillionen mit zwei Fuhrwerken
und acht Pferden über Stralsund, Darmstadt, Basel und
Genf bis nach Paris begeben sollte. Denn während der Vater
seine allseits befremdende Karawane im verbissenen Eifer
eines Herdenhunds unentwegt beisammenhielt, gewahrte
Fredrika wie von einem fahrenden Logenplatz aus, was Freiheit war, gesellschaftliches Dasein. – Beklemmender, bedrü-
ckender, beschränkender als jemals zuvor erschienen ihr
deshalb nach ihrer Heimkehr Schloss Årsta und die Wohnung in Stockholm. War es nicht, als verkümmerte sie in einem, wie sie es selbst seither empfand, »Gefängnis«? »An
einer ewigen und grauen Stickerei arbeitend, starb ich immer mehr und mehr ab, das heißt an meinen lebendigern
Kräften, an meiner Lust zu leben. Das Gefühl der Qual er-
starb nicht, es wurde mit jedem Tage schärfer, wie der Frost
eines zunehmenden Winters. Die Flamme in meiner Seele
zitterte angstvoll und wollte nur eins: für immer erlöschen.
Meine Schwestern litten mit mir, sie litten in mir und ich in
ihnen. Während der gemeinschaftlichen Trübsale auf unserer ausländischen Reise hatten wir uns zuerst innig aneinander geschlossen; während der gemeinschaftlichen Leiden unsers häuslichen Lebens vereinigten wir uns noch
inniger, und unter Schmerzen und Tränen ward der Bund

geschlossen, den nichts inniger und fester machen, den nichts auflösen kann, und der nun meine größte Freudenquelle ist. Ein Jahr nach dem andern ging vorüber; alles blieb sich gleich; physische Plagen, geweckt durch die innern, bemächtigten sich meiner, ein Ausschlag bedeckte mein Gesicht, meine Augen wurden gelblich, ich hatte an Seele und Körper fast immer ein Gefühl des tiefsten Unbehagens, ein Frösteln, ein Gefühl des Verschimmelns. Ich bekam eine Art Schrecken und Abscheu vor den Blicken der Menschen, ich stand zu mir selbst und zu ihnen in einem Missverhältnisse, welches mir unerträglich war. Das Los der Frauen im Allgemeinen und insbesondere mein eigenes kam mir schauderhaft vor.«

Es ist eine aparte Ironie der Nemesis, dass ausgerechnet der, der die meiste Drangsal bewirkte, seiner Geisel den Weg aus der Misere wies. Denn spätestens bei der von ihm befohlenen Lektüre von Schillers Drama *Die Jungfrau von Orleans* (uraufgeführt notabene in Fredrikas Geburtsjahr 1801) fühlte auch sie sich wie jene »zarte Magd« berufen, als unbefleckte Verfechterin der Freiheit zu Felde zu ziehen. Nicht, selbstverständlich, mit Harnisch und Helmsturz, sondern mit Papier und Feder.

Fredrika Bremer wurde Schriftstellerin.

Bereits als Kind hatte sie immer wieder Gedichte verfertigt, altkluge Festtagsreimereien in den Sprachen, die sie eben lernte: Französisch, Englisch, Italienisch. Und als sie mit vierzehn Jahren gemeinsam mit Charlotte eine religiöse Fibel aus dem Deutschen ins Schwedische befördert hatte, ließ der stolze Vater dies Weihnachtsgeschenk sogar verlegen. Da war das Abfassen von Texten für Fredrika längst zur Gewohnheit geworden, zu einem Ventil, durch das sie den Druck ihres seelischen Elends abbauen konnte. Das Schreiben war Ausbruch und Entrinnen: nicht in andere Bereiche – die kannte sie ja kaum –, sondern in selbst gewählte … selbst befreiende.

So begann sie irgendwann nach jener bizarren Grand Tour durch Europa, eine Prosaminiatur aufzusetzen. Und als sie die beendet hatte, lancierte sie das Manuskript mithilfe eines ihrer Brüder zu einer Offizin in Uppsala. Dort befand man die Sache für gut und brachte das Werk, *Axel und Anna oder Briefwechsel zwischen zwei Hausgenossen*, 1828 heraus.

Wenn man es genau nimmt, war der Titel dieses Buches ein Programm – sowohl was das Thema (die Geschlechterbeziehung) als auch was die Gattung (die Ich-Erzählung) und schließlich was den Ort der Handlung betraf (ein Haus). *Skizzen aus dem Alltagsleben*, als die das Werk im Untertitel gekennzeichnet wurde, sollten nahezu alle Hervorbringungen Fredrika Bremers werden: Projektionen jenes Gesichtskreises, der ihr seit knapp drei Jahrzehnten bestens vertraut war. Jetzt spiegelte sich alles in epischer Form wieder: die Patriarchendespotie, die dumpfe Stubenhockerei, das Dienstmädchengekicher – kurz: Bürgertum und Biedermeier … tief verwurzelt in einem undogmatischen, aber konsequenten Christentum.

Als August Strindberg in den *Skizzen aus dem Alltagsleben* blätterte, war er abgestoßen. In seiner autobiografischen »Entwicklungsgeschichte« *Der Sohn der Magd* (1886) gedenkt er jenes Moments, in dem sein Alter Ego Johan im Bücherschrank des Vaters stöberte und die *Skizzen* herausnahm: »Familienmief und Tantenmoral schlugen ihm entgegen und er stellte sie zurück.« Das war in Anbetracht der manchmal langatmigen und oft handlungsarmen und meist betulichen Erzählweise Fredrika Bremers begreiflich. Nur zu verständlich aber auch bei einem Mann, der den Gleichheitsanspruch der Frauen blindwütig missbilligte. Denn zwischen allem Plüsch und Plunder hatte er sehr wohl jenen Zündstoff entdeckt, der dem Œuvre dieser Amazone einst bleibende Geltung verschaffen und sie selbst zu einer prominenten Feministin machen sollte.

Immerhin war es mutig gewesen, unverblümt zur Sprache

zu bringen, dass Weibspersonen in der schwedischen Gesellschaft gleichsam nicht zählten. Erhielten doch Mädchen weder eine Schul- noch eine Berufsausbildung; und wenn sie dennoch eine Tätigkeit ausüben wollten, dann waren sie auf Gewerbe angewiesen, deren Ansehen gering oder gar zweifelhaft war. Dieser Zynismus wurde dadurch gesteigert, dass Frauen vor dem Gesetz unmündig und deshalb ganz dem Willen ihrer Väter oder Männer unterworfen waren. »Erst als Witwe«, fasste ein Historiker sarkastisch zusammen, »wurde der Frau das Recht zugestanden, über ihre Person und ihren Besitz zu verfügen.«

Derlei möglichst zu ändern war Fredrika Bremers Absicht. Deshalb benutzte sie ihre Romane unermüdlich als Mittel, das Haustyrannentum zu unterhöhlen. Und sei es auch nur dadurch, dass sie in *Die Familie H.* (1830/31) einen Sechzigjährigen mitteilen ließ, er wolle, falls er sich je zu einer Heirat durchringen könnte, seiner Auserkorenen auferlegen, »dass sie nie andre Bücher lesen darf, außer höchstens das Gesangbuch und das Kochbuch«. Es ist dieselbe offensive Ironie, mit der Fredrika Bremer in *Die Töchter des Präsidenten. Erzählungen einer Gouvernante* (1834) die Bestürzung schilderte, die den Protagonisten bei der Vorstellung befällt, ein Frauenzimmer könnte zu reflektieren beginnen: »Was soll um Gottes willen ein junges Mädchen mit Plato tun?«

Fredrika Bremer entwickelte ihr Anliegen peu à peu fort. Sie betonte in *Die Nachbarn* (1837), dass es ihr um die Versöhnung von Gegensätzen geht; veranschaulichte in *Das Haus, oder Familiensorgen und Familienfreuden* (1839), was es bedeutet, wenn eine Frau ihre Begabung und ihre Neigung dem Gatten zuliebe begraben muss; hob in *Ein Tagebuch* (1843) hervor, dass ein gemeinnütziges Wirken von Frauen nicht deren Ehestand bedingt; und ließ in *Geschwisterleben* (1848) einen ihrer Sympathieträger von jener Zukunft schwärmen, »wenn das goldene Zeitalter der Gemeinschaft kommt, wenn wir gemeinsame Wohnungen, gemeinsame Vorratshäuser, gemeinsame Küchen, gemeinsame Kirchen, eine gemeinsame Religion haben, wenn reich und arm, hoch und niedrig bloß leere Worte sein werden, wenn wir wie Brüder alle gleich arbeiten und alle gleich genießen, wenn die pompösen Anstalten Vaterland, König, Staat, Monarchie abgeschafft sind, wenn die ganze Erde ein einziges Vaterland für eine einzige große Familie ohne Kasten und Innungen, ohne Klassen, Collegien, Zölle u. dgl. Lumpenzeug sein wird«. Väter, hört die Signale …

Wen wundert's, dass Friedrich Engels zwei Jahre später in einem Brief an Karl Marx bezeugte, dass er zwar das eine oder andere von »Fröken Bremer« gelesen hatte – freilich war es ihm zu angepasst, zu wenig radikal.

Und das stimmte auch! Fredrika Bremers Impetus war noch nicht aggressiv, sondern intuitiv. Obwohl sie allein stehend blieb (später sollte sie damit kokettieren, wie sie – einem nach dem anderen – sechs Freiern einen Korb gegeben hatte), sah sie sich gleichwohl als Mutter: als eine Frau, die durch ihre Romane erzog. »Die Welt wird in ihren mannigfaltigen, wechselnden Gestalten aufs Lebendigste geschildert, und die Jugend erblickt hier vor ihren Augen die Karte des Landes, in welchem sie bald die lange Reise durchs Leben antreten soll.« Fredrika Bremer verstand ihre Bücher als Weisung.

Wer sie aufmerksam gelesen hatte, wusste, dass darin jenes Utopia geortet war, wo die Verwirklichung des Bremer'schen Traums von der wahren und gerechten Lebensordnung – wenn nicht kurz bevorzustehen, so doch – möglich schien: Amerika. »Es ist ein Gefilde, welches im Wesentlichen darauf fußt, dass die Frau dort befreit ist und nach dem Gesetz wie auch im öffentlichen Bewusstsein jenen Status besitzt, der ihr als Individuum gebührt.« An American Dream!

Amerika war »in« … Nachdem am Beginn des 19. Jahrhunderts, wie es Esaias Tegnér auf den Punkt gebracht hat, »Frieden, Impfstoff und Kartoffeln« eine solche Vermehrung der

Bevölkerung herbeigeführt hatten, dass Europa seine Leute nicht mehr beschäftigen – geschweige denn ernähren – konnte, waren die Vereinigten Staaten im Bewusstsein der Hiesigen zu einem neuen Kanaan geworden. Dies nicht zuletzt dadurch, dass unser Kontinent, der alte, seit geraumer Zeit von einer Flut von Beschreibungen der USA überschwemmt wurde, die summa summarum den Eindruck hinterließen, das Glück, gleich welcher Art, läge jenseits des Atlantiks.

Zu solcher Überzeugung hatten in der Heimat Fredrika Bremers Bücher beigetragen wie Axel Leonard Klinckowströms *Bref om de Förenta Staterna författade under en resa till Amerika åren 1818, 1819, 1820* (»Briefe über die Vereinigten Staaten, verfasst auf einer Reise nach Amerika in dcn Jahren 1818, 1819, 1820«; 1824) sowie Carl August Gosselmans *Resa i Norra Amerika* (»Reise im Nördlichen Amerika«; 1835) und Carl Ulrik von Hauswolffs *Teckningar utur sällskapslifvet i Nord-Amerikas Förenta Stater* (»Skizzen aus dem Gesellschaftsleben in Nord-Amerikas Vereinigten Staaten«; 1835). Alle diese und ähnliche Titel wurden in ihrer Wirkung indes übertroffen von zwei Werken, die auswärts ihren Ursprung hatten: von Alexis de Tocquevilles *Über die Demokratie in Amerika* (1835/40) und Charles Dickens' *Aufzeichnungen aus Amerika* (1842).

Dabei verdankte der Report des Engländers seine Resonanz nicht etwa der Begeisterung über das Erfahrene, sondern der Prominenz seines Autors. 1842 hatte er, dessen Bücher in den USA Millionenauflagen erzielten, zwischen Boston und St. Louis Triumphe gefeiert und trotz des Trubels und Klamauks um seine Person doch Wachsamkeit genug besessen, um auch die Schattenseiten des Gelobten Landes wahrzunehmen: das kalte Jobbertum, die seichte Eventlust, das grobe Rowdybenehmen. Nachgerade zum Ausbund amerikanischer Rücksichtslosigkeit sollte der Lenker einer Stage-Coach werden, der Dickens von Cincinnati nach Columbus transportierte: »Er kaut stets und spuckt stets und belastet sich nie mit einem Taschentuch. Die Folgen dieser Tugenden für den Passagier im Coupé, vorzüglich wenn er auf der dem Winde entgegengesetzten Seite sitzt, sind nicht angenehm.«

Im Anschluss an die Chronik von bleibenden Erinnerungen dieser Art geißelte Dickens in seinem Tendenzroman *Leben und Abenteuer Martin Chuzzlewits* (1843/44) die Selbstsucht der Yankees, die allzeit bereit sind, ihren eigenen Vorteil dem Wohl des anderen überzuordnen. »Gleichgültig blinzeln in solchen Fällen die Sterne aus dem Banner Amerikas hernieder, und die Freiheit zieht ihre Mütze über die Augen und begrüßt die Unterdrückung in ihrer scheußlichsten Gestalt als ihre leibliche Schwester.«

Tiefer schürfend als Dickens' rhetorische Polemik und deshalb letztlich auch einflussreicher war die soziologische Analyse des Franzosen, die auf dessen USA-Besuch in den Jahren 1831 bis 1832 zurückging. Vorderhand wollte Tocqueville das amerikanische Gefängniswesen erkunden; doch dann hatte er sein Augenmerk darüber hinweg auf die Leitgedanken der dortigen *Constitution* gerichtet, ihre Umsetzung und – am Ende – ihre Folgen. Namentlich durch diesen letzten Gesichtspunkt wurde seine umfangreiche Untersuchung zu einem Kompendium, auf das sich Reflexionen über die Gestaltung einer gerechten und tauglichen Massengesellschaft fortan stützen sollten: weltweit wie in den Tagen Fredrika Bremers.

Was die »Wikingerin« – als die sie sich gern bezeichnete – seit dem Studium dieser Riesenarbeit interessierte, war die Position ihrer Geschlechtsgenossinnen in Amerika. Wurden sie nach wie vor als »Geschöpfe gleichen Wertes, obwohl ungleicher Bestimmung« betrachtet? War demzufolge weiterhin »nirgends ihre Stellung höher« als dort? Und beruhte das Gedeihen des Volkes noch immer auf der »Überlegenheit seiner Frauen«? Zudem: Auf welche Weise vertrug sich die Bekundung der *Unabhängigkeitserklärung* von 1776, »dass alle Menschen gleich geschaffen sind«, mit der Sklaverei?

Mag sein, dass diese Fragen erstmals aufgetaucht waren, als Fredrika sich weiland Abend für Abend durch Robertsons *Geschichte von Amerika* quälen musste. Fest steht jedenfalls,

dass aus solchem Wissensdrang frühzeitig der Wunsch er-
wuchs, die Sache vor Ort zu erhellen. Und wie der Vater
dann zur unverhohlenen Erleichterung der Seinen gestorben
war (»Es tat uns gut [...]«), wurde aus dem Verlangen ein
Vorsatz.

Etwas Weiteres trat hinzu: Fredrika Bremer war durch den
Transfer ihrer Texte ins Englische drüben eine Kultfigur geworden, eine Ikone, deren Anziehung dermaßen stark war,
dass Europa-Touristen nicht selten eine Wallfahrt ins No-
where Land von Årsta unternahmen. Malla Silfverstolpe, eine
Freundin der Romancière, die einmal bei einem Besuch auf
dem Schloss im Bett geblieben war, während Fredrika Bremer mit ihrer jüngsten Schwester in der Hauptstadt Besor-
gungen machte, hat eine solche Visite mit ungeminderter
Verblüffung in ihrem Tagebuch geschildert: »Plötzlich
kreuzte zum Mittag ein Trupp von Ausländern auf. Baron
Kantzow von Stortorp mit einer [dick unterstrichen!] amerikanischen Familie, Master Norrie samt Frau und Tochter und
seiner Schwägerin Miss van Horn. Ich kleidete mich eilends
an, um dafür Sorge zu tragen, dass die unbekannte Gruppe
nicht unverrichteter Dinge abziehen musste, und ging dann
auf eigene Faust zu den mir wildfremden Leuten hinunter
und begann sie auf Französisch anzusprechen; Kantzow fragte mich, wer ich sei, und gab sich selbst als Schwede zu erkennen. Danach versuchte ich, mich mit den Älteren auf
Englisch sowie mit der Tochter auf Französisch zu verständi-
gen, einem hübschen zwanzigjährigen Ding. Frau Bremer
kam mit Agatha kurz vor dem Essen aus Stockholm zurück;
und kaum dass wir uns von Tisch erhoben hatten, waren
schon wieder neue Amerikaner eingetroffen und warteten im
Salon: der Gesandte Ellsworth mit einem Master Borrow
samt seinem Sohn und seiner Tochter. Alle wollten sie die berühmte Künstlerin Fredrika Bremer sehen und ihre Bekanntschaft machen.«

Mochten solche Überfälle auch bisweilen lästig sein, so
wurden dabei doch in der Regel Einladungen zu Gegenbe-
suchen in den Staaten ausgesprochen, weshalb Fredrika Bre-

mer, zumal sie obendrein für *Geschwisterleben* ein respektables Honorar erhalten hatte, den Beschluss zu ihrer Exkursion fasste. »Ich will mir«, erklärte sie am 21. Juni 1848, »die Wohnstätten im Land anschauen und die Frauen und was aus dem Menschen unter den neuen Formen der Freiheit und der Humanität werden kann, die sich dort Bahn gebrochen haben. Die Behandlung der Frauen in der Neuen Welt ist ein großer und edler Zug in den Verhältnissen allda, der mich für die kommenden Generationen viel erhoffen lässt.«

Sie nahm einen langen Anlauf: fuhr erst nach Dänemark und anschließend nach England. Aber dann, am 22. September 1849, teilte sie ihrem engen Vertrauten Hans Christian Andersen von Liverpool aus mit: »Heute, Glockenschlag 11 Uhr, werde ich in die neue Welt aufbrechen.« Schrieb's und ging an Bord des Dampfboots »Canada«.

Die kranke Agatha daheim auf Årsta tröstete sich derweil über allen Trennungsschmerz mit dem Versprechen Fredrikas hinweg, ihr – so oft es ging – auf dem Postweg zu berichten, was sie jenseits des Großen Teichs erlebt hatte.

Mehrfach hatte sie veranschlagt, nach zwölf Monaten wieder in Schweden zu sein; dann blieb sie zwei Jahre in Amerika. Zu weit waren die Strecken, die sie mit Kutschen, Schiffen, Eisenbahnen zurückgelegt … zu bunt die Eindrücke, die sie in Häusern, Städten, Landschaften gesammelt … zu tief die Aufschlüsse, die sie bei Weißen, Schwarzen, Rothäuten gewonnen hatte. Ihr Lerneifer war groß – und dadurch ihre Triebkraft stark. Und zwar vom ersten Tage an. Kaum dass sie das Fallreep der »Canada« in New York herabgestiegen war, da jubelte sie schon: »Wie froh ich bin, dass ich hier bin in der jungen, neuen Welt.«

Auch wenn sie – vermutlich bedingt durch die Fülle all des Ungewohnten – öfter an Migräne litt und müde war, sollte sie doch das Hochgefühl des Anfangs nimmermehr verlassen.

Und so wandelte »The Great Fredricka« durch die Republik, ein eigenes Verslein auf den Lippen: »Verheiß'nes Land, so fromm und frei ... «

Was ihr auf seinem Territorium Halt gab, war ihr Ruhm. Denn mochten ihr die aufdringlichen Bitten um ein Autogramm und die abgedroschenen Fragen nach ihrem Urteil über die Verhältnisse in God's own country auch auf die Nerven gehen, so waren sie doch Ausdruck einer Zuneigung, die ihr überall erwiesen wurde und im Gegenzug ihr Befinden prägte. »Wie schön ist's«, schrieb sie an Agatha, »hier zu sein.«

Die Menschen, die sie in Empfang genommen hatten, kannte sie entweder (wie den Landschaftsarchitekten Andrew Jackson Downing) dem Namen nach oder (wie die beiden Norries) sogar leibhaftig, weil sie »in Årsta bei uns waren«.* Und da sie aus solchen Kontakten mit ihrem gewinnenden Wesen schnell Freundschaften zu machen verstand, hatte sie im Nu ein Netz von Beziehungen geknüpft, an dessen Fäden sie jetzt ihre Feldforschung ausrichten konnte.

Sie ließ sich in ein Phalanstère begleiten, eine nach den Ideen des französischen Philosophen Charles Fourier in der Nähe von Newark betriebene Genossenschaft, die durch ihren »Communismus« etwas von dem realisierte, was Fredrika Bremer eben erst in ihrem Roman *Geschwisterleben* unter dem Signum des »christlichen Socialismus« entworfen hatte.

Ein paar Wochen später wurde sie bei dem Schriftsteller Henry Wadsworth Longfellow eingeführt, der an der Harvard Universität in Boston Vorträge hielt über die Geschichte der Literaturen Skandinaviens und mit dessen Versepos *Evangeline* sie sich auf dem Verdeck der »Canada« die Zeit vertrieben hatte. »Eine freundliche alte Dame«, nannte Longfellow die Neunundvierzigjährige unter dem Datum des 6. Dezember 1849 in seinem sketch-book, »mit exquisiten Manieren und einer sanften Stimme«. Dann bat er sie so

---

* Diese Bemerkung steht in einem Brief vom 15. November 1849 aus New York, der in unserer Ausgabe nicht enthalten ist.

galant wie extravagant, sie möge ihm doch ihre rechte Hand in Gips abgießen lassen.

Nein!, von Dickens' rauchenden und rotzenden Wildwestlern war, wie sie taktvoll betonte, ringsum nichts zu sehen. Und doch befand sie sich in keiner heilen Welt.

Da mochte sie noch so ausgelassen in Herrenbegleitung im Atlantik planschen (»›Miss B***, kann ich das Vergnügen haben, ein Bad mit Ihnen zu nehmen?‹«) … da mochte sie noch so bewegt die Niagarafälle bestaunen … und noch so entspannt auf einem Mississippi-Steamer dahin»rollen« oder versunken in die Prärie hinausschweifen: Der Umgang der Weißen mit den Sklaven erregte Fredrika Bremer immerfort – ob in Columbia, Charleston oder New Orleans. Die Wahrnehmung der Sklaverei wurde zu einer bleiernen Bedrückung. Allmählich jedoch zu einer Herausforderung. Und dadurch zu guter Letzt zu einem enormen Impuls für den Kampf um die Gleichstellung der Frau.

Im Widerspruch zur Radikalität dieser vorerst keimenden Entwicklung stand Fredrika Bremers gemäßigte Vorstellung von der Aufhebung der Sklaverei, ihr moderater »Abolitionismus«. Denn ungeachtet ihrer Entrüstung über den Horror bei den Sklavenauktionen und ungeachtet ihrer Empörung über den Terror auf den Plantagen ging sie doch davon aus, »dass die Negerrasse einen starken Instinkt der Ergebenheit und Verehrung hat, und dies kann man den Leuten an den Augen ansehen, die einen eigentümlich guten, getreuen und wahren Ausdruck haben, welchen ich liebe, und der mich an den schönen Ausdruck in den Augen des Hundes erinnert; gewiss ist auch, dass sie eine natürliche Neigung hat, sich unter die weiße Rasse zu stellen und ihrer höheren Intelligenz zu gehorchen«.

Auf Grund dessen wähnte Fredrika Bremer die Lösung des Problems nicht in der kurzfristigen Entlassung der Sklaven, sondern darin, dass man sie zunächst in den USA ausbildete und daraufhin nach Afrika zurückbeförderte. Dort könnten sie – welch schöner Zusatzeffekt – den Aufbau ihrer angestammten Wohnsitze betreiben und Entwicklungshilfe leisten. »Ich bin überzeugt, dass dies die Wahrheit und der Weg ist.«

Der Kernpunkt aber dieses nur aus verstreuten Aussagen zu rekonstruierenden Programms besteht darin, dass Fredrika Bremer die zentrale Funktion im alles entscheidenden Beitrag zur Befreiung der Sklaven, also ihrer Erziehung, den Frauen beimaß.

In einem parallel zu ihren Briefen an Agatha abgefassten Traktat für die dänische Königin Caroline Amalie, in dem Fredrika Bremer im April 1851 ihre Erfahrungen bilanzierte und deshalb auch pointiert vortrug, ging sie ebenfalls auf das Thema der Sklaverei ein. Dabei lobte sie den Einsatz von Frauen, die für Sklavenkinder Schulen eingerichtet hatten, um sie zu befähigen, später auf eigenen Füßen zu stehen. »Und ich teile«, sagte sie zum Abschluss ihrer Ausführungen, »vollkommen die Ansicht eines klugen alten Mannes, dass die Möglichkeit künftiger Befreiung aus der Sklaverei hier zu Lande mehr in der Gewalt der Frauen als der Männer liege. – Junge Mütter der Menschheit habe ich die jungen Lehrerinnen aus den Staaten Neuenglands, die Töchter der Pilgerväter, genannt. Den jungen Weibern der südlichen Staaten ist ein ähnliches Amt angewiesen, und zwar ein so nahe liegendes und so natürliches, dass es mir scheint, als sei es ihnen von Gott Vater selbst angewiesen.«

Wiederum beschwor Fredrika Bremer hier jene »zweite Mutter«, nicht die biologische, wohl aber die soziale, »die Pflegerin, Lehrerin, Erzieherin, die oft mehr Mutter ist als diejenige, welche den Namen trägt«: jene Gebärerin mithin des neuen Menschen, der sie in *Geschwisterleben* so engagiert gehuldigt hatte. Denn sie meinte sich selbst.

Aber war diese Reminiszenz nicht auch eine Mahnung, ihre Mutterrolle in der Heimat wieder aufzunehmen: den Part der Wegbereiterin zur Emanzipation der Frauen?

Fredrika Bremer hatte ihren ursprünglichen Zeitplan weit überzogen und war von New Orleans für ein Vierteljahr zu einem pittoresken Finale nach Cuba übergesetzt. Wer ihrer Route auf einer Karte der Karibik folgt, wundert sich heute,

dass die »Sennora unter dem Häubchen« von der Zucker-
rohrinsel nicht weitergesegelt ist in die schwedische Kolonie
Saint Barthélemy bei den Kleinen Antillen, um herauszufin-
den, wie denn die eigenen Landsleute ihre Sklaven behandelten. Sei's drum, sie sah die Zeit gekommen, die Rückfahrt
anzutreten.

In Lenox in Massachusetts traf sie im August 1851 noch
Nathaniel Hawthorne, den Autorenkollegen, mit dem sie
nur zu gern ein Gespräch geführt hätte. »Aber war es nun
seine oder meine Schuld, es wollte nicht gehen; ich musste
immer allein sprechen und es wurde mir zuletzt ganz unheimlich und wunderlich zumute.« Sie wusste nicht, dass ihr
Gastgeber sie einfach nicht verstand. Ihr Englisch war, wie er
hinterher beklagte, »so sonderbar artikuliert und akzentu-
iert, dass es ausgeschlossen ist, sich bei mehr als einem von
zehn Wörtern dessen sicher zu sein«. Sieben Jahre später sollten sie sich in Rom wieder treffen und glänzend verstehen.
Tempi passati!

Das galt jetzt auch für die USA. Fredrika Bremer packte
ihre Koffer und schiffte sich am 13. September 1851 in New
York auf der »Atlantic« ein, um nach Europa heimzukehren.

Das Erste, was Fredrika Bremer erfuhr, als sie schwedischen
Boden betrat, war: dass die Adressatin ihrer Briefe, ihre
Schwester Agatha, vor Monaten verstorben war. Also lagen
sie nun da, die Impressionen, Anekdoten und Fakten: ein im-
menses Konvolut voller Informationen über ein Bravour-
stück – den Streifzug einer unverheirateten »alten Dame«
(Longfellow war ein Gentleman, aber eben auch ein Realist)
durch Amerika und Cuba.

Sie hat hernach zu Protokoll gegeben, wie sie sich jetzt,
nach dem Einzug auf dem verwaisten Årsta, dazu durchringen musste, die Bündel ihrer Botschaften in ein Buch umzu-
modeln. Wenn man freilich bedenkt, mit welcher Ausführ-

lichkeit und Sorgfalt sie all das Gehörte und Gesehene aufgezeichnet hat, dann drängt sich die Vermutung auf, dass sie eine solche Edition von vornherein ins Auge gefasst hat. Diese Annahme wird erhärtet, wenn man von dritter Seite erfährt, mit welcher Akribie die femme de lettres auf Schritt und Tritt recherchierte.

Als nämlich ihre Landsmännin Tora Nordström-Bonnier aus Anlass des hundertjährigen Jubiläums der Bremer'schen Mission die Spur der Wanderin in den USA wieder aufnahm, gelangte sie auch nach Charleston. Eine gehörige Strecke außerhalb der Stadt fand sie einen Platz, an dem Fredrika Bremer im Sommer 1850 ein nächtliches Fest von Schwarzen miterlebt hatte. Eine Jagdhütte stand unterdessen auf der Lichtung. Und als Tora Nordström-Bonnier sie betrat, fand sie an einer der Wände – fein säuberlich aufgezogen und unter Glas gerahmt – einen fünfzig Jahre alten Zeitungsausschnitt, in dem davon erzählt wurde, dass an dieser Stelle »The Bremer« gestanden und »sich unaufhörlich Notizen gemacht« hat. »Hier war nun endlich«, resümierte die glückliche Fährtensucherin, »die Antwort auf eine Frage, die ich mir oft gestellt hatte: Wie konnte sie alle ihre Beobachtungen im Kopf behalten? Sie schrieb sie also auf Zetteln auf – wie jeder ganz normale Journalist.«

Mit diesem überlegten und absichtsvollen Handeln deckt sich die scheinbar banale, tatsächlich aber raffinierte und kalkulierte Betitelung des Originals.

Denn *Hemmen i den Nya Verlden. En dagbok i bref [. . .]*, was mit »Zuhause in der Neuen Welt. Ein Tagebuch in Briefen [. . .]« übersetzt werden kann, weist im einleitenden Begriff der Hauptüberschrift, der Pluralvokabel »Hemmen«, auf jenen Roman hin, in dessen Heldin Petrea sich Fredrika Bremer 1839 selbst porträtiert hatte: *Hemmet, eller familjesorger och fröjder (Das Haus, oder Familiensorgen und Familienfreuden)*. Die beiden Anfangswörter der Unterzeile, »En dagbok«, spielen auf den Roman von 1843 an: *En dagbok* (Ein Tagebuch). Und als »Brief«roman war ihr Erstling von 1828 angelegt: *Axel und Anna, oder Briefwechsel zwischen zwei Hausgenossen* – dito ihr Roman von 1837: *Die Nachbarn.*

Das bedeutet, *Hemmen i den Nya Verlden. En dagbok i bref [...]* suggerierte bei seinen Lesern – und das gilt cum grano salis für die ausländischen wie für die einheimischen – so etwas wie epische Kontinuität. Denn Fredrika Bremer schien ihr altes Spiel zwischen Phantasie und Realität zu betreiben: War, was hier geschrieben stand, nun fiction oder fact? Und wer war jenes »Ich«? War »Fredrika« eine imaginäre oder die existente Person, die im literarischen Kontext geradeso erscheint, wie damals, als auf Seite 5 von *Geschwisterleben* augenzwinkernd über den »verwünschten Krimskrams« einer »wie heißt sie doch? Mamsell Bremer« gelästert wurde?

Wer dazumal die drei neu erschienenen Bände der Schwedin zur Hand nahm, musste ihrem Genre gegenüber dasselbe Gefühl von Vertrautheit des Fremden besitzen, das Fredrika Bremer Sicherheit gab, als sie 1849 in New York an Land ging und augenblicklich von Bekannten umringt war (und John Greenleaf Whittier ihr schwungvoll sein Poem »Weise aus dem dunst'gen Nordland« zueignete).

Auch wenn uns Heutigen diese Komponente ihres Werkes weitgehend vorenthalten bleibt, besticht uns doch nach wie vor jenes Element, das die Geläufigkeit ermöglicht hat: die Darstellung von Interieurs, von Hautnähe und Häuslichkeit – von publikumsorientierter Privatheit.

So nützlich theoretische Analysen à la Tocqueville und so fordernd polemische Pamphlete à la Dickens und so kurzweilig historische Romane wie *Das Cajüttenbuch oder Nationale Charakteristiken* (1841) des Deutschen Karl Postl, der sich Charles Sealsfield nannte, auch sind – ihnen fehlt generell der Blick hinter die Kulissen, den Fredrika Bremer sowohl ins Weiße Haus des Präsidenten als auch in die Hütte eines Sklavenehepaars und ins Zelt eines Indianerhäuptlings geworfen hat. Die Darlegung der dabei gewonnenen Ein-Sichten beschert der Dokumentation *Durch Nordamerika und Cuba* jene Unmittelbarkeit und Frische, die sie bis heute ausstrahlt und ihrer Schöpferin nicht nur einen Platz innerhalb der Weltliteratur sichert, sondern auch den Rang einer Gewährsfrau auf dem Feld der Amerikakunde. Mit gutem Grund verweist der Historiker Golo Mann in seinem Beitrag für den achten Band der *Propyläen Weltgeschichte* (1960) auf »die schwedische Reisende Fredericke Bremer«.

Sie war nach Amerika gefahren, um Material für ihr weiteres Ringen um die »Emancipation« zu sammeln. Gefunden hatte sie es in der Erkenntnis, dass die Frauen leibeigen, bildungsarm und machtlos waren wie die Sklaven in den Staaten und beide der Achtung, Schulung und Befreiung bedurften. Daher schrieb sie ihren skandalmachenden chef-d'œuvre, den Roman über die Herrschaft eines Vaters, eines ortsüblichen Sklavenhalters: *Hertha* (1856) ... Sie zielte damit auf die Abschaffung des schwedischen Gesetzes von 1734 über die Unmündigkeit von Irrenhäuslern, Kindern und Frauen.

Und deshalb fielen harte Worte.

Fredrika Bremer konfrontierte ihre Leserschaft mit einer apokalyptischen Vision, worin düster gewandete Häscher die Freiheitskämpferin ins Kloster werfen wollten, worin sich Prostituierte für die einzigen ungebundenen Evastöchter hielten und die Bischöfe von Rom kein anderes Hirtenwort zu verkünden wussten als die sattsam bekannte Formel: »Das Weib schweige in der Gemeinde!«

Hertha indes, das Sprachrohr der Verfasserin, ließ sich nicht mundtot machen: »›Ich möchte eine Bildungsanstalt errichten, eine hohe Schule, in der man nicht Französisch oder Englisch, Musik oder Zeichnen lernen soll – das alles kann man anderswo lernen –, in der aber junge Mädchen – gleichviel welcher Klasse der Gesellschaft sie angehören –, welche zum Gefühl ihres höhern Bedürfnisses erwacht sind und denen das geistige Gemach, in welchem sie leben, zu eng geworden ist, zum Selbstbewusstsein und zum Bewusstsein ihres Berufs als Mitglieder der bürgerlichen Gesellschaft erzogen werden und lernen sollen, über die Fragen: – »Was bin ich? – Was kann ich? – Was soll ich?« – nachzudenken und sie zu beantworten.‹«

Forderungen wie diese halfen mit, dass das Gesetz über die Unmündigkeit von Frauen in Schweden 1858 zunächst abgeändert wurde (aufgehoben wurde es gänzlich erst 1921). Obwohl sich die Gelehrten seither darüber streiten, in welchem Maß Fredrika Bremers Einsatz zur Entscheidung beigetragen hat, bezweifelt doch keiner von ihnen, dass sie dieselbe forciert hat. Sie war mittlerweile eine Instanz, eine internationale Autorität. »Ihr Ruhm«, bemerkte Selma Lagerlöf, »war wie der einer Königin.«

Als am 15. September 1856 in Brüssel ein »Congrès de Bienfaisance« zusammentrat, wurden drei Wohltäterinnen der Menschheit geehrt: die Samariterin des Krimkriegs (1853–1856), Florence Nightingale; die Autorin des Anti-Sklaverei-Romans *Onkel Toms Hütte* (1851–1852), Harriet Beecher-Stowe; und Fredrika Bremer, die couragierte Sozialreformerin.

Das Schreiben war ihr nicht mehr wichtig. Sie gab der direkten Aktion den Vorzug. Deshalb setzte sie sich für den Aufbau einer »Universal Association of Women« ein, wurde sie Vorsitzende des »Stockholmer Frauenzimmervereins«, sorgte sie für die Finanzierung einer Schule für taubstumme Kinder, unterstützte sie den Bau von Arbeiterwohnungen und richtete sie eine Stiftung für mittellose Lehrerinnen sowie für Not leidende Frauen ein. Und sie erfüllte sich selbst noch einen Wunsch: Sie unternahm eine Reise durch den Nahen Osten, nach Griechenland und in die Türkei. Daraus entstand ihr letztes Buch: *Leben in der alten Welt. Tagebuch während eines vierjährigen Aufenthalts im Süden und im Orient* (1860–1862). Dann war sie so geschwächt, dass sie 1865 bei der Weihnachtsfeier für die Kinder der Dienerschaft von Årsta an einer Lungenentzündung erkrankte.

Fredrika Bremer starb am 31. Dezember 1865. Unter den Gesängen, die bei ihrem Begräbnis angestimmt wurden, war Franz Schuberts *Der Wanderer* (1816):

>*»Wo bist du, mein geliebtes Land?*
>*Gesucht, geahnt und nie gekannt!*
>*Das Land, das Land so hoffnungsgrün [...]?«*

Detlef Brennecke

FREDRIKA BREMER

DURCH
NORDAMERIKA
UND CUBA

Dies ist der zweite Ruhetag auf dem großen Ozean, meine liebe, gute Agatha! Und geht die Reise so fort, wie sie angefangen hat, so werde ich mich nicht so bald nach Land sehnen. Das herrlichste Wetter, Himmel und Meer voll von Licht und günstigem Wind, und als Wohnung auf der Fahrt in die Neue Welt ein Schiff so groß und stattlich wie ein kleines Schloss, und dabei höchst bequem. Und wie ich mich meines ruhigen, ungestörten Lebens hier an Bord erfreue, nach den anstrengenden Tagen in England, wo die Seele sich wie auf einer Folterbank fühlte, während der Leib da- und dorthin fuhr, um alles sehen und fertig bekommen zu können, was ich sehen und fertig bekommen musste, bevor ich reisefertig wurde! Denn ich musste einiges von England und zumal von London sehen, ehe ich Amerika und New York sah. Ich wollte mich von New York nicht gar zu sehr verblüffen lassen. Ich wollte die Mutter kennen lernen, bevor ich mit der Tochter Bekanntschaft machte, um Vergleichspunkte und eine Richtschnur für die sachgemäße Auffassung des beiderseitigen Typus zu haben. Ich wusste, dass Schweden und Stockholm in Bezug auf Bevölkerung, Sitten, Bauart usw. einem andern Geschlechte angehören als englische Länder und Städte. Aber England hatte Nordamerika zuerst Bevölkerung, Gesetz und Charakter gegeben. Die Alte Welt in England musste also mein Stützpunkt für die Beurteilung der Neuen werden. Deshalb reiste ich zuerst nach England, und nach England werde ich, will's Gott, nach vollbrachter Pilgerfahrt auf der andern Seite des Meeres zurückkehren, um einen bestimmteren Eindruck, einen abschließenden Begriff davon zu gewinnen, ehe ich nach Hause komme. Jetzt weiß ich doch, wie London aussieht, und werde mich von New York nicht verblüffen lassen.

Der heutige Sonntag ist für mich just ein Festtag gewesen. Wir haben Gottesdienst an Bord gehabt, und er war gut und schön. Alle Passagiere, etliche und 60 an der Zahl, samt der Schiffsmannschaft in ihrem Sonntagsstaat, waren im großen Salon im oberen Verdeck versammelt. Der Kapitän, ein munterer, hübscher, noch junger Kriegsmann, verlas selbst Predigt und Gebete, und zwar ausnehmend gut. Die ganze Versammlung stimmte in die Gebete und Antworten ein, wie dies in der englischen Episkopalkirche der Brauch ist. Die Sonne beleuchtete die bunte Gesellschaft aus vieler Herren Länder, die sich hier auf den Wogen schaukelte. So allein, so ohne Landsleute, Verwandte und Freunde in dieser Versammlung zu sein und mich dennoch mit allen so innig in demselben Leben und demselben Gebet – Vaterunser – vereinigt zu fühlen, das ergriff mich so, dass ich weinte (mein gewöhnlicher Ausweg, wie du weißt, in Freud und in Leid). Der Kapitän glaubte wohl, ich bedürfe einer Aufmunterung, und kam nach der Predigt freundlich zu mir. Aber es verhielt sich nicht so. Ich war glücklich. Hernach spazierte ich auf dem Verdeck umher und las ein Gedicht, betitelt »Evangeline, eine Erzählung aus Acadia« von dem amerikanischen Dichter Henry Longfellow*. Das Gedicht gehört in Bezug auf Geschichte und Naturszenen Nordamerika an. Es hat viel dramatisches Interesse und Leben. Nur der Schluss erscheint mir melodramatisch und etwas gesucht. Der Anfang, eine Schilderung der Urwälder der Neuen Welt, der hohen Bäume, die gleich den alten Druiden dastehen mit langen herabhängenden Bärten und Harfen, die im Winde klingen und klagen, ist herrlich und ein Anschlag des frischen Molltones, der sich durch das ganze Lied von Acadias friedlichem, verjagtem Volke hinzieht, eine schöne, aber wehmütige Romanze, die ganz und gar auf geschichtlichem Grunde ruht. Ich erhielt das Büchlein bei meiner Abreise aus England von Herrn Howitt, und ihm habe ich also diesen ersten Probebissen von amerikanischer Literatur zu verdanken, worin ich einen Hauch vom Leben der Neuen Welt zu verspüren meinte.

Wie angenehm ein wenig lesen, schweigen und auch ein wenig denken zu können! Man erweist mir hier alle mögliche Artigkeit, eine Person um die andere kommt und sagt ein

---

* Henry Wadsworth Longfellow: *Evangeline. A Tale of Acadie* (1847) [Anmerkung des Herausgebers]

Wörtchen zu mir. Ich antworte höflich, setze aber das Gespräch nicht fort. Ich fühle keine Lust dazu. Unter den etlichen und 50 Herren, die als Passagiere mitfahren, ist nur ein einziger, ein schöner alter Herr, dessen Gesicht etwas höheres Interesse verspricht. Und die zwölf bis 13 Frauenzimmer haben auch nichts sonderlich Verheißungsreiches oder Anziehendes, obschon einige recht hübsch und artig sind. Ich bin nicht viel allein. Ich habe eine angenehme Kajüte für mich allein. Bei Tag kann ich vermittelst des Lichtes, das von dem Kristallfenster im Plafond hereinfällt, da lesen. Abends und bei Nacht wird sie von einer Lampe durch ein matt geschliffenes Fenster in einer Ecke des Salons beleuchtet. Man isst und trinkt hier den ganzen Tag, wie man will; ein Tisch wird um den andern gedeckt; eine Mahlzeit löst die andere ab. Alles reich und fein. Ja, hier leben wir in der Tat prächtig. Aber ich liebe diesen Überfluss nicht, und das ewig lange Mittagsmahl ist mir zuwider, zumal da ich an einer Wand zwischen zwei Herren eingepfercht sitze, die beharrlich schweigen und bloß essen, obschon der eine, ein Engländer, ein recht angenehmer Gesellschafter sein könnte, wenn er nur wollte. Meine Passagierkosten betragen 35 Sovereigns, alles in allem. Etwas billigerer Preis und viel weniger Speise und Trank wäre mehr nach meinem Geschmack.

Später

Ich habe soeben die Sonne ins Meer hinabsteigen und den Neumond und die Sterne aufgehen gesehen. Der Nordstern und der Karlswagen haben sich jetzt weiter von mir weggezogen. Aber recht über meinem Kopf sehe ich das Kreuz und die Leier, und in ihrer Bahn den Adler, den wir auch daheim über uns sehen; und mit diesen Begleitern auf dem Weg kann man zufrieden sein. Wir haben günstigen Wind, feuern munter drauflos, ziehen mit donnerndem Getöse dahin und haben alle Segel offen. Geht es so fort, so sind wir in zwölf bis 13 Tagen an Ort und Stelle. Wenn du nur auch meine zwei Briefe aus England richtig erhalten hast! Den letzten schickte ich dir von Liverpool aus am Morgen, ehe ich an

Bord ging. Ich war ganz allein und musste alles selbst besorgen. Aber alles ging gut. Ich hatte die Sonne mit mir und meinen kleinen Reisekobold und die letzten, lieben Briefe meiner Geliebten, meinen Reisepass in die Neue Welt und – in die bessere Welt, wenn es so geschehen sollte, denn sie sind für mich wie ein gutes Gewissen. Ich spreche nicht von meinem guten Mut, aber du kennst mich, mein Kind!

Donnerstag. Fünf Tage auf dem Meer!, und wir sind bereits halbwegs in New York. Wir haben beständig guten Wind, und geht es so fort wie bisher, so haben wir eine der schnellsten und glücklichsten Reisen, die noch je von Europa nach Amerika gemacht worden sind. Aber man soll nicht Juchhe rufen, bevor man über dem Bach ist. Ich befinde mich vortrefflich, mein Herzchen, und ich sehne mich gar nicht fort, so komfortabel finde ich's hier, und so belebend und erhebend wirkt der Anblick von Himmel und Meer auf mich. Ja, die Seele bekommt davon Flügel und schwingt sich aufwärts, hoch empor über die brausende Tiefe. Seit mehreren Tagen haben wir nichts anderes gesehen als Himmel und Meer und kreisende Seevögel; kein Segel, keinen Rauch von einem Dunstpfeiler; alles ist öde in dem großen zirkelrunden Raum. Aber Wogen und Sonnenstrahlen und wandernde Wolken sind Gesellschaft genug; dazu noch eigene Gedanken. Ich stehe und gehe ganze Stunden allein auf dem Verdeck, atme die frische, weiche Seeluft ein, sehe unsern Leviathan in den brausenden Wogen auf- und niedertauchen, und lasse auch meine Gedanken tauchen und gleich Seevögeln in der unbekannten Ferne umherkreisen. Etwas von Wikinger Luft und Leben war immer in mir, und so ist es auch jetzt. Gestern war ein herrlicher Tag, ein Fest der Schönheit durch und durch; ich erlabte mich unaussprechlich daran.

In meiner ersten Jugend, auf Årsta, als wir viele Köpfe stark zu Hause waren und es um die Einsamkeit schlecht stand, schloss ich mich zuweilen in das dunkle kleine Versteck ein, wo Mama ihre Schlüssel hatte, bloß um mich einsam zu fühlen; denn sobald ich da ganz allein in dem tiefen Dunkel war, da überkam mich ein wundersames Gefühl, ein Gefühl, wie wenn ich Flügel hätte und ohne mein Zutun von ihnen emporgetragen würde, und das war ein unaussprechlicher Genuss. Dieses halb geistige, halb körperliche Gefühl kann ich nicht erklären, aber es stellt sich immer wieder bei mir ein, wenn ich ganz allein und im Übrigen nicht von beunruhigenden Gedanken gestört bin; ich habe es noch am heutigen Tag; es bildet meine geheime, wunderliche Freude hier, wo ich so allein unter Fremden stehe, mitten im Weltmeer, und es macht, dass ich mich frei und leicht fühle wie ein Vogel auf dem Zweig. Doch nicht dieses Gefühl allein gibt mir hier Ruhe und Schwingen, sondern ein anderes, das für mich wie für alle andern ist. Noch einmal, wer ist allein in der Welt oder im Herzen, wenn er nur von Herzen sagen kann: *Vater unser!* ... der meinige und der Vater aller Menschen! Nur in diesem Bewusstsein gibt es Ruhe und ausreichende, unsterbliche Schwingen.

Aus der chaotischen Gruppe von gleichgültigen Menschengesichtern, die hier meinen Augen zuerst begegneten, sind mir einige näher gekommen und haben durch Blicke, Ausdruck und Worte ein gewisses Interesse gewonnen. Unter ihnen ein langer, respektabler Geistlicher aus New York mit Namen John Knox, der mir ein wenig von der historischen Knoxnatur des strengen Puritanismus, jedoch mit viel Wohlwollen verbunden, zu haben scheint; ferner eine Familie, gleichfalls aus New York, bestehend aus einer *old lady* Mutter, nebst Tochter und Schwiegersohn; ein schönes junges Paar, das als Hochzeitsreise 18 Monate lang Ägypten, Griechenland, Italien, Frankreich usw. besucht hat, ohne zuvor den Niagara oder die Naturwunder im eigenen Vaterlande gesehen zu haben, was ich ihnen nicht recht verzeihe; jetzt kehren sie nach Hause zurück, die *old lady* mit der Erfahrung, »dass die menschliche Natur sich überall in der Welt beinahe gleich sei«. Diese Familie sowie Mr Knox sind Presbyterianer und wollen nicht zugeben, dass die Unitarier Christen seien. Ferner ein Paar junge Damen aus Georgien, einem der südlichen Sklavenstaaten Amerikas, die erste eine schöne verheiratete Frau, die andere ein sehr blasses, junges

Mädchen mit feinen Zügen, Hanna L., unterrichtet, klug und gemütlich; ich unterhalte mich recht gern mit ihr. Obschon einer Sklaven besitzenden Familie angehörig, verdammt sie die Sklaverei und arbeitet darauf hin, die Sklaven besser und glücklicher zu machen. Sie ist schwindsüchtig und glaubt nicht lange zu leben, geht jedoch dem Tode mit vollkommen getrostem Mute entgegen. In den Augen sieht man den künftigen Engel hervorblicken, aber in den feinen Gesichtszügen sieht man den Totenschädel auf eine unheimliche Art hervorstechen. Ferner einige ältere Gentlemen mit ehrlichen und glaubwürdigen Physiognomien, die mich versichern, ich werde auf meiner Reise in den Vereinigten Staaten viel Vergnügen finden; zwei von ihnen, Sklavenbesitzer, dabei schöne, energische Figuren, laden mich in den Süden ein und versichern mich, ich werde in den Sklaven allda die glücklichste und beneidenswerteste Bevölkerung finden *(the most happy and most enviable population)*.

Die Tage gehen ruhig und angenehm dahin. Das Einzige, was ich gegen das Leben an Bord der »Canada« auszusetzen habe, ist das abgeschmackte Essen und Trinken.

Montag, den 1. Oktober

Der zehnte Tag auf dem Meer. Etwas weniger angenehm seit einigen Tagen, windig und wogig. Gestern hatten wir, was sie *a gale* (starken Wind) nennen. Ich versuchte, aber vergebens, auf dem Verdecke zu stehen. Zum Matrosen bin ich doch nicht geschaffen. Wir gehen in die Nähe von Neufundland. Wir steuern so weit nördlich, um den Äquinoctialstürmen südlich im Meere auszuweichen. Aber wir haben seit einigen Tagen Gegenwind und ein starkes Wehen bekommen, sodass unsre Reise nicht so schnell vonstatten geht, wie der Anfang versprach. Vor morgen kommen wir nicht nach Halifax. Dort liegen wir ein paar Stunden still, geben unsre Briefe nach Europa auf die Post (und ich lege dies für die Meinigen in Ordnung), dann steuern wir geradezu südwärts nach New York.

Ich befinde mich vollkommen wohl und bin keinen Augenblick seekrank gewesen, aber ich kann nicht leugnen, dass ich es abends und bei Nacht etwas unangenehm finde, wenn die Wogen laut tosen und über unsern Köpfen zusammenschlagen, sodass das Schiff sich nur mühsam weitertreibt. Glücklicherweise ist die Frauenzimmergesellschaft gemütlich und angenehm, und an den Abenden erheben drei Frauenzimmer (wovon zwei erst hier in der Welt miteinander zusammengestoßen sind), die *old lady*, die just nicht so alt ist (ungefähr 50 Jahre) und einen prächtigen Sopran hat, das blasse Mädchen und ihre Freundin, Gesänge und Hymnen mit reinen Stimmen, die merkwürdig gut harmonieren. Dies ist sehr lieblich und schön. Die Töne folgen mir bei Nacht wie tröstende Geisterstimmen, wie Mondschein auf dem Wogenschwall.

Gestern Nacht, als das Meer sehr unruhig war und das Schiff gleichfalls, sodass alle beweglichen Sachen umgeworfen wurden, und ich an die Meinigen daheim dachte und, wie Andersens Grimme Elting*, bei schlechtem Humor war, was ich auch meinen Reisegefährtinnen eingestand, sangen sie bis gegen Mitternacht so lieblich dreistimmige Hymnen, dass alle unruhigen Wogen in mir sich legten. Heute sind wir mit Wind und Wetter besser daran und befinden uns alle bei gutem Mut. Aber einige kleine Kinder sind so krank, dass es ein wahrer Jammer ist. In der nächsten Nacht kommen wir in gefährliches Fahrwasser. Eines der großen Dampfboote, die zwischen Europa und Amerika gehen, geriet auf der letzten Reise in die Brandungen bei Halifax und nahm bedeutenden Schaden. Aber wir werden uns besser herausziehen. Unser Kapitän Judkins soll ein ausnehmend tüchtiger Kommandant sein. Ein gemütlicher, heiterer und freundlicher Mann ist er überdies; er kommt gern in den Salon herab, setzt sich zu den Damen, erzählt ihnen Geschichten und spielt mit den Kindern.

---

* Gemeint ist die Titelfigur in Hans Christian Andersens Märchen *Den grimme Elling*, »Das hässliche junge Entlein« (1943) [Anmerkung des Herausgebers]

Ich lese viel hier an Bord und bekomme in diesen Tagen eine Menge Bücher fertig. Ich lese Chateaubriands Bekenntnisse*, aber ohne sonderliches Vergnügen. Was soll man von einem Selbstbiografen lernen, welcher gesteht, dass er nichts von sich sagen und beichten werde, was für seine Würde erniedrigend sei? Anders schrieb St. Augustin seine Selbstbekenntnisse, indem er bloß zum ewigen Auge emporschaute; anders Rousseau, der wenigstens in seinem Willen, vor der Wahrheit zu beichten, groß und edel ist. So möchte ich einmal beichten. Denn niedrig ist jedes Ziel und jedes Streben außer diesem Höchsten. Chateaubriands französische Eitelkeit verderbt mir sein Buch. Aber einige herrliche Schilderungen, einzelne tiefe Worte und Ausdrücke habe ich mir daraus behalten, wie auch einen weiteren frischen Eindruck von der Schwäche der Menschennatur. Miss Martineaus Leben im Osten** lese ich ebenfalls hier; es freut mich, ein Bild vom Orient und von der ältesten Bildungsperiode unsres Geschlechtes zu erhalten, als Gegensatz vom Westlande, diesem Land der Verheißung, dem ich mich mit tausend Fragen in meiner Seele nähere. Aber was mich in Miss Martineaus Buch stört, das ist ihr sichtbares Bemühen, ihre eigenen religiösen Vorstellungen dem Leben und der Geschichte der Vorzeit aufzuzwingen. Die Ersteren ermangeln der Tiefe und für die Letzteren fehlt es ihr an den Augen; sie behandelt sie zuweilen mit einem Leichtsinn, der ihres Berufes und ihres Geistes nicht würdig ist. Einige große und schöne Gedanken gehen jedoch wie ein erfrischender Wind durch das Buch. In ihnen erkenne ich den edlen Geist wieder, vor dem ich mich oft in Liebe gebeugt habe, und das letzte Mal, als ich ihr »Leben im Krankenzimmer«*** las.

---

* François René Vicomte de Chateaubriand: *Mémoire d'outre-tombe* (1848–1850) [Anmerkung des Herausgebers]
** Harriet Martineau: *Eastern Life. Past and Present* (1849) [Anmerkung des Herausgebers]
*** Harriet Martineau: *Life in the Sick-Room or Essays by an Invalid* (1849) [Anmerkung des Herausgebers]

Der ruhigste Tag, den wir noch auf dem Meere gehabt haben! Und die Ruhe mundet wahrlich süß nach dem Sturm der letzten Tage. Kleine Sperlinge umschwärmen abends unser Schiff und bringen Grüße vom Lande. Sie erinnern mich an die Vögel, welche Kolumbus die ersten Botschaften von den Küsten der Neuen Welt zutrugen. Wie mag es ihm dabei zu Mut gewesen sein? Morgen früh können wir unsre Füße auf amerikanische Erde setzen – in Halifax. Aber da wir dort Altengland wieder treffen, so lässt mich der Gedanke kalt. Ich bin lange auf dem Verdeck herumspaziert. Meer und Himmel sind hellgrau, einförmig und ruhig wie ein nordisches Alltagsleben. Wir lassen auf dem Meer eine breite, schnurgerade Straße hinter uns, die man noch gegen den Horizont hin sieht.

Viel Verdruss machte mir heute das Benehmen einiger Herren gegen ein vom Wind verschlagenes Vögelein, das auf unserm Schiff Ruhe suchte. Abgemattet ließ es sich da und dort auf unsrem Tauwerk nieder, wurde aber jedes Mal wieder verscheucht, zumal von zwei jungen Männern, einem Engländer und einem Spanier, die mit ihren Hüten und Nastüchern auf nichts anderes auszugehen schienen als das arme Tierchen zu Tode zu hetzen. Es war peinlich anzusehen, wie es sich mit seinen müden Flügeln wieder und wieder anstrengte, unserem Schiff zu folgen, und sich dann keuchend wieder auf das Tauwerk oder die Stangen herabließ, um von neuem vertrieben zu werden. Ich war kindisch genug diese jungen Männer mit meinen Bitten zu verfolgen, dass sie das arme Tierchen in Ruhe lassen möchten. Aber es half nichts und zu meiner Verwunderung nahm nicht ein einziger von den Passagieren den kleinen Fremdling in Schutz. Ich erinnerte mich, dass ich auf schwedischen Schiffen kleine vom Wind verschlagene Vögelein anders hatte behandeln sehen; man ließ sie in Frieden und fütterte sie sogar mit Brosamen. Die Hetzjagd hier endete damit, dass der Vogel seinen Schwanz in der Hand eines seiner Peiniger lassen musste, worauf er ohne Mühe vollends gefangen wurde. Man setzte ihn in einen dunkeln Käfig, wo er nach einigen Stunden starb. Ich glaube nicht an übertriebener Empfindsamkeit zu leiden; aber nichts verbittert mich mehr gegen den Menschen als unnötige Grausamkeit gegen Tiere. Und ich weiß, dass eine edle Menschennatur dies verabscheut. Im Übrigen beklagte ich diese grausamen Kinder in Männergestalt, denn ich glaube an eine Nemesis, auch in kleinen Dingen, und ich glaube, dass die Stunde kommen wird, wo diese jungen Männer nach Ruhe lechzen und keine finden werden, und dass dann der gehetzte Vogel sich bei ihnen in Erinnerung bringen wird. Wenn ich nach Amerika komme, wird einer meiner ersten Besuche den Quäkern gelten, denn ich weiß, dass zu den schönen Zügen ihrer Religion Barmherzigkeit gegen die Tiere gehört.

Ich war auch einmal ein grausames Kind, als ich nicht verstand, was Leiden ist und was Tiere sind. Meine erste Lektion in der Menschlichkeit gegen Tiere erhielt ich von einem muntern jungen Kriegsmann, der später im Krieg gegen Napoleon den Heldentod starb. Seinen vorwurfsvollen Blick und seine Äußerung gegen mich: »Der arme Wurm!« vergesse ich nie. Es sind jetzt mehr als 30 Jahre.

Für diesmal schreibe ich nichts mehr, mein Herzchen. Aber sobald ich nach New York komme, schreibe ich dir wieder. Und wie sehne ich mich Nachrichten von daheim zu erhalten! Es ist schon so lange her, dass ich keine Briefe mehr bekommen habe.

Manche Gedanken regen sich in mir, indem ich mich dem Ziel meiner Reise nähere, Gedanken, die sich nicht so leicht beschreiben lassen. Wie wird sie ausfallen? Das weiß ich nicht. Aber eines weiß ich: dass ich etwas Neues sehen, etwas Neues lernen werde, und ich vergesse das Ehemals und strecke meine Arme demjenigen entgegen, was vor mir liegt. Es ist mir ein Bedürfnis, zu vergessen und mich zu erneuen.

Und das weiß ich auch, dass Freunde mir im fremden Lande begegnen werden und dass wahrscheinlich ein Freund mir am Ufer entgegenkommt. Das ist gut.

Gute Nacht! Ich umarme herzlich dich und Mama, lasse Verwandte und Freunde bestens grüßen und lebe in der jungen Welt wie in der alten als

deine F.

New York, Amerika, den 4. Oktober

Guten Morgen, liebes Schwesterchen! Oder vielmehr guten Abend! Auf dieser neuen Erde, wo ich jetzt festen Fuß gefasst habe, nachdem ich mich 13 Tage lang auf dem Meere gewiegt. Ich wohne im Astorhaus, einem der größten und besten Hotels von New York, das eben so viele Bewohner hat als die Hauptstadt von Island, nämlich ungefähr 500. Schräg gegenüber sehe ich ein großes so genanntes Museum mit fliegenden Fahnen und grünen Büschen auf dem Dach, und die Wände mit ungeheuren Gemälden bedeckt, die größten Wunder der Welt vorstellend in Gestalt von riesigen wunderlichen Tieren und sonderbaren Menschen, die im Hause zu schauen sein sollen (ich bemerke unter ihnen einen Mann, der aus dem offenen Rachen eines Walfisches einen Purzelbaum hoch in die Luft macht, einen Salto mortale, ähnlich dem des seligen Propheten Jonas), und mehrere dergleichen Curiosa, die noch überdies von einer Bande Musikanten vom Balkon des Hauses herab ausgetrompetet werden. Sie spielen recht gut und das Ding sieht recht lustig aus. Unten am Astorhotel befindet sich eine grüne Umzäunung mit Bäumen und einem großen Springbrunnen; dies sieht erfrischend aus und ich habe mich nachmittags eine Weile durch einen Spaziergang allda erlabt. Das Astorhaus liegt in Broadway, der großen Hauptstraße New Yorks, wo Menschen und Wagen in unaufhörlicher Strömung und in echt republikanischem Gemisch aneinander vorbeirennen. Lange Reihen weißer und goldgelber Omnibusse schlängeln sich in gleichmäßiger schneller Bewegung, so weit man sehen kann, zwischen 1.000 andern großen und kleinen Fuhrwerken heran. Die breiten Seitengänge wimmeln von Menschen aus allen Klassen; es sind da schöne Häu-

»Ich wohne im Astorhaus, einem der größten und besten Hotels von New York«

ser, die im Ausbau begriffen sind; zierliche Läden und eine Menge schlechter Plunder; in Broadway herrscht ein gewisser Wirrwarr, der auch mich für den Anfang etwas wirr im Kopfe machte. An das Leben auf der Straße denke ich erst zu kommen, wenn ich einmal hinübergehe. Der hübsche kleine Park mit seiner schönen Fontaine neben dem brausenden Broadway ist eine wahre Oase in dem aufgerührten Sand. Jetzt muss ich etwas von meiner Ankunft dahier sagen.

Ich verließ dich das letzte Mal vor unsrer Ankunft in Halifax. Die Nacht darauf war die einzige etwas gefährliche auf der Reise. Wir näherten uns nämlich der Küste und ihren gefährlichen Brandungen unter einem starken Nebel. Wir mussten von Zeit zu Zeit stillliegen. Aber am Morgen lagen wir vor Halifax, und ich sah die Brandungen gleich schrecklichen Meerungeheuern brausend und in einiger Entfernung um uns her sich erheben. Ich stieg in Halifax ans Land, traf aber dort bloß das Schlimmste von der Alten Welt wieder, Nebel, Lumpen, Bettler, schmutzige kreischende Kinder, dürre Pferde etc. etc. Ich war froh, dass wir uns nur ein paar Stunden da verweilten.

Am folgenden Tage ging die Fahrt südlich gegen New York; es war ein wahres Fest; warmes Wetter, ruhige See, günstiger Wind und am Abend das Meer voll von phosphorischem Glanz und Sternen, und der Himmel auch voll von Sternen, die aus poetischen Wolken herabschauten. Es war ein herrlicher Abend. Ich blieb bis sehr spät auf dem Verdeck und betrachtete die Lichterexplosionen, die unsere Fahrt mit dem Kiel des Schiffes längshin aus der Tiefe hervorrief. Wir fuhren gleichsam in einem Element von hellem Silber, worin die zierlichsten Gruppen goldener Sterne unaufhörlich hervorsprangen.

Am folgenden Tag war es trübe; Himmel und Meer waren grau, die Wogen bleifarbig. Aber als wir in den großen schönen Hafen bei New York kamen, der uns wie mit offenen Armen umschloss, da brach die Sonne stark und warm durch die Wolken und alles leuchtete ringsumher. Dies war ein herrlicher Empfang von Seiten der Neuen Welt; dazu lag in der Luft etwas so wundersam Lebensvolles, Knisterndes und Jugendfrisches, dass es mich frappierte. Es war darin etwas vom Leben der ersten Jugend – so wie man es mit 15 oder 16 Jahren empfindet. Ich trank die Luft, wie man Nektar trinken könnte, während ich vom Verdeck auf den neuen Strand hinausschaute, dem wir uns schnell nahten. Er war niedrig; ein Wald von Masten verdeckte mir New York noch, man sah jedoch seine Türme und seinen Rauch, und rechts und links im Hafen lagen mit grünen Hügeln und Gruppen von schönen Villen und Häusern die großen Inseln Long-Island und (links) Staten-Island, das mir höher und waldiger schien als die übrige Küste. Der Hafen ist prächtig, und unsere Ankunft war, Dank sei es der Sonne und den Winden, festlich schön.

Eine sehr angenehme Familie, Bones von Georgien, empfing mich und alles das Meinige mit der größten Freundlichkeit und führte mich mit sich nach dem Astorhaus, wo wir sogleich ein Zimmer bekamen. Das blasse Mädchen und ich quartierten uns zusammen in ein Zimmer vier Treppen hoch ein; wir konnten es nicht anders bekommen. Ich war noch nicht eine Viertelstunde im Astorhaus gewesen und stand eben mit meiner Reisegesellschaft in einem gemeinschaftlichen Salon, als ein dunkel gekleideter Herr von einem gentlemännischen Aussehen und Wesen und mit einem der schönsten dunkelbraunen Augenpaare, die ich je gesehen, sachte auf mich zutrat und mit einer überaus melodischen Stimme meinen Namen nannte. Es war Mr Downing, der aus seiner Villa am Hudson gekommen war, um mir bei meiner Ankunft entgegenzugehen. Ich hatte dies kaum erwartet, da ich so lange ausgeblieben und er schon vorher einmal vergebens meinetwegen nach New York gefahren war. Sein Aussehen und sein ganzes Wesen gefiel mir sehr. Ich weiß nicht, warum ich ihn mir als einen Mann von mittlerem Alter, mit blauen Augen und hellen Haaren, gedacht hatte; er ist aber ein junger Mann von etwa 30 Jahren, mit dunkeln Augen und dunklem Haar, schön braun und weich gelockt, im Ganzen eine recht romantische Erscheinung. Er bleibt morgen noch bei mir hier, verlangt aber, dass ich ihn übermorgen nach seinem Haus am Hudson begleiten soll, wo ich die Bekanntschaft seiner Frau machen, im Übrigen ausruhen, die Hochlande des Hudsons sehen und meine künftigen Reiseprojekte weiter überlegen werde.

Ich habe den Abend mit meinen Freunden von der »Canada« und Mr Downing in einem der vielen und großen Salons des Hauses zugebracht und da verschiedene Bekanntschaften gemacht. Prächtige Salons mit Samtmöbeln, mit Spiegeln und Vergoldungen, strahlend von Gasflammen, herrlichen Kronleuchtern und andern glänzenden Zierraten stehen in allen Stockwerken des Hauses für Ladys und Gentlemen offen, die da wohnen und Besuche machen, plaudern und in weiche zierliche Sofas oder Armstühle gelehnt ausruhen, sich mit Fächern Kühlung zuwehen und dem Anschein nach nichts anderes in der Welt zu tun haben als gegen einander artig zu sein. Sobald ein Frauenzimmer aufsteht, ist sogleich ein Herr bei der Hand, um ihr seinen Arm anzubieten.

Es ist mühsamer hier, als man glaubt; ich bin nach einem eintägigen Löwenleben dahier ganz ermattet. Den ganzen Tag, vom frühen Morgen an, musste ich Besuche empfangen, musste in einem zierlichen Salon dasitzen oder stehen und mich bloß vom einen zum andern wenden, Grüße und Händedrücke mit zuweilen einem halben Dutzend neuer Bekannten auf einmal austauschen, mit Gentlemen von verschiedenen Professionen und Nationen, Ladys, die mich in ihre Wohnungen einluden und verlangten, ich solle nur sogleich kommen; dann trafen auch eine Menge Briefe ein, die ich bloß erbrechen konnte, Bitten um Autogramme etc. etc. Ich habe heute 70–80 Personen die Hand gedrückt. Eine Menge Besuche konnte ich gar nicht empfangen. Die Namen sind mir beinahe alle entfallen, aber die meisten Leute, die ich sah, gefallen mir durch ihr herzliches und offenes Benehmen und ich bin dankbar für ihre große Freundlichkeit. Es wird einem so warm und gastlich dabei zumute. Aber ich war seelenfroh, als ich auf ein paar Stunden meinen guten Freunden entfliehen und mit Mr Downing nach dem schönen Park Greenwood hinausfahren konnte, dem großen neuen Begräbnisplatz New Yorks, einem jungen *Père la chaise*, aber riesiger in seiner Anlage. Man fährt da wie in einem großartigen englischen Park mit Hügeln und Tälern. Von der höchsten Höhe »Ocean-hill« hat man eine herrliche Aussicht auf den Ozean hinaus. Das prächtigste Monument, das ich sah – von weißem Marmor –, wurde von trauernden Eltern ihrem einzigen Kinde, einer jungen Tochter, errichtet. Das junge Mädchen war überfahren worden. Vermutlich geschah es in Broadway.

Als ich ins Hotel zurückkam, aß ich mit Downing in einem der kleineren Säle zu Mittag. Am Tisch sah ich einige Herren sitzen, deren Anblick mir eigentlich wehtat, wie es mir wehtut, übermäßig angestrengte, abgehetzte Pferde zu sehen, denn so sahen sie aus. Und die unruhigen, in tiefen Höhlen liegenden Augen, die gespannten matten Züge, welch ein Leben verkündeten sie! Besser auf dem Ocean-hill liegen als so in Broadway leben. Diese Figuren hatten wenig Ähnlichkeit mit den meisten von denen, die ich im Astorhaus gesehen hatte. Aber auch in Broadway habe ich bereits Menschen und Pferde gesehen, die ich auf der Erde der Neuen Welt nicht zu sehen gewünscht hätte, und die von trüben Lebensströmen auch hier zeugen. Doch wie konnte es anders sein, zumal in New York, das mehr ein großes Hotel, eine Karawanserei für die ganze Welt als eine eigentlich amerikanische Stadt ist?

Nachmittags habe ich wieder Besuche empfangen, unter ihnen Mrs Child. Sie machte auf mich den Eindruck einer schönen Seele, aber zu feinfühlend, um glücklich zu sein. Die kleine Dichterin Miss Lynch war unter den Morgenbesuchen; sie ist ein angenehmes, liebliches und seelenvolles junges Frauenzimmer und hat in ihrem Gesicht und Blick etwas von Jenny Lind. Auch Landsleute sah ich. Ein hübscher junger Schwede, Herr Frestadius, kam mit einem großen Blumenstrauß. Den norwegischen Konsul Hejerdahl und Herrn Buttenskön hatte ich kaum Zeit recht zu grüßen. Herr Ononius aus Westermannland kam auch: Er wollte gerne mit mir reden und unsere Landsleute vor der Auswanderung und ihren Leiden warnen. Unter den heutigen Einladungen war auch eine in ein Phalanstère, das in New Jersey, nicht weit von New York liegt. Es soll mir nicht Leid tun, diese so häufig als grässlich geschilderte Einrichtung einmal in der Nähe zu Gesicht zu bekommen. Die Familie, die mich dort zu sich einlud, sah nicht abschreckend, sondern eher recht einnehmend aus, ganz ohne Falsch, freundlich und ernst.

Aber warum ich ein wenig erschrecke, das ist … um mich selbst, wenn das Leben hier zu Lande diesem Tage gleicht. Dann werde ich wahrhaft ausgesogen, denn meine Kräfte reichen nicht hin für so viele lebensvolle Menschen. Wie soll es werden, wenn es hier so fortgeht? Glücklicherweise werde ich morgen früh von dem ehrlichen Downing aus New York entführt. Heute Abend muss ich trotz meiner Müdigkeit zu einer Soiree bei Miss Lynch fahren, die mich bei einigen ihrer literarischen Freunde einführen will. Ich habe bereits meine

Toilette dazu gemacht, ich habe meine besten Kleider am Leib, sehe darin recht leidlich aus und schreibe, indes ich auf den Wagen warte. Ach, wer sich hinlegen dürfte, um zu schlafen!

Ich wohne mit dem blassen Mädchen aus dem Süden zusammen. Ich habe noch niemand mit so klarem Bewusstsein und so frohem Mut dem Tod entgegengehen sehen. Sie ist ein stilles, frommes Wesen mit großer Kraft und vieler Zärtlichkeit in der Seele.

Jetzt muss ich wegfahren. Gute Nacht!

Newburgh am Hudson, den 7. Oktober

Meine liebe Schwester! Wie froh ich bin, dass ich hier bin in der jungen, neuen Welt; wie danke ich der Vorsehung, die mich in ihrer Güte durch Geistes und Dampfes Kraft glücklich hierher geführt hat, obschon ich durch die Masse von Eindrücken und Gedanken, die gleichsam auf mich hereinrauschen, nicht bloß gehoben, sondern zugleich auch bedrückt werde. Alles, was ich geahnt, gesucht, ersehnt, das werde ich hier finden, und noch mehr. Ich meine Nahrung und Licht für den fragenden, forschenden Geist in mir. Besonders glücklich fühle ich mich durch die Berührung mit Mr Downing, einem edlen und fein unterscheidenden Geist, einem echten Amerikaner, aber ohne blinden Patriotismus, einer offenen Seele, einem kritischen Verstand, der mir über die Zustände und Fragen im Lande nachdenken hilft. Und einer solchen Hilfe bin ich für den Anfang wohl bedürftig.

Ebenso war es mir ein wahres Bedürfnis, mit Gewalt den Bewohnern von Astorhaus und New York entrissen zu werden, denn sie hätten mir sonst gleich im Anfang ein Ende gemacht. Ich war von der ersten Tagesarbeit im Gesellschaftsleben, die bis nachts ein Uhr währte, dermaßen müde und hatte ein solches Bedürfnis nach Ruhe und Schlaf, dass ich es kaum für möglich hielt, am folgenden Morgen schon um fünf Uhr von New York abzureisen. Ich sagte es Mr Downing, der sehr mild, aber bestimmt antwortete: Oh, Sie müssen's versuchen! Wobei ich dachte: Diese Amerikaner halten also alles für möglich! Aber auch sogleich einsah, dass die Sache vollkommen ausführbar war. Und am nächsten Morgen war ich um halb fünf Uhr auf und angekleidet, küsste in ihrem Bett das blasse Mädchen aus dem Süden, das mir im letzten Augenblick ein seidenes Tüchlein, weich und weiß wie sie selbst, um den Hals schlang, und so eilte ich hinab, um mich unter Mr Downings Tyrannei zu stellen. Der Wagen stand bereits vor dem Hause und drinnen fand ich Miss Lynch, die Mr Downing eingeladen hatte, den Sonntag in seinem Hause zuzubringen.

»Fahr zu! New World!«, rief der Portier des Hotels unserem Kutscher zu, und wir rollten die Broadway-Straße hinab dem Hafen zu, wo das große Dampfboot »the new World« uns an Bord nahm. Es war ein wahrer kleiner schwimmender Palast, von außen zierlich und flimmernd von Weiß und Gold, von innen zierlich und elegant, große helle Salons, prächtige Möbel, wo Herren und Damen bequem ruhten und plauderten oder Zeitungen lasen. Ich sah da keinen von Dickens' rauchenden und spuckenden Herren. Stattlich und still schwammen wir den breiten, stattlichen Hudson hinauf. Schade, dass es ein Regentag war, denn die Fahrt war sonst eine der schönsten, die man sich denken kann, zumal als wir nach einigen Stunden in die Hochlande kamen. Die Ufer mit ihren kühnen und waldbewachsenen Höhen und Bänken erinnerten mich an die Gestade des Dalelf und des Angermannaelf, ja sie schienen mir derselben Naturbildung anzugehören, nur dass die Flut hier breiter und die Natur großartiger war; die dunkeln Wolken, die in schweren Draperien zwischen den Bergen über den Fluss herabhingen, standen hier in prächtiger Harmonie mit den düster schönen Pässen, durch die wir uns schlangen und die bei jeder neuen Wendung neue großartige Gemälde eröffneten. Der Fluss war voll von Leben. Dreideckige Dampfboote, gleich dem unsern schimmernd von Gold und Weiß, fuhren hinauf und hinab; andere Dampfboote zogen Flottillen von 20–30 Boo-

49

ten nach sich, die mit binnenländischen Waren für New York oder mit New Yorker Waren für das Binnenland belastet waren, und man sah 100 größere und kleinere Segelschiffe die steilen Ufer entlangfliegen, gleich weißen Tauben mit roten flatternden Halsbändern. An den Ufern glänzten eine Menge weiße Landhäuser und kleine Höfe. Ich bemerkte eine große Abwechslung in der Bauart. Manche Häuser sind im gotischen Stil gebaut, andere gleichen griechischen Tempeln – und warum denn nicht? Das Haus soll ebensowohl ein Tempel als eine Wohnstätte und eine Vorratskammer sein. In unserem alten Norden war der Platz des Hauses ein heiliger Raum und die Hausgötter wohnten da. Ich sah auch Dörfer, Kirchen, alle Arten von Gebäuden am Ufer; die weiße Farbe war vorherrschend. Manche Häuser waren jedoch auch etwas grau und sepiafarbig.

Gegen das Ende der Reise kamen Wolken über uns herab und es fiel ein tüchtiger Regen. Aber mit der liebenswürdigen Miss Lynch und mit Mr Downing war es leicht, im Gemüt und Gespräch den Sonnenschein oben zu halten. Nach einer Fahrt von drei bis vier Stunden landeten wir in dem Städtchen Newburgh, wo Mr Downings Wagen uns entgegenkam und uns die Hügel hinan nach einer schönen Villa von hellen sepiafarbigen Sandsteinen mit zwei vorstehenden Türmchen führte. Von einem Park umgeben, hoch und frei liegend, gewährte sie eine freie Aussicht über den schönen Fluss und seine Ufer. Ein feines hübsches Weibchen, blond und blauäugig, trat aus der Haustür, umarmte Mr Downing und bewillkommnete herzlich seine Gäste. Es war Mrs Downing. Sie sieht aus, als gehöre sie zur Vögelnatur. Und da wollen wir's uns denn behaglich sein lassen und recht miteinander zwitschern, denn auf die Natur versteh ich mich auch.

Astorhaus mit seinem schimmernden Salon- und Gesellschaftsleben und *the new World* mit seiner Pracht waren gute Probestücke von der Außenseite (*the showy side*) des Lebens der Neuen Welt, und Downing sagt, er wünsche sehr, dass ich sogleich etwas davon zu sehen bekomme, um hernach

besser die andere Seite des Lebens dahier beurteilen zu können, diejenige, die der inneren, feineren, eigentlich individu-
ellen Bildung angehört. Und von dieser hätte ich kaum ein
besseres Muster bekommen können als in Mr Downing
selbst und seinem Heimwesen. Er hat selbst sein Haus gebaut, selbst alle Bäume und Blumen umher gepflanzt, und
alles scheint mir das Gepräge eines feinen und ernsten Gemü-
tes zu tragen. Es ist eine romantische Szenerie, dunkle
Gänge, die zierlichsten Detailpartien und große Aussichten.
Alles ist voll Einsicht gemacht, nichts verrät Steife oder
Plumpheit. Eine *Seele* hat hier gefühlt, gedacht, geordnet. Im
Hause waltet ein gewisser düsterer Ton in den Farben vor;
alles Holzwerk ist braun, selbst der Tag ist düster, aber dennoch klar oder vielmehr lichtvoll; es ist ein gebundener Sonnenschein; etwas Warmes und Tiefes – es kommt mir vor wie
ein Widerschein von den braunen Augen des Mannes. In den
Formen, den Möbeln, der Anordnung herrscht der feinste
Geschmack; alles ist edel und weich und alles ebenso komfortabel als geschmackvoll. Das Einzige, was in den Zimmern
glänzt, sind die schönen Blumen in zierlichen Urnen und
Körben. Im Übrigen sind Bücher, Büsten und einige Gemälde da. Auf kleinen Bücherschränken in Form von gotischen
Fenstern, die wie Nischen in den Wänden in Downings Salon
angebracht sind, stehen Büsten von Linné, Franklin, Newton
und anderen Heroen der Naturwissenschaft. Man sieht in
dieser Wohnung eine bestimmte und durchgeführte Individualität, die sich in ihrer Umgebung ausgeprägt hat. Und so
sollte jeder Mensch sich und seine Welt bilden. Man ahnt hier
Mr Downings Wahlspruch: *il bello e il buono* (das Schöne und
das Gute). In Speisen, in Früchten sowie in einer Menge kleiner Dinge herrscht ein wirklicher Luxus, der aber nicht
glänzt und sich breit macht, sondern gleichsam verborgen in
dem inneren Reichtum und der Ausgesuchtheit des Dinges
liegt. Eine Wohnung dieser Art hatte ich in der jungen Neuen
Welt nicht erwartet. Seit ich hier bin, hat es unaufhörlich geregnet und genebelt, und ich bin ganz bös auf das Klima. Es
könnte kaum bei uns im Oktober schlechter sein. Aber ich

*Andrew J. Downing – »ein junger Mann von etwa 30
Jahren, mit dunkeln Augen und dunklem Haar, schön
braun und weich gelockt, im Ganzen eine recht romantische
Erscheinung«*

schätze mich auch glücklich, dass ich in ein so gutes Haus gekommen bin. Mein Zimmer ist im oberen Stock und gewährt
eine prächtige Aussicht über den Hudson und die Berge auf
der andern Seite des Flusses.

Ich dachte, dass ich hier fürs Erste vor allen Besuchen
Ruhe bekommen würde. Aber nein. Gestern Abend spät, in
Dunkelheit, Sturm und Regen, als ich mit meinen Wirtsleu-
ten in ihrem gemütlichen Salon saß, kam der Herausgeber
von »Sartaines Union Magazine« in Philadelphia, Professor
Hart, der auf die erste Kunde, welche die Zeitungen von mei-
ner Ankunft in Amerika gebracht, von Philadelphia nach
New York gereist und von New York mir hierher gefolgt war,

bloß um mich, wie er sagte, für sein Magazin zu *monopolisieren*, um mich zu ersuchen, dass ich während meines Aufenthalts in Amerika für dieses und für kein anderes schreiben möchte. So viel von amerikanischer Betriebsamkeit in Geschäftssachen. Der Mann hatte übrigens so viel gentlemännische Feinheit in seinem Benehmen und etwas so Gutes und Angenehmes in seinem blassen, feinen Gesicht, dass ich nicht umhin konnte, Gefallen an ihm zu finden und ihm mein Wort zu geben, dass ich, im Falle ich etwas für die Öffentlichkeit in Amerika schreiben sollte, es seinen Händen überliefern wolle. Aber ich zweifle daran, dass ich hier etwas schreibe. Ich fühle das Bedürfnis, zu denken und zu lernen.

Montag, den 8. Oktober

Heute leuchtet die Sonne über dem herrlichen Hudson, der unter meinen Fenstern fließt, und ich würde mich mit meinen Gedanken und meinen amerikanischen Büchern glücklich fühlen, wenn nicht der Strom von Besuchen sich wieder in Bewegung setzte und meine Zeit und meine Aufmerksamkeit in Anspruch nähme. Ich habe Downing bitten müssen, meine Vormittagsstunden zu schützen und mich während derselben nicht aus meinem Käfig zu rufen. Ich werde sonst eine wilde Löwin statt einer zahmen Löwin, als welche man mich haben will, und welche Rolle auch am besten für meine Natur passt. Mit meinen Wirtsleuten fühle ich mich besonders glücklich und ich lerne viel von Downing, dessen Individualität mich immer mehr interessiert. Es ist etwas Stilles und Melancholisches an ihm, aber er hat einen ungewöhnlichen Beobachterblick, einen kritischen und etwas sarkastischen Sinn, der jedoch auf einer großen Begriffsfähigkeit beruht. Er ist nicht lebhaft, aber sehr belebbar, er ist schweigsam, aber einer von den Schweigsamen, deren Urteil man zu hören meint, selbst wenn sie nichts sagen. Er ist in hohem Grad empfänglich und unterscheidet scharf; jedes Gespräch erhält mit ihm leicht ein Interesse.

Seine Frau ist eine angenehme, kurzweilige, liebenswürdige Person von feiner Bildung, wie ich glaube, und wie für ihren Mann gewachsen. Heute habe ich auf Mr Downings Aufforderung an Professor Bergfalk geschrieben, um ihn hierher einzuladen. Bergfalk befindet sich nämlich bloß ein paar Meilen von Newburgh, in Poughkiepsie (ich weiß nicht, ob ich den Namen recht buchstabiere), wo er sich im Englischsprechen übt. Ich betrachte es als ein besonderes Glück für mich, während meines Aufenthaltes hier zu Lande zuweilen mit Bergfalk zusammentreffen und ihn sprechen zu können. Auch wünsche ich ihm, dass er Downings Bekanntschaft macht, und Downing wünsche ich, dass er Bergfalk kennen lernt, um zu sehen, wie interessant ein schwedischer Gelehrter sein kann.

Jetzt eine große herzliche Umarmung über das Weltmeer hinüber für Mama und dich.

Rosenhütte (Brooklyn), den 12. November 1849
Endlich, endlich erhielt ich Briefe von Haus, Briefe von Mama und dir, meine gute Agatha! Ich küsste den Brief aus Freude, als er in meine Hand kam. Aber ach, wie betrübte es mich, dich wieder krank zu wissen, und zwar ohne allen Sinn und Verstand, so bald nach dem Marstrandbad, wo ich dich so munter sah! Ich kann mich jetzt nur mit dem Gedanken zu trösten suchen, dass du mit dieser Krankheit alle Kränklichkeit für das Jahr abgetan habest und im Winter desto gesünder sein werdest. Sollte dies nicht geschehen, ja dann müssten wir mit dir im nächsten Winter nach irgendeinem wärmeren Lande ziehen, nach deinem schönen Italien, nach Rom oder Palermo, nachdem du im nächsten Sommer in Marstrand tüchtige Salzbäder genommen hättest. Und ich werde bei dir sein, mein Herzchen, und werde dir schöne Sachen erzählen und schreiben, denn hier werde ich reich an solchen, und wir wollen dann zusammen ein neues schönes Leben einatmen. Deinen Brief nach London habe ich nicht

erhalten, aber ich werde ihn noch erhalten oder aber verdient Ed. L – – den Kopf zu verlieren, wenn er ihn nicht bereits verloren hat; denn er wurde beauftragt, den Brief in Empfang zu nehmen und mir ihn hierher zu schicken. Noch einmal Dank für die lieben Briefe!

Jetzt muss ich dir von unserem Besuche im Phalanstère erzählen. Es war ein lieblicher Morgen, als wir uns fortbegaben. Die Luft empfand sich ganz jung – kaum 15 Jahre alt. Sie war kein Knabe, sie war ein Mädchen, lebhaft, aber schüchtern – eine verschleierte Schönheit. Die Sonne war hinter leichten Wolken; der Wind schwieg stille. Als Markus und Rebekka Spring, meine jüngst gewonnenen Freunde, und ich einen Augenblick am Landungsplatz bei Brooklyn warteten, um nach New York hinüberzufahren, stand da auch eine Quäkerin mit römischer Nase und ehrlichem, ernstem Gesicht. Ich sah sie an und sie sah mich an. Auf einmal erheiterte sich ihr Gesicht, wie von einem Sonnenschein beglänzt. »Du bist Miss B.«, sagte sie. – »Ja«, sagte ich, »und du?« Sie nannte ihren Namen und wir drückten einander herzlich die Hände. Das innere Licht hatte sie auf mehr als eine Art erleuchtet, und an solchen Morgen fühle ich mich mit der ganzen Welt Du und Du.

Wir fuhren über den Strom, Markus, Rebekka und ich. Der Morgenwind begann zu wehen und die Wolken sich zu bewegen; Segel- und Dampfschiffe kreuzten sich im Hafen, und in kleinen Böten saßen junge Knaben, welche Stöcke und Bretter auffischten, die der Strom mit sich ins Meer hinausführte. Die Ufer glänzten in grünem Gold. Eine Weile nachher waren wir am Bord des Dampfschiffes, das uns nach New Jersey bringen sollte. Bergfalk kam voll von Leben und guter Laune, Channing kam mit einem diamantklaren Strahl in seinem reinen Blick, und mit ihm ein Mr H., ein Freund von Blumen und von Channing. Wir fuhren bei Sonnenschein und unter Gesprächen über interessante Gegenstände, eigentlich mehr einem Dialog zwischen Channing und mir, wobei die andern nur mit einstimmten, alle ein wenig gegen mich, ich ein wenig gegen alle, außer Markus S., dessen Verstand ganz besonders mit dem meinigen zusammenläuft. Später begannen Wolken sich über uns zusammenzuziehen und bald begann es zu regnen. Im Regen kamen wir nach New Jersey und in das Städtchen New Ark. Dort traf uns ein Fuhrwerk aus dem Phalanstère, für Menschen sowohl als für Kartoffeln bestimmt, und da hinein pressten wir uns unter einem gewölbten Dach von ölgelber Leinwand, das uns vor dem Regen schützte. Ein schöner junger Mann aus dem Phalanstère kutschierte uns mit ein paar angenehm fetten Pferden, und nachdem wir einige Stunden lang den Sand durchfurcht, kamen wir beim Phalanstère an, ein paar großen Häusern mit mehreren kleineren umher, ohne etwas besonders Auszeichnendes in der Architektur. Die Landschaft rundum sah parkartig, schön und freundlich aus, Boden und Bäume waren noch ganz grün. New Jersey ist bekannt durch sein mildes Klima und seine guten Früchte. Wir wurden in einen Saal geführt und mit einem Mittagessen bewirtet, das in Arkadien nicht hätte besser sein können; unmöglich hätte man dort bessere Milch, Brot und Käse haben können. Hier hatte man auch Fleisch.

Hier fand ich die Familie aus dem Phalanstère wieder, die mich zuerst dorthin eingeladen hatte, und lernte in ihr Schwester und Schwager von Markus S. kennen, zwei ernste innige Menschen mit festem Glauben und tiefer Liebe zur Idee der Assoziation; sie waren schon von Anfang an bei der Begründung der Anstalt da gewesen. Mr A., der augenscheinlich außer Enthusiasmus auch einen guten und klaren Geschäftskopf mit organisatorischer Kraft besitzt, ist Geistlicher gewesen und hat lange Zeit wohltätig als Missionar unter den armen Predigern in der Fremde, *ministers at large*, wie man sie hier zu Lande nennt, gewirkt; hernach hat er zehn Jahre lang als Farmer in einem der westlichen Staaten des Mississippitales gelebt, Mais und Früchte gepflanzt und sich in der reichen Natureinsamkeit wohl befunden; aber jetzt, nachdem seine Kinder herangewachsen, wurde dies zu einsam für sie, das Häuschen wurde zu eng, und um ihrer Entwicklung und Erziehung willen zog er wieder näher zu der großen Welt. Aber während er sich ihr näher anschmiegte, beschloss er zu gleicher Zeit für denjenigen Teil ihres Lebens zu leben, der ihm dem Ideal einer christlichen Gesellschaft am nächsten zu kommen schien. Er und seine Frau sowie einige andere Ehepaare, sämtlich Enthusiasten für diese Idee, schlossen sich zusammen und bildeten hier vor acht Jahren den Verein, der sich jetzt neuamerikanisches Phalanstère nennt. Jedes Mitglied setzte 1.000 Dollars ein, und nun kaufte man Land und begann nach den von der Gesellschaft entworfenen Gesetzen zu arbeiten. Im Anfang stießen sie auf große Mühseligkeiten, besonders weil es an den Mitteln fehlte, Häuser zu bauen, Gerätschaften einzukaufen etc. etc. Es war schön und rührend, zu hören, welchen Beschwerden und Arbeiten sich die Frauenzimmer unterworfen haben, die an dergleichen wenig gewöhnt waren, wie beharrlich und mit welch gutem Mut sie ausharrten und wie sie brüderlich von den Männern unterstützt wurden, die gleich den Weibern in jeder Art der Arbeit nur die Ehre und die Notwendigkeit der Arbeit sahen und nicht danach fragten, ob es ein Männer- oder Weibergeschäft sei. Sie hatten viel Böses ausgestanden, waren aber dabei stark und geduldig geworden. Jetzt haben sie das Schlimmste überwunden, die Anstalt war in bedeutender Zunahme begriffen; man war darauf bedacht, neue Häuser zu bauen, besonders einen großen Speise- und Gesellschaftssaal, wie auch in Küche und Waschhaus Maschinerien einzuführen, wodurch man vom schwersten Teil der Handarbeit erlöst werden sollte. Die Zahl der Mitglieder war bis auf etliche 70 gestiegen. Die Anstalt hat ihr eigentliches Einkommen von Mühlen sowie vom Acker- und Obstbau; man pflanzt Pfirsiche, Melonen, Tomatos (eine sehr hübsche rote Obstart, die man als Salat benützt und sehr liebt). In den Mühlen wird Homouny gemahlen, eine Art Maiskorn oder indianisches Korn, das man als Grütze kocht und allgemein isst, besonders zum Frühstück.

Abends versammelte sich ein großer Teil des Phalanstère-Staates in einem Gesellschaftszimmer; verschiedene Personen wurden mir vorgestellt, und ich sah eine ganze Menge recht hübscher Jugend, besonders waren Markus Springs älteste Nichte Abbie und ihr Bruder idealisch schön. Unter den Männern waren mehrere in groben Kleidern, aber alle waren sauber und hatten im Umgang etwas sehr Ernstes und Gutes.

Die Arbeit wurde hereingebracht und auf einen Tisch gelegt. Es sollten kleine Leinwandsäcke zu Homoouny genäht werden, den man darin nach New York auf den Markt schickte; den Säcken wurde der Namensstempel des Phalanstère aufgedrückt. Ich nähte einen Sack, Channing auch einen, und er behauptete, dass er flinker nähe als ich; aber ich meinte, dass ich besser nähe. Ich spielte sodann der Jugend schwedische Tänze und Melodien auf, die sie ungemein elektrisierten, besonders der Nixentanz, und nun erzählte ich ihnen die Legende von dem Wassernix, von dem Pfarrer und dem grünen Bock, welche beweist, dass auch der Naturgott selig werden könne. Das Märchen fand großen Anklang und in mehrere Augen kamen Tränen.

Über Nacht erhielt ich für mich allein ein Stübchen, das eines der jungen Mädchen meinetwegen räumte. Es war klein wie eine Gefängniszelle, hatte vier kahle weiße Wände, war aber sauber, hatte ein großes Fenster mit freier schöner Aussicht, und ich befand mich wohl in der kleinen Zelle auf einem guten Sofa und schlief gut bei dem Getöne des plätschernden Regens und bei der milden Luft, die durch das halb offene Fenster hereinkam. Die Schwestern der Bettmachungsgruppe, zwei schöne junge Mädchen, waren die Letzten, die ich in meinem Zimmer sah.

Am Morgen erwachte ich beim Getöse des Arbeitslebens rund umher im Hause; man kam, ging und beschäftigte sich; alles hatte ein eifriges und arbeitsames Aussehen. Aber ich dachte: »Die Essener und Pythagoräer begannen den Tag mit einem Gesang, einer Einweihung des Arbeitstages in den Dienst der heiligen Mächte.« Und ich seufzte bei dem Gedanken, wie tief die Vereine des Westlandes unter denen des Morgenlandes stehen.

Ich kleidete mich an und ging hinab. Da es in meinem

Charakter liegt, mit Seele und Herz auf das gegenwärtige Leben einzugehen, so wollte ich hier wie ein wahres Mitglied des Phalanstère leben und als Arbeiterin in eine seiner Gruppen eintreten. Ich wählte selbst die Küchengruppe, weil ich mir in dieser Beziehung am meisten Talent zutraute, und bald stand ich am Herd neben der gemütlichen Mrs A. und buk eine ganze Menge Buchweizenkuchen (just wie wir sie in Schweden backen, aber auf einer größern Eisenplatte) zum Frühstück, und hatte das Vergnügen, Markus S., Channing und einigen Gesellschaftsgliedern mit ganz warmen Exemplaren am Frühstückstisch aufzuwarten. Ich fand selbst, dass meine Kuchen ausgezeichnet gelungen waren. Ich steckte auch in meinem Bürgereifer Hände und Arme bis an den Ellenbogen in einen großen Backtrog, wäre aber beinahe im Teig stecken geblieben. Er war zu schwer für mich; ich wollte es nicht gestehen, aber man war klug genug, mich auf die artigste Weise von dem Geschäft abzulösen und es bessern Händen zu übergeben.

Der Regen hatte aufgehört und die Sonne begann sich durch die Wolken Bahn zu brechen. Jetzt sollte ich hinaus, herumgehen und mich umsehen, begleitet von Mrs A. und der Frau des Präsidenten, die einen kurzen Rock und Hosen trug, was ihrer hohen, schlanken Gestalt wohl anstand und überdies für Gänge in dem nassen Wiesenland und im Walde vollkommen passte. Zuerst besuchten wir die Mühlen; zwei schöne junge Mädchen, ebenfalls mit kurzen Röcken und Blusen, mit Ledergürteln und artigen Häubchen auf dem Kopf, gingen oder hüpften vielmehr leicht und fröhlich wie Vögel auf dem Fußsteig um uns her über Hügel und Täler. Sie gingen, um in den Mühlen zu helfen; die Müller waren bereits dort an ihrer Arbeit. Von da gingen wir über das Feld und nach dem Kartoffelland, wo ich dem Präsidenten die Hand schüttelte, der Kartoffeln herausgrub und in weißen Hemdsärmeln mitten unter seinen Ratsherrn arbeitete. Sowohl der Präsident als die übrigen Bürger sahen wie tüchtige brave Leute aus, und die Kartoffelernte versprach in diesem Jahr besonders ergiebig zu werden. Der Boden in New Jersey soll sehr gut und fruchtbar sein. Die Sonne schien freundlich über das Kartoffelfeld, den Präsidenten und die Arbeiter, unter denen sich mehrere Männer von Bildung und Kenntnissen befanden.

Im Gespräch mit den zwei angenehmen Frauenzimmern, die mich begleiteten, erfuhr ich allerlei von den Gesetzen und dem Leben des Phalanstère. Jedes Mitglied kann bei der Gesellschaft so viel einlegen, als es will, und von seinem Vermögen so viel behalten, als es will. Für seine Einlage wird ihm ein Zins berechnet. Die Arbeitszeit ist zehn Stunden des Tages; was man darüber arbeitet, wird in Berechnung gebracht und besonders bezahlt. Die Frauenzimmer haben gleiche Rechte wie die Männer, sie stimmen und beteiligen sich bei der Gesetzgebung und den Urteilssprüchen. »Aber«, sagte Mrs A., »wir haben mit den häuslichen Geschäften so viel zu tun gehabt, dass wir uns bisher wenig darum bekümmerten, an diesen Angelegenheiten teilzunehmen. Wir haben sie den Männern überlassen.«

Jeder, wer sich als Mitglied anmeldet, kann nach einjähriger Prüfungszeit im Phalanstère, wo er sich als beharrlich in der Arbeit, als fest in brüderlicher Liebe und Herzensgüte bewähren muss, angenommen werden. Nach seiner Religion, seinem Stand oder seinem früheren Leben wird nicht gefragt. Der Verein macht eine neue Probe mit dem sozialen und ökonomischen Leben; er nimmt die werktätige Menschenliebe als leitendes Prinzip an und will alles Übrige durch sie bestimmen lassen; er will sozusagen das Leben aufs Neue beginnen und seine Gesetze auf experimentellem Wege erforschen. Gleich den Pflanzen, die man *exogens* nennt, wächst es von außen nach innen, ist aber, wie mir scheint, in seinem Prinzip weit unbestimmter als diese Pflanzen.

Abends wurde ich aufgefordert mich über diese Gesellschaftsbildung auszusprechen, und da sagte ich aufrichtig meine Ansicht über ihre Mängel, besonders darüber, dass ein Religionsbekenntnis sowie ein öffentlicher Gottesdienst fehle, und dass sie bloß auf einem moralischen Prinzip beruhe, dessen Gültigkeit leicht infrage gestellt werden könne, da es keinen Zusammenhang mit einem ewig über der Erde und der Zeit bestehenden Leben, einem ewig geltenden Gesetze, und vor allen Dingen seiner Garantie bei einem persönlichen göttlichen Gesetzgeber nachzuweisen vermöge. Die Schlange wird einmal in euer Paradies eindringen, und dann – womit wollt ihr sie bannen? Ich sagte auch, wie es mir diesen Morgen zu Mut gewesen, wie arm und öde mir ein Arbeitsleben erscheine, das nicht zugleich höheren Mächten diene, das nicht einen Raum für das Heilige und Schöne habe. Ein älterer Herr, der in meiner Nähe saß und ein gutes, ehrliches Gesicht hatte, aber schrecklich spuckte, machte sich's besonders zur Aufgabe, meine Einwürfe zu beantworten. Aber sowohl seine Antworten als auch die von einigen andern bestärkten mich nur in meinem Eindruck über den nebelhaften Standpunkt, worauf ihre Intelligenz sich befand. Ich schwieg daher, nachdem ich meine Ansicht gesagt hatte. Aber ich und mehrere andere hofften, dass Channing etwas sagen würde. Er tat es jedoch nicht, sondern saß lauschend da, seinen schönen sprechenden Kopf, seinen denkenden Blick den Redenden zugewandt.

Bergfalk und ich wurden hierauf ersucht, miteinander schwedisch zu sprechen, damit man die wunderliche fremde Sprache hören könnte; wir setzten uns also mitten in der Versammlung einander gegenüber und plauderten schwedisch zur großen Erbauung unserer sehr aufmerksamen Zuhörer.

Hierauf musste ich der Jugend wieder etwas vorspielen.

Tags darauf sollten wir um die Mittagszeit abreisen. Schon am Morgen nahmen ein halb Dutzend schöne junge Mädchen mich in ihre Mitte und führten mich aus einer Wohnung in die andere, um allen Großmüttern im Phalanstère und auf allen Klavieren, die sich da sechs oder sieben an der Zahl vorfanden, etwas vorzuspielen, bei welcher Gelegenheit die jungen Kinder von den Märschen, Polonäsen und Liedern, die ich ihnen zum Besten gab, so angeregt und ergriffen wurden, dass sie bald weinten, bald lachten. Notabene, die Musik ist im Phalanstère noch ein bloßes Wickel-

»Der Fluss war voll von Leben«

kind, und daraus kannst du dir die Wirkung meines Spieles
erklären. Auch das ist wahr, dass die Kinder da ungewöhnlich
lebhaft waren. Besonders die ganz kleinen waren allerliebst.
Ein prächtiger Nachwuchs unter dieser Vereinsjugend und
nicht die mindeste Blödigkeit vor Fremden! Man bemerkte
den keimenden Bürgergeist. Aber ich wurde meiner Rolle als
Bürgerin entsetzlich müde und dankte dem Himmel, als ich
aufhören durfte für das Phalanstère aufzuspielen, als ich alle
Mädchen – es waren prächtige, warmherzige Dirnen – geküsst, Bürgern und Bürgerinnen die Hände geschüttelt hatte
und nun das Phalanstère verlassen, mit meinen Freunden
wieder ruhig auf das Dampfboot sitzen und nach New York
zurückfahren durfte.

> »Sie dankten sehr für seinen Segen
> Und – blieben auf den alten Wegen.«

Es ging mir wie den Fischen des heiligen Antonius. Um kein Haar besser bekehrt. Denn obschon ich alles Interesse für mich selbst aufgeben müsste, wenn ich mich nicht in den größten wie in den kleinsten Dingen meines Lebens, in meinem Gebet wie in meiner Arbeit, innig mit den Interessen der Menschheit verknüpft glaubte und mich nicht unter den Arbeitern im großen Phalanstère des Menschengeschlechts wüsste, so ist doch meine Natur einer solchen näheren Assoziation im äußeren Leben gänzlich entgegen. Und lieber möchte ich in einem Katen auf Schwedens kahlstem Grausteinberg ganz allein, bei Wasser und Brot (und Kartoffeln, die ich selbst kochen müsste), wohnen als in einem Phalanstère im fettesten Erdreich und mitten unter Bürgern und Bürgerinnen, selbst wenn sie so hübsch und artig sind wie diese da. Aber dies gehört zu meiner Individualität. Ich kann nicht vollkommen leben, außer in der Einsamkeit. Indes dürfte für die größere Menge von Menschen das Vereinsleben wohl das glücklichste und beste sein.

Der Verein in derjenigen Form, die er in diesem Phalanstère angenommen hat, ist offenbar auch ein Mittel, Gerechtigkeit zu finden für manche Individuen, denen in dem großen gewöhnlichen Staat keine Gerechtigkeit widerfahren würde. So zum Beispiel war jetzt da ein Mann, der gute Kenntnisse und feinere Bildung besaß, aber infolge seiner schwachen Augen außer Stand gesetzt war, sich durch eine solche Arbeit zu ernähren, bei welcher das Gesicht sehr angestrengt werden muss. Er war arm und hatte keine nahen Angehörigen. In der gewöhnlichen gesellschaftlichen Ordnung wäre er infolgedessen entweder Versorgungsanstalten und in ihnen einem Leben geistiger und leiblicher Dürftigkeit anheim gefallen oder auch den gröbern Arbeitsklassen zugewiesen worden, die nur noch für ihren Körper leben. Als Mitglied des Phalanstère gab dieser Mann seine körperliche Arbeit zehn Stunden des Tags und war dafür zu allen edleren Genüssen des feinern Lebens berechtigt, zum Umgang mit guten und gebildeten Menschen, zu einem guten Tisch in fröhlicher Gesellschaft, zu einer liebevollen Behandlung von allen Seiten und jeden Abend nach der Arbeit, wenn er will, zur Ruhe und Erfrischung in der Gesellschaft, in einem hellen, großen Zimmer bei angenehmen Damen, schönen Kindern, Musik, Büchern, Gelegenheit zum Gespräch über die höchsten Interessen des Lebens, die in so nahem Verhältnis zu den Interessen der Gesellschaft stehen. Im Grunde glaube ich, dass ich diese Anstalt zu lieben anfange, während ich von ihr schreibe und wenn ich an ihr freundliches Benehmen gegen diesen Mann und gegen viele seinesgleichen denke. Ist es nicht etwas Schönes und Großes, wenn das höchste bürgerliche Leben der Gesellschaft auch den geringsten Menschen, der sich dessen nicht unwürdig macht, so aufnimmt, dass es ihn seines Lichtlebens teilhaftig macht, wenn er an seinem Arbeitsleben teilnimmt? Aber dies ist es just, was der christliche Sozialismus beabsichtigt. Und wohl kann er im Bewusstsein dessen mutig den Spott und Hohn ertragen, welchen die große Gesellschaft noch auf ihn wirft, und, sein Angesicht dem ewigen Lichte zugewandt, getrost sagen, wie Mr A. (der Geistliche und Farmer) bei unserem Abschied zu mir sagte: Wir fühlen, dass wir hier auf keinen Menschen treten.

Aber meine Bedenklichkeiten gegen das Lose in dieser besondern Formation bleiben noch immer. Auf dem Dampfboot im stillen Gespräch mit meinen Freunden entwickelten wir die Fragen noch weiter. Ich wiederholte meine Einwürfe gegen dieses Gebäude ohne festen Grund. Channing hatte guten Glauben daran, denn er ist der Ansicht, dass die tieferen Gesetze des Denkens und Lebens sich notwendig aus der Menschennatur entwickeln, wenn man es ihr überlässt, sich selbst zu prüfen und zu versuchen. Was ich verlange, sagte er, das würde im Phalanstère noch kommen, und zwar auf einem neuen Wege und mit stärkerer Überzeugung kommen. Ich glaube wie Channing, dass es kommen muss, weil die Menschennatur diese Keime ewiger Ideen in sich trägt und sie in allen Zeiten entwickelt hat. Alle geschichtlichen Religionen und Philosophien, religiöse Vereine usw. zeugen hiervon. Aber ich bleibe dabei, dass ich die Sozialisten frage: Warum nicht die bereits getane Arbeit aufnehmen und fortsetzen? Warum nicht das Bewusstsein des Menschengeschlechtes, das allgemeine Bewusstsein von sich, von seinem Leben und seiner Bestimmung aufnehmen? Warum sich bemühen eine bereits vollendete Arbeit noch einmal zu machen? Das heißt Zeit und Kräfte vergeuden, die besser angewandt werden könnten. Aber vielleicht ist hier etwas Neues, was ich noch nicht klar sehe, ein neues Anfangsprinzip. So viel ist mir indes klar, dass die andern es auch nicht recht klar sehen. Sie gehen tappend ihres Wegs. Möglicherweise werden sie von einem Instinkt geleitet, der hellsehend ist.

Dieses Phalanstère ist für den Augenblick das einzige, das in den Vereinigten Staaten besteht. Es hat noch viele andere gegeben, aber sie sind alle gescheitert und untergegangen durch die Schwierigkeit, das Interesse der verschiedenen Mitglieder und ihr stetes Zusammenwirken für die Idee des allgemeinen Lebens der Anstalt rege zu halten. Die Enthusiasten haben arbeiten müssen, die dumpfen Geister haben von ihnen gelebt: Die Ersteren haben alles tun müssen, die Letzteren taten nichts. Fouriers Theorie von der Anziehungskraft der Arbeit ist durch eine Menge fauler Naturen faktisch widerlegt worden. Die Freunde der Theorie behaupten zwar, sie sei nicht auf die volle Probe gesetzt worden, weil die Menschen noch nicht zu der Arbeit erzogen worden, die sie anziehe. Aber wir werden schon sehen.

Daheim in Rosenhütte, in dem stillliebenden Familienkreis ruht es sich lieblich nach der Expedition ins Phalanstère. Auch hier bestehen meine schönsten Augenblicke im stillen Umgang mit den beiden Gatten, wenn wir miteinander sprechen und Amerikas Dichter zusammen lesen. Auch hier ist Lowell ein Günstling, und es ist ein Vergnügen, Rebekka seine Gedichte lesen zu hören oder auch andere Gedichte, denn sie liest ausgezeichnet gut. Markus verlässt das Haus gewöhnlich unmittelbar nach dem Frühstück, aber während desselben nimmt er sich oft einen Augenblick, um uns etwas Bedeutungsvolles aus Zeitungen oder Büchern vorzulesen, meistens etwas, das gesellschaftliche Fragen und Verbesserungen betrifft. Er ist ungemein beschäftigt mit dem Unternehmen, ein Bad und Waschhaus im großen Stil zum Vorteil des armen Volks in New York zu bauen, und eine Subskription dafür zustande zu bringen.

Jetzt muss ich dir einiges von H. W. Channing erzählen, denn er ist einer der besten Freunde des Hauses und hängt mit Springs sowie mit dem geistigen Leben des Landes auf eine eigentümliche Weise zusammen. Er war vor einigen Jahren Prediger in einer unitarischen Gemeinde in Cincinnati; aber die Stube (die unitarische) wurde ihm zu eng, er konnte darin nicht frei an Seele und Herz atmen, und deshalb entsagte er seinem Amt, das er nicht mehr mit gutem Gewissen verwalten zu können glaubte, obschon seine Gemeinde, die ihm sehr ergeben war, alles tat, um ihn zum Bleiben zu bestimmen, und obschon er nicht wusste, wie er künftig sich, seine Frau und zwei Kinder versorgen sollte. Aber er dachte wohl wie der glaubenskräftige alte Patriarch, als er dem Ruf des Höchsten gehorchte: Der Herr sorgt wohl für das Opfer. – Der liebe Gott tat es durch seine Ausgesandten.

Markus S. und einige seiner Freunde versammelten sich und schrieben einen Brief an Channing, dessen Hauptinhalt war: Kommen Sie zu uns; seien Sie unser geistiger Lehrer und Leiter, aber in vollkommener Freiheit; folgen Sie Ihren Eingebungen; predigen, sprechen Sie, wann und wo es Ihnen gefällt; streuen Sie den Samen des ewigen Lebens aus, wie und wann Sie es für gut finden. Wir werden zusammen Ihr irdisches Auskommen zu sichern suchen. Leben Sie kummerlos und glücklich, wie und wo Sie wollen; lehren Sie uns bloß, wie wir leben und wirken sollen; unsere Häuser und unsere Herzen stehen Ihnen offen. – Channings Antwort auf dieses Anerbieten zeugt von dem edlen Sinn und Ernst seines Herzens. Er kam. Und seitdem hat er der an ihn ergangenen Einladung gemäß gelebt, indem er bald in den Gefängnissen, bald bei religiösen und sozialen Festen und Vereinen oder auch als Redner über soziale Fragen in New York, Boston und andern Städten auftrat, wobei er seinen Eingebungen folgte und durch seine geniale, schön begabte Natur Seelen erweckte und Herzen erwärmte, überall, wo er auftrat, ein höheres Leben hervorrief, den Samen des ewigen Lebens ausstreute und allenthalben matte Flämmchen wieder anblies. Zu seinen Freunden kommt er, wann er will, oft unerwartet, aber immer ersehnt und warm bewillkommt. Für H. W. Channing steht in ihrem Hause immer ein Zimmer bereit. Der gute Markus hegt eine solche Verehrung für ideelle Gaben und Tätigkeit, und besonders eine solche Anhänglichkeit an Channing, dass es ihm Freude macht, ihm selbst wie ein Diener zu dienen, seinen Mantelsack zu tragen, irgendeine gröbere Arbeit für ihn zu verrichten, und Rebekka und er gehen mit dem Gedanken um, in der Nähe der Phalanstère ein Haus für ihn zu bauen. Der Gedanke daran und an Channings Zufriedenheit machte Rebekka ganz glückselig. Ach, Agatha!, unter solchen Menschen zu leben! – Es lohnt sich der Mühe, über das Weltmeer zu kommen, bloß um sie kennen zu lernen.

Nächsten Sonntag wird Channing einen Vortrag in New York halten, und ich werde mit Springs hinfahren, um ihn zu hören. Ich befinde mich so wohl hier in Brooklyn, in diesem Hause, bei diesen Ehegatten und den schönen Kindern. Hier ist es auch ruhig und schön. Ich kann allein und still umherwandeln, allein lange Ausflüge in die Gegend machen. Unter den Bäumen hier bemerke ich prächtige Hängeweiden, wahrhaft kolossale Bäume. Sie sind noch ganz grün. Die Trauben sind reif im Garten. Markus braucht bloß die Hand über den Erker in den Garten hinauszustrecken, wo Weinreben eine Laube bilden, um die ganze Hand voll schöner Trauben zu bekommen, womit er uns dann bewirtet. Und ich spaziere oft in einem langen gewölbten Rebengang und pflücke und esse. Die Trauben sind hell, violett, klein, recht süß und angenehm, haben aber immer zuinnerst einen kleinen, dicken Klumpen, der säuerlich und unreif ist. Das soll den Trauben hier zu Lande eigen sein. Die Veranda, die das Haus auf der Vorderseite schmückt, prangt jetzt mit den schönsten Chrysanthemen. Im Sommer sollen eine Menge Kolibri die Rosen- und die Geißblatthecken umflattern.

Meine liebe gute Agatha!

Ich schreibe dir jetzt aus einem Städtchen in der Nähe von Boston, während mich die Eisenbahnwaggons erwarten, die uns heute Mittag um fünf dahin führen sollen, nämlich mich, Mr und Mrs Spring, ihr Söhnchen Eddy und Professor Bergfalk, den ich auch jetzt verlockt habe mit uns zu kommen. Er darf nicht anfangen, sich auch hier in Büchern zu vergraben, wie in Schweden; er muss hinaus, muss zuerst ein wenig von dem Leben und den Menschen sehen.

Am Montagmorgen reisten wir ab und nahmen den Weg durch Connecticut. Ich verließ New York und Brooklyn mit dem Gefühl, als ob eine Menge unbeantworteter Briefe und Einladungen, unbesuchter Schulen und Institute mir nachsprängen und mich festhalten wollten. Ich hatte ein böses Gewissen. Ich entfloh wirklich vom Schlachtfelde. Ich konnte nicht anders. Hätte ich mich verzehnfachen können, so hätte ich nicht ausgereicht, all die Aufforderungen, Einladungen usw. zu beantworten, und ich bin bloß eine einzige Person. Aber ich werde nach New York zurückkommen. Ich will noch einiges mehr von seinem Besten und seinem Schlimmsten sehen; zu dem Letzteren gehört derjenige Teil der Stadt, der *five points* (fünf Punkte) genannt wird, von fünf zusammenlaufenden Straßen, wo die schlimmste und auch gefährlichste Bevölkerung der Stadt sich aufhalten soll. Ich fragte Mr D. im Scherz, ob er mit mir durch die »five points« gehen wolle. Er antwortete mit Bestimmtheit: Nein. – Ach, *il bello e il buono* findet sich nicht da, aber mehr als das Schöne und Gute suche ich die Wahrheit, die Wirklichkeit in allem und überall. Ich muss auch etwas mehr von den »five points« im vornehmen Leben New Yorks sehen, denn ich weiß es, hier wie in allen großen Städten gibt es auch im Leben der höchsten Schichten der Gesellschaft die fünf garstigen oder gefährlichen Punkte. Zum ersten Punkt rechne ich die langen leidigen Schmausereien.

New York kam mir im Äußeren als eine allzu lärmende Geschäftsstadt vor, ohne Schönheit und Interesse. Es sind schöne und stille Quartiere mit schönen Straßen und Wohnungen da, aber dort ist das Leben auf den Straßen tot; in Broadway hinwiederum ist es ein endloses Getöse und Getümmel, ein Drunter und Drüber, und in der eigentlichen City drängt man sich wegen des teuren Lebens, auch herrscht da eine ganz verpestete Luft. New York ist die letzte Stadt in der Welt, wo ich wohnen möchte. Aber sie ist auch bloß als ein großes Hotel, als eine Karawanserei für Amerika und Europa zu betrachten. Auch das ist wahr, dass ich hier immer so beschäftigt und atemlos war, dass ich keine Zeit hatte, mich nach etwas Schönem umzusehen. Dagegen lobe ich mein Brooklyn! Dort kann man sowohl leben als schlafen.

Und jetzt weiter auf der Fahrt durch die Täler von Connecticut zu den kleinen Häusern in Neuengland, dem Heimatland der ältesten Pilger. Nachmittags kamen wir nach Hartford. Auf den Abend waren wir zu Mrs Sigourney, der Verfasserin »angenehmer Memoiren von angenehmen Ländern«,[*] eingeladen, und hier schüttelte ich, glaube ich, der ganzen Stadt die Hände, vom Bischof an, einem schönen alten Prälaten, bis zum Schulmädchen, und spielte meine gewöhnliche Gesellschaftsrolle. Mrs S., eine sehr freundliche, etwas empfindsame, aber recht angenehme Frau in grünem Aufzug, ungefähr 50 Jahre alt, mit einem guten mütterlichen Wesen, wollte mich durchaus über Nacht behalten, und ich durfte schlechterdings nicht nach meinem angenehmen Zimmer im Hotel zurückkehren, das ich doch so gern behalten hätte, um ausruhen und schweigen zu können. Am Morgen vergaß ich jedoch die kleine Unannehmlichkeit über dem Frühstück und dem Gespräch mit meiner freundlichen Wirtin und ihrer anmutsvollen einzigen Tochter. Die Sonne strahlte herein und das Haus hatte den Charakter einer guten liebwarmen Heimat. In solchen ist mir immer wohl zumute und ich hätte mögen länger verweilen können. Mrs S.

---

* Lydia Howard Sigourney: *Pleasant Memories of Pleasant Lands* (1842)
  [Anmerkung des Herausgebers]

schenkte mir ihre gesammelten poetischen Schriften, und ich las daraus ein Gedicht, betitelt: *Mein Land*, wofür ich ihr die Hand küssen musste, so schön war es und so edel und echt weiblich der Geist, der darin wehte. Wie gut und schön klingt nicht von einer Mutter die Aufforderung an die Erde der Neuen Welt:

»Mutter zu sein allen bedrückten Völkern der Erde, eine neue Heimat und Hoffnung zu geben allen Söhnen und Töchtern der Erde, die zu ihrem Schoße fliehen, ihnen ihren Reichtum, ihre Freiheit, ihr Glück, alle die Segnungen, deren sie entbehren, mitzuhelfen.«

Meine liebe Agatha! Ich schreibe dir höchst unvollkommen von den Dingen und Menschen hier, aber Dinge und Menschen lassen mir keine Ruhe, um von ihnen zu schreiben. Umso mehr werden wir einmal reden, und umso mehr werde ich einmal schreiben, denn Personen und Verhältnisse leben hier mächtig in mir und auf eine Art, die mich überrascht und neu belebt. Ich fühle es jeden Tag, wie durchaus notwendig für mein ganzes Leben und meine Entwicklung diese amerikanische Reise ist.

Boston, Dienstag, den 4. Dezember

Soeben komme ich von meiner kleinen Reise mit Springs und Bergfalk nach Concord, der ältesten Stadt in Massachusetts und Waldo Emersons Residenz, zurück. Wir fuhren und kamen in einem wahren Schneegestöber an. Aber die Eisenbahnwagen waren schön, warm, und man sitzt da vollkommen behaglich, nur dass man mitunter tüchtig herumgeschüttelt wird, denn die Eisenbahnen dahier sind bedeutend rauer und unebener als diejenigen, auf denen ich in Europa gefahren bin. Emerson kam uns die kleine Tannenallee vor seinem Hause hinab, trotz des fallenden Schnees barhäuptig, entgegen; er ist eine stille, edel-ernste Gestalt, blass, mit stark markierten Zügen und Linien, und dunklem Haar. Er schien mir jünger, als ich ihn mir gedacht hatte, sein Äußeres weni-

70

»Emerson ist eine stille, edel-ernste Gestalt, blass mit stark markierten Zügen und Linien, und dunklem Haar«

ger bezaubernd, aber bedeutungsvoller. Er beschäftigte sich mit uns und namentlich mit mir in meiner Eigenschaft als Frauenzimmer und Ausländerin recht freundlich und angenehm.

Emerson ist eine ganz eigentümliche Individualität, aber zu kalt und überkritisch, um mich sehr anzusprechen. Ein starkes, klares Auge, immer nach einem Ideal spähend, das er auf Erden nicht verwirklicht findet; in allem Mängel, Halbheiten und Unvollkommenheiten entdeckend, und selbst zu kräftig, zu metallen, um die Schwachheiten und Leiden anderer zu verstehen. Denn auch das Leiden verachtet er als eine Schwachheit, die höherer Naturen unwürdig sei. Diese merkwürdige Menschennatur soll niemals krank gewesen sein. Aber Bekümmernisse soll er gehabt und sie tief empfunden haben, wofür auch einige seiner schönsten Gedichte zeugen; doch soll er sich nur kurze Zeit von diesen Bekümmernissen, nämlich dem Tod zweier schöner, geliebter Brüder und seines ältesten Sohnes, eines schönen kleinen Jungen, haben niederbeugen lassen. Auch seine erste Frau hat er nach bloß einjähriger Ehe verloren. Emerson ist jetzt zum zweiten Male verheiratet und hat drei Kinder. Sein hübscher kleiner Junge, das jüngste von den Kindern, scheint ihm ganz besonders lieb zu sein. Mrs Emerson hat schöne, seelenvolle Augen, ist aber kränklich und hat eine Individualität, die der seinigen sehr ungleich ist. Er interessierte mich, ohne mich zu erwärmen. Die kritische, kristallreine und kalte Natur kann vollkommen achtungswert, sehr heilsam und in ihrer Art wohltätig sein sowohl für ihren Besitzer als auch für andere, die sich von ihr gradieren und kritisieren lassen wollen. Aber für mich Davids Herz mit Davids Gesängen!

Aber ich werde infolge der höchst freundlichen Einladungen von Emerson und seiner Frau in dieses Haus zurückkommen, und dann bekomme ich von dieser sphinxartigen Persönlichkeit mehr zu sehen.

Von dem Naturverehrer Emerson, der keiner Kirche angehört und nicht einmal seine Kinder taufen lassen will (weil er die Natur der Kinder für reiner ansieht als die der gewöhnlichen, herangewachsenen sündigen Menschen), gingen wir ins Nachtquartier zu einem alten, strengen Puritaner, wo wir langen Gebeten anwohnten, die man an der Wand kniend verrichtete. Die einzige Tochter des Hauses, Elisabeth H., ein schönes, edles und angenehmes Mädchen, das mit dem geliebtesten Bruder Emersons verlobt gewesen war und nach seinem Tod keine andere Bande hatte anknüpfen wollen, interessierte mich. Sie ist offenbar ein edles und gehaltvolles Wesen, und ihre Freundschaft für W. Emerson scheint mir etwas sehr Reines und Vollkommenes zu sein. Auch sie hoffe ich im Verlauf des Winters wieder zu sehen.

Heute früh sah es in dem idyllisch zierlichen Städtchen Concord überall aus wie ein echter, schwedischer Winter. Miss H. ging mit mir aus und wir besuchten das Denkmal der ersten Opfer, die im amerikanischen Befreiungskrieg starben, denn sie fielen hier, wo der erste blutige Kampf stattfand. Es war jetzt beinahe eingeschneit; Eis und Schnee bedeckten auch den kleinen Fluss, welcher die Stadt verschönt und den die Indianer Musketaquid oder den grasigen Fluss nannten. Emerson hat einem seiner frischesten und lieblichsten kleinen Gedichte diesen Namen gegeben. Der Spaziergang in der reinen Winterluft, unter den mit glitzerndem Schnee bedeckten Bäumen und an der Seite von Elisabeth H., deren Atmosphäre für mich belebend ist wie die reine, sonnige Luft, machte mich leicht an Seele und Leib; und so begegneten wir Bergfalk, der ganz warm und vergnügt aus der Frauenzimmerschule in der Stadt kam, wo er junge Mädchen mathematische Probleme lösen gehört, die er ihnen auf erfolgte Einladung dazu aufgegeben hatte, und zwar gut und leicht lösen. Er war ganz entzückt über die jungen Mädchen und über die Lehrerin, die er als eine höchst gebildete Dame beschrieb. Er hatte eine kleine Rede gehalten, um sein Vergnügen zu bezeugen, und der ehrliche, gefällige Geistliche, der ihn begleitete, war nicht minder warm gegen ihn; auch soll die ganze Mädchenschule höchst entzückt gewesen sein über den Professor, wie er dort und auch sonst auf unserer Reise genannt wurde, denn man versucht es kaum, seinen Namen auszusprechen, was man für geradezu unmöglich hält. Ich besuchte auch einige dieser kleinen Häuser, wo alles ganz komfortabel ist, obschon die Herrschaften sich selbst bedienen und alle häuslichen Geschäfte verrichten. Diesem Gebrauch schenke ich meine Achtung, aber nicht meine Liebe. Und ich befinde mich nicht recht wohl dabei. Man muss sich so entsetzlich für jeden Dienst bedanken und meint dennoch oft, eine simple Magd würde es besser gemacht haben. Wir reisten am Vormittag zurück ohne Emerson noch einmal gesehen zu haben.

Der schwedische Konsul in Boston, Benzon, der bei uns war, ließ mir durch Rebekka S. sein Haus als Wohnung für den Winter anbieten, was mir sehr angenehm war, obschon ich nicht weiß, ob ich es annehmen soll und kann. Es sind mir viele schöne und freundliche Anerbietungen gemacht wor-

den. Und jetzt, mein Herzchen, bin ich ganz ungeduldig
über das unaufhörliche Geklopfe an meiner Tür mit Visiten-
karten und Briefen, und ich bin verdrießlich darüber, dass ich
beständig »Herein!« rufen muss, während ich »Geh fort!«
rufen möchte. Ach! Ach! Ich bin dieses Willkommens hier,
der mir gar keine Ruhe vergönnt, sehr überdrüssig. Ich habe
inzwischen hier noch niemand empfangen, aber gesagt, dass
ich auf den Abend zu Hause sei. Morgen werde ich nach
Cambridge hinausfahren. Ein abscheulicher Mord ist neuerdings von einem Professor an einem andern Professor begangen worden, und die ganze Universität und Stadt ist davon
aufgeregt. Es ist ein unerhörtes Ereignis; da aber der Ange-
klagte viele Bekannte und Freunde hat wie auch als guter
Gatte und besonders als guter Vater bekannt war, so kämpfen viele für seine Unschuld. Inzwischen ist er ins Gefängnis
abgeführt worden. Man spricht jetzt kaum von etwas anderem.

Ich muss dir noch sagen, dass ich mich trotz aller meiner
Strapazen vollkommen wohl befinde und es während meines
Aufenthaltes in Boston so einzurichten suchen will, dass ich
etwas mehr Ruhe habe. Ich werde einen oder einige Emp-
fangstage in der Woche festsetzen und dafür sorgen, dass ich
einige Zeit für mich selbst leben darf. Ich fühle, dass ich dessen bedarf. Bergfalk ist artig und munter und gefällt überall.
Er lässt Mama und dich herzlich grüßen. Grüße herzlich Do-
zent Hagberg, Marie und Christine, unsere Dienstleute und
unsere Freunde.

Boston, den 1. Januar 1850

Ein glückseliges neues Jahr allen Lieben daheim!

Dank, teuerstes Kind, für deinen Brief. Er war mir eine
herzliche Freude und Erquickung; denn wenn auch das eine
und andere seine unerfreulichen Schatten hatte, so fühlte ich
doch einen frischen Gruß durch den Brief wehen, der mir
sagte, dass du an Seele und Leib gesund bist. Und wie ange-

nehm, dich ausgehen und bei den Verwandten rechts und links zu Gast essen zu sehen! Und dazu all diese Kleinigkeiten daheim (dieser neue Bediente z.B., der so beharrlich hinter deinem Stuhl festgenagelt steht und dir dann aus lauter Ehrfurcht und Eifer die Türen zu öffnen in den Weg springt). Ach, wie lustig so etwas zu hören und wie spaßhaft es in einer Entfernung von etlichen 1.000 Meilen aussieht! Dass Mama so munter, Charlotte wieder umso vieles besser und Vetter Hagland mit seiner Wirksamkeit auf dem Lande so zufrieden ist, das alles freut mich von ganzem Herzen.

Ich schreibe dir jetzt in Benzons Haus, in einem kleinen schönen Salon sitzend, der mit grünem Samt möbliert und mit schönen Gemälden und Kupferstichen an den Wänden geschmückt ist, und ich kann dir gar nicht sagen, wie froh ich bin, dass ich hier wieder auf einige Zeit (wenigstens auf einen Monat) Frieden habe, denn ich bedarf der Ruhe für Seele und Leib, und ich könnte unmöglich mehr Ruhe, Freiheit und Komfort finden, als ich hier habe. Ich war eine Zeit lang nicht ganz wohl; das ewige Umherziehen und Gesellschaftsleben mit seinen unaufhörlichen Anforderungen an die körperlichen und geistigen Kräfte war mir viel zu viel, und ich war nahe daran, Schlaf und Seelengesundheit zu verlieren. Aber Gott sei Dank! Beides wird jetzt nach mehrtägiger Ruhe und dem Gebrauch einer Art von Chinadekokt, was mir meine liebe Doktorin gegeben hat, mit Riesenschritten zurückkehren. Aber anders lebt man hier doch als in Europa. Das Klima und die Nahrung sind anders, und ich glaube nicht, dass diese Letztere für das Klima passt.

Miss Hunt entführte mich mit Gewalt hierher zurück nach Boston. Ich hatte keine große Lust, sie zu besuchen, aber ich habe weit mehr Freude davon gehabt, als ich ahnen konnte. Fürs Erste war es angenehm, diese ganz eigentümliche Individualität näher kennen zu lernen. Man kann bessere Manieren, mehr Takt usw. haben, unmöglich aber ein besseres Herz, mehr Wärme für Menschenwohl und im Ganzen mehr praktische Tauglichkeit. Sie ist aus einer Quäkerfamilie, und mit dem bestimmten Willen und der Tatkraft, die dem Charakter dieser Sekte angehört, beschloss sie für sich und ihr Geschlecht eine Bahn zu brechen, deren Betretung sie für das Weib wichtig glaubte und zu der sie sich besonders angezogen fühlte. Sie nahm nebst einer jüngeren Schwester Privatunterricht bei einem geschickten und wohlwollenden Arzt und hat jetzt, nachdem die Schwester sich verheiratet, seit zwölf Jahren als Frauenzimmer- und Kinder-Doktorin praktiziert, sich Vertrauen und Vermögen wie auch das zwar bescheidene, aber recht angenehme Haus, das sie bewohnt, erworben und – wie ich von mehreren Seiten gehört habe – einer Menge Frauenzimmer in Krankheiten und Nöten ihres Geschlechts Hilfe geleistet. Besonders ist sie den Weibern der gröbern Arbeiterklasse eine Wohltäterin gewesen und hat auch für sie Vorlesungen über Physiologie gehalten, die von hunderten besucht wurden. Sie las mir ihre Vorträge vor, und der erste, den ich hörte, die Einleitung, flößte mir eine so hohe Meinung von der guten Doktorin und ihrem Standpunkt ein, dass ich mich recht herzlich darüber freute und jetzt erst vollkommen einsah, wie wichtig es ist, dass auch Weiber sich an der medizinischen Wissenschaft beteiligen. Ihre Ansicht vom menschlichen Körper und seiner Verpflegung war durch und durch religiös, und wenn sie den Weibern ans Herz legte ihre eigenen und ihrer Kinder Leiber zu verpflegen, so tat sie dies, weil die Bestimmung derselben eine hohe ist, weil sie Wohnungen der Seelen und ein Tempel Gottes sind. Es war in allem ein Ernst und eine Einfachheit, eine Klarheit der Darstellung, eine Richtigkeit und Reinheit, die dem höchsten Stil angehört und auf jedes reine Menschenherz, besonders auf jedes Mutterherz wirken muss. Und wenn man bedenkt, wie wichtig die rechte Verpflegung des Weibes und Kindes für das ganze kommende Geschlecht ist, wie viel dabei auf Diät und eine Wartung ankommt, die dem Gebiet und Blick des Arztes entgeht und die nur das Weib recht zu kennen vermag – wer kann da an der Wichtigkeit einer Ärztin zweifeln, bei welcher die Wissenschaft dem natürlichen Scharfblick zu Hilfe kommt, sodass sie befähigt ist die beste Helferin und Ratgeberin für Weiber und Kinder zu werden?

Dass die Weiber einen natürlichen Scharfblick und Talent zum ärztlichen Beruf besitzen, das beweisen zahllose Beispiele aus der Erfahrung aller Zeiten und Völker. Und es ist Sünde und Schade, dass man bisher eine Entwicklung dieser Gaben durch die Wissenschaft nicht gestatten wollte. Wie viel Gutes könnten nicht z. B. Hebammen, besonders auf dem Lande unter den Bauern, ausrichten, wenn sie mit den Kenntnissen, die man ihnen beibringt, um ein Kind zur Welt zu fördern, auch das nötige Wissen verbänden, um der Mutter und dem Kind zu einem gesunden Leben zu verhelfen? Aber das hat man versäumt und man versäumt es noch immer, und diese Versäumnis rächt sich durch tausende von kränklichen Müttern und kränklichen Kindern. Kommt jetzt dazu, dass der natürlich religiöse Sinn des Weibes und ihre Neigung, das Leben und die Dinge aus einem zentralen, heiligenden Gesichtspunkt zu betrachten, sie dazu befähigt, auch das Geringste als von diesem Gesichtspunkt aus wichtig anzusehen, dass sie von Natur mütterlichen Instinkt und mütterliche Liebe hat, wie gut passt sie dann nicht zur Priesterin in dem Tempel, wo das Kind Gott, dem Gott der Gesundheit und Heiligkeit geweiht werden soll! Wie heilig ist nicht ihr Recht, sich dazu einweihen zu lassen!

In alten weisen Zeiten waren die Ärzte auch Priester und wurden zu heiligen Mysterien eingeweiht. Die Nachkommen Äskulaps waren eine heilige Familie und unter ihnen befanden sich auch Frauen. Hygiea, eine der Töchter Äskulaps, wurde die Göttin der Gesundheit genannt. Aus ihrer Familie stammte Hippokrates. Wir sprechen noch jetzt von Hygiea, aber wir lassen es beim Sprechen bewenden. Sie muss auf die Erde gerufen werden, man muss ihr als Weib und Priesterin Raum und Rechte gestatten, wenn sie der Erde einen neuen Hippokrates schenken soll.

Aber zurück zu meiner kleinen irdischen Doktorin, die gleichwohl nicht ohne diesen himmlischen Funken ist, welcher sie berechtigt, der Familie der Asklepiaden anzugehören. Man sieht das an ihrem Blick und hört es auch oft an ihren Worten. Bei ihr sah ich verschiedene emanzipierte

Damen, solche nämlich, die öffentliche Vorlesungen halten, bei Antisklavereiversammlungen als Rednerinnen auftreten usw. Eine von ihnen frappierte mich durch die pittoreske Schönheit ihrer Gestalt und ihres Kopfes, mit ihrem blassen, edlen Gesicht und dem üppigen goldnen Haar, sowie durch die vollkommene Milde und Lieblichkeit in ihrem ganzen Wesen und ihrer Sprache, verbunden mit mannhafter Kraft des Wissens und der Überzeugung. Es war Mrs Pauline Davis von Providence. Sie hat mehrere Jahre lang mit großem Erfolg öffentliche Vorträge über Physiologie gehalten, die von den grob arbeitenden Klassen sehr besucht waren. Sie und meine liebe Doktorin sind innig befreundet. Ich sah auch ihren Mann, Mr Davis, der ein denkender Mann und mit seiner Frau und ihrer Tätigkeit vollkommen einverstanden zu sein scheint. Ich versprach ihnen einen Besuch in Providence. Ich hörte hier Verschiedenes von der Sekte der Schäker und ihrem Staat; meine kleine Doktorin ist Ärztin in einigen solchen Familien, sie las mir ein paar Briefe von ihrem »Ältesten« vor, mit schönen frommen Gedanken und Ergießungen, aber von sehr beschränktem Horizont. Ich wurde auch eingeladen, die Schäkerversammlung in der Nähe Bostons, in Haward, zu besuchen, wo medizinische Baumgärten angelegt sind. Ich werde diesen wunderlichen Menschenschlag gerne näher besehen. Ich sah hier allerlei neue Leute und Gäste, denn meine kleine Doktorin scheint einen großen Gesellschaftskreis zu haben. Jeden Abend nach vollbrachter Tagearbeit las sie aus der Bibel vor, und wir verrichteten unsere Gebete nach alter puritanischer Weise. Mein Besuch und das neue Lebensgemälde, das ich hier sah, wirkte wahrhaft erfrischend auf mich. Aber froh war ich, in Benzons Haus zur Ruhe zu kommen, wo Mrs H. keine drei Worte des Tags spricht, aber freundlich und artig ist, wo eine ehrliche, gutmütige Deutsche, Christine, sowohl das Haus als mich wohl verpflegt und wo ich einen großen Teil des Tages allein sein darf, denn Benzon ist auf seinem Comptoir außer dem Hause beschäftigt. Wenn er abends nach Hause kommt, ist er recht gemütlich und angenehm, liest mir vor oder unterhält mich mit Gespräch. Ich habe bis jetzt weder Besuche noch Einladungen angenommen, habe aber den Montag als meinen Empfangstag festgesetzt. Jetzt will ich in Ruhe Atem schöpfen, lesen und ein wenig schreiben.

Den 19. Februar

Schöne Tage! Drei Tage des lieblichsten Frühlingswetters. Und dieser strahlende blaue Himmel und diese Luft, so fein, so spirituös lebensvoll, so champagnergleich – ich habe nie etwas Ähnliches empfunden. Ich bin gleichsam etwas voll von ihr. Ich habe mich auch dieser Tage so wohl befunden, habe eine solche Flut frischen Lebens in mir verspürt, dass ich darüber ganz glücklich war und kindisch genug, es allen Menschen, denen ich begegnete, selbst auf den Straßen sagen und sie bitten zu wollen, dass sie sich mit mir freuen möchten. Ich weiß auch, dass viele es tun würden, und ich weiß, dass ich selbst froh wäre zu wissen, dass eine Person, die wie ich gelitten, sich so fühle, wie ich jetzt tue. In meiner Freude zwang ich meine kleine allopathische Doktorin Miss Hunt, Gott für mich und für den Erfolg der Homöopathie zu danken. Und sie tat es herzlich. Ihr Herz ist lauter wie Gold. Ich habe mich in diesen schönen Tagen am Wetter und an Spaziergängen, an angenehmen Menschen und – an der ganzen Welt erfreut. Eines Tages kam Longfellow und holte mich zu einem Mittagessen bei – seinen Schwiegereltern, glaube ich – du weißt ja, dass Genealogie nicht meine Stärke ist – Mr und Mrs Appelton. Es war der erste der schönen Tage, und als ich aus meinem Tor kam, blieb ich ganz verwundert über die Schönheit von Himmel und Luft, die meinen Sinnen entgegentrat, stehen. Ich sagte dem liebenswürdigen Dichter, er müsse es gewesen sein, der dies hervorgezaubert habe. Bei Appeltons sah ich eines der schönsten Hauswesen, die ich noch in Boston gesehen, und ein schönes älteres Paar. Der Herr Invalid, aber mit der freundlichsten Laune, die Frau frisch an Körper und Seele und sehr angenehm; und mit

»Eines Tags kam Longfellow ... «

ihnen, mit Longfellow und seiner schönen Frau hatte ich ein sehr gemütliches kleines Mittagsmahl.

Dieser Tage ließ Longfellow meine Hand in Gips modellieren, denn hier wie an andern Orten herrscht der Irrwahn, dass meine Hände schön seien, während sie doch bloß fein und weiß sind. Als ich nach Haus kam, waren meine Zimmer voll von Leuten. Notabene, es war mein Empfangstag und ich war über die Zeit ausgeblieben. Aber ich war umso artiger, und ich glaube, dass niemand unbefriedigt wegging.

Charleston in Südcarolina, den 28. März 1850

Ach, dass ich fliegen und in mein Haus blicken und sehen könnte, wie es mit dir, meine Agatha, und mit Mama steht! Aber jetzt darf ich mich mit der Hoffnung und dem Glauben vergnügen, dass du mit großen Schritten auf dem Wege der Besserung wandelst und dass deine Beine an Geschmeidigkeit und Anmut immer mehr Ähnlichkeit mit denen der Taglioni bekommen. Möchte es so sein, mein Herzchen, und möchte alles daheim gut stehen. Mit mir steht es »galant«. Ich kam heute früh nach einer dreitägigen Seefahrt hier an, in der Meinung, hier in volle Sommerwärme zu kommen, und etwas böse darüber, dass ich stattdessen in Kälte und graues Wetter kam und genötigt war, in Winterkleidern herumzuschreiten. Aber lange kann das nicht währen. Die Bäume – alle Straßen sind mit Bäumen bepflanzt – kleiden sich bereits in zartes Grün; Rosen, Lilien und Orangeblumen nicken von Terrassen und Gärten, und die Sonne beginnt sich durch die Wolken Bahn zu brechen. Vermutlich haben wir morgen wieder vollen Sommer.

In den letzten Tagen meines Aufenthalts im Norden herrschte ein vollkommenes Unwetter, und der Tag, wo ich in Brooklyn an Bord ging, war eiskalt. Man sah überall Eis und Eiszapfen; der scharfe Wind war voll von solchen. Die guten, liebenswürdigen Eheleute Spring mit ihren zwei ältesten Kindern, dem engelgleichen Eddy und der kleinen Jenny, begleiteten mich an Bord. Markus trug meine Sachen, sprach mit dem Kapitän und mit der Schiffsverwalterin wegen meiner und sorgte für alles. Überflutet von fremden Leuten, die sich mir vorstellen lassen wollten, musste ich in meine Kajüte fliehen, um noch ein paar Worte mit meinen Freunden sprechen und von ihnen Abschied nehmen zu können. Ich möchte doch wissen, was du sagen würdest, wenn du sehen könntest, wie brüderlich meine Freunde hier zu Lande mich küssen und wie schwesterlich ich beim Abschied oder nach längerer Trennung sie küsse. Das gibt sich hier ganz natürlich und ganz gut. Ich saß lange ganz betrübt da, als Springs mich verließen, während ich auf den Wogen immer weiter von ihnen wegrollte. Und in der Nacht träumte ich von ihnen, dass sie bei mir seien, und ich dächte: Sie sind also nicht fort und wir sind nicht getrennt; es war bloß ein böser Traum! – Aber der Traum war Wirklichkeit.

Der ganze erste Reisetag war kalt, grau, regnerisch und windig. Ich wich allen Menschen aus außer einem Quäkerpaar, Freunden (*friends* werden sie hier zu Lande gewöhnlich genannt), Mann und Frau, mit denen ich etwas bekannt geworden war und die mir wie gewöhnlich die »Freunde« wegen ihrer Stille und ihres friedsamen ruhigen Wesens gefielen. Beide waren etwas über die erste Jugend hinaus; die Frau hatte eines jener reinen schönen Gesichter, die man so oft bei jungen Quäkerweibern findet, der Mann schien leidend zu sein und sie reisten jetzt seiner Gesundheit wegen nach dem Süden. Am folgenden Tag hatten wir schönen Sonnenschein, aber es blieb doch kalt bis gegen Mittag, wo wir auf einmal in vollen, warmen Frühling versetzt wurden. Es war wie ein Zauberwerk. Himmel und Meer badeten in goldenem Licht; die Luft war voll von Leben und Lieblichkeit. Es war bezaubernd schön, göttlich! Mein ganzes Wesen badete in dieser Herrlichkeit. Ich lehnte neugierige Gespräche ab und saß allein auf dem oberen Verdeck, sah die Sonne hinabsteigen und den Vollmond in milder Herrlichkeit aufgehen; sah den Nordstern immer ferner von mir funkeln und den Orion und Sirius ins Zenit ziehen; und Stunde um Stunde verging, und ich wusste von nichts, als dass die Welt schön war und ihr Schöpfer groß und gut, und ich fürchtete nichts, außer dass jemand mit mir sprechen und dadurch diese heilige Stille, die Ruhe und Freude meines Geistes unterbrechen könnte. Auf dem unteren Verdeck sah ich junge Männer mit ihren Frauen im klaren Mondschein Paar um Paar zärtlich und zutulich wie Tauben herauskommen; sah die »Freunde«, meine Bekannten nebeneinander sitzen und zum Mond hinaufschauen, der ihre milden, friedvollen Gesichter beglänzte, sah die Mondstrahlen auf den tanzenden Wogen tanzen, während wir auf dem ruhigen Meer gegen das Kap Hatteras zurollten, dessen Feuer wie ein großer klarer Stern vom südlichen Horizont her uns entgegenglänzte. Am Kap Hatteras sollten wir in das Wasser des mexikanischen Meerbusens kommen, und dies ist ein gefährlicher Punkt für die Seefahrer. Heftige Stürme und Windstöße sind da gewöhnlich und manches schwere Unglück hat sich am Kap Hatteras zugetragen. Aber uns kamen sie nicht nahe. Der Mond schien und die Wellen tanzten, der Wind schwieg und die Taubenpärchen girrten und die »Freunde« schlummerten ein, und wir fuhren um Mitternacht am Kap Hatteras vorbei und ich hoffte mich jetzt in der Region beständiger Sommerwärme zu befinden. Aber, gehorsamer Diener, daraus wurde nichts. Am nächsten Morgen war es wieder grau, kalt, regnerisch und windig, mit einem Worte ganz und gar nicht sommerlich.

Ein Teil der Gesellschaft lag seekrank in den Kajüten. Ein anderer Teil setzte sich zu einem muntern Kartenspiel aufs Verdeck. Ich saß abseits mit den Freunden, welche schwiegen und zuletzt einschliefen. Aber ich war an diesem Tag vollkommen lebendig und wach, befand mich ausnehmend wohl und hatte einen herrlichen Vormittag in Gesellschaft mit dem Meer und mit Bancrofts Geschichte der Vereinigten Staaten*, die mich unendlich interessiert und durch ihren wahrhaft philosophischen Blick auf die historische Entwicklung sowie durch ihren vortrefflichen Stil der Erzählung gleich ausgezeichnet ist. In Bezug auf die Ersteren gleicht Bancroft unserem Geijer, in Bezug auf den Letzteren dem Schweizer d'Aubigné.

Am vierten Morgen kamen wir nach Charleston. Ein grauer, windiger Morgen, ganz und gar nicht angenehm. Aber die von dunkeln Zedern und hellgrünen Laubbäumen bedeckten Ufer um das Meer her sahen ungewöhnlich und verlockend aus. Alles war neu für meine Augen, auch das Aussehen der Stadt, die, wenigstens in der Bauart der Häuser, mehr Ähnlichkeit mit den Städten des europäischen Festlandes als

---

* George Bancroft: *The History of the United States from the Discovery of the American Continent* (1834 ff.) [Anmerkung des Herausgebers]

mit Boston und New York darbot. Ein junger Herr, mit dem ich mich an Bord angenehm unterhalten hatte und der mir gefiel, nur dass er ein wenig mit seinem Französisch prahlen wollte, das ihm ganz und gar kein Recht zum Prahlen gab, stand jetzt neben mir auf dem Verdeck, betrachtete das Land, wo er daheim war, und pries das Glück der Negersklaven, was seinen Wert in meinen Augen nicht erhöhte. Denn ein solches Gerede zeugt von Mangel an Urteil oder Ehrlichkeit. Eine junge Miss, die meine Kajüte geteilt hatte und die ganze Zeit über schweigend und seekrank gewesen war, streckte jetzt auch den Kopf empor und fragte sogleich, wie es mir in Amerika gefalle.

Mrs Howland schickte ihren Bruder, einen schönen Mann in mittlerem Alter ab, um mich im Wagen nach ihrer Wohnung abzuholen, aber ich zog jetzt meine Freiheit vor und ging lieber mit den Freunden nach dem Hotel, für welches sie sich entschlossen hatten. Und da bin ich jetzt in einem kleinen Zimmer mit zwei kahlen weißen Wänden. Ich bin draußen gewesen und zwei gute Stunden in der Stadt herumspaziert, mich erfreuend an meiner Einsamkeit und den vielen neuen Gegenständen, die mir überall entgegentreten, am Aussehen der Stadt mit ihren vielen Baumgärten (die Stadt gleicht einer großen Sammlung von Landhäusern, sämtlich mit Verandas oder Piazzas, die mit Laubranken oder Blumen geschmückt sind), an den mancherlei mir fremden Bäumen, die jetzt blühen oder ausschlagen, an den Orangenhainen, die in dunklem Grün in den Gärten stehen und im Winde sausen und duften. Auf den Straßen wimmelt es von Negern. Zwei Drittteile der Bevölkerung, die man in der Stadt sieht, sind Neger oder Mulatten. Sie sind hässlich, sehen aber meistens munter und wohl genährt aus. Besonders sieht man wohl genährte Negerinnen und Mulattinnen. Ihre bunten, hübschen Halstücher, die sie, oft sehr geschmackvoll, um die Köpfe gebunden tragen, geben ihnen ein pittoreskes Ansehen, tausendmal vorteilhafter als die Hüte und Hauben, welche sie in den freien Staaten tragen und die ihnen so schlecht passen.

»Auf den Straßen wimmelt es von Negern. Zwei Drittteile der Bevölkerung, die man in der Stadt sieht, sind Neger oder Mulatten«

Nächst den Negern fielen mir auf den Straßen Scharen großer Vögel, unsern Truthühnern ähnlich, auf, die sich da und dort herabließen, um Nahrung zu suchen, und die so furchtlos waren, dass sie den Fußgängern kaum aus dem Wege gingen. Viele von ihnen setzten sich auf die Dächer und Schornsteine, ihre großen Flügel im Winde ausbreitend, was ihnen ein eigentümlich köstliches Aussehen gibt.

Charleston, den 12. April 1850

Ich sehe eine reiche südländische Schönheit, auf schwellendem Blumenbett im Schatten von Nektarinen ruhend, umgeben von dienstwilligen Sklaven, die auf ihren Wink alle

85

köstlichen Früchte und Zierraten der Welt herbeibringen. Aber all ihre Farbenpracht, der Glanz des Auges, die feine Röte auf ihrer Wange und die Pracht, die ihr Lager umgibt, können den Mangel an Gesundheit und Kraft, den Wurm, der in ihrem Innern zehrt, nicht verdecken. Diese weiche, üppige Schönheit ist – Südcarolina.

Und gleichwohl, meine Agatha, ist sie schön, und ich habe mich unaussprechlich erfreut an ihrer eigentümlichen Farbenpracht, die für mich so lieblich, so reich, so neu ist.

Ich verweile jetzt 14 Tage hier, und obschon es meistens Regenwetter war, was es auch jetzt ist, so habe ich doch hier Tage erlebt, wo ich gewünscht hätte, dass die ganze schwache, kränkliche Menschheit und du, meine Agatha, in vorderster Linie hierher gebracht werden, diese Luft einatmen, diese liebliche Pracht des Himmels und der Erde sehen könnte, auf dass sie, wie von einem Lebensbalsam, genesen und sich des Lebens von neuem zu erfreuen vermöchte. Ich begreife, dass die Seefahrer, die sich zuerst diesen Küsten nahten und diese Hauche, diese Luft verspürten, ein Lebenselixier zu trinken glaubten und hier die Quelle ewiger Jugend zu finden hofften.

Während dieser bezaubernden Tage habe ich mit Mrs Howland und andern freundlichen Bekannten Ausfahrten in die Umgegend der Stadt gemacht. Überall kommt man, nachdem man sich durch eine Strecke tiefen Sandes durchgearbeitet hat – man beginnt aber jetzt allenthalben Dünenwege anzulegen, die sehr gut zu befahren sind –, in den Wald. Und der Wald ist eine Art von paradiesischer Wildnis, reich an einer Menge Baumarten und Pflanzen, die ich nie zuvor gesehen habe. Nichts ist künstlich angelegt oder geordnet, sondern alles wächst in wilder Üppigkeit umeinander her, Myrten und Föhren, Magnolien und Zypressen, Ulmen und Eichen, nebst vielen Bäumen, deren Namen ich noch nicht kenne.

Am prächtigsten und zahlreichsten von allen Bäumen ist hier die *Lebenseiche*, ein Immergrün, ein ungeheurer Baum, von dessen Zweigen Massen langer Moospflanzen (oft vier bis fünf Ellen lang), »*Tillandsia Usnoides*«, in schweren Draperien herabhängen. Diese hängenden, graugrünen Moose an den massiven Zweigen sind von unendlich pittoresker Wirkung, und da, wo diese Bäume mit einiger Ordnung gepflanzt sind, bilden sie prachtvolle, gotische Naturkirchen mit schönen Arkaden und hoch gewölbten Säulengängen. Unter diesen langbärtigen Patriarchen des Waldes blühen eine Menge kleinere Bäume, Gebüsche, Pflanzen und Ranken (in Sonderheit Weinranken), welche die Wälder mit Wohlgerüchen erfüllen und zierlich in Hecken und hoch oben auf den Bäumen glänzen, wohin sie ihre wilden, blumenreichen Zweige werfen. So der wilde, gelbe Jasmin, der da und dort noch vorhanden ist; so die weiße Cherokeser-Rose, die ebenfalls wild und in größter Üppigkeit wächst, so die zierlichen Schlingpflanzen, die sich überall um die Baumstämme ranken, von denen aber mehrere giftig sein sollen (und viele giftige Pflanzen sowohl als Tiere sollen sich in diesen Wildnissen vorfinden). Die Magnolie ist einer der herrlichsten Bäume des Waldes, ein hoher, dunkelgrüner Lorbeerbaum, dessen weiße Blumen als die schönsten des Südens geschildert werden, aber erst zu Ende Mai ausschlagen.

Die Stadt selbst steht jetzt in voller Blüte. Die Gärten glänzen voll Rosen aller Art. Und beinahe jedes Haus hat seinen Garten. Der Duft von Orangeblumen erfüllt die Luft, und der Spottvogel, Nordamerikas Nachtigall, von den Indianern der hundertzüngige »*Cencontlatolly*« genannt wegen seines Talents, alle Arten von Tönen nachzuahmen, singt im Käfig, in den offenen Fenstern oder vor denselben. Frei auf den freien Bäumen habe ich ihn noch nicht singen hören. In Mrs Howlands Garten sehe ich Nektarinen und Feigenbäume Früchte ansetzen und den Carolina-Kolibri gleich einem kleinen Geisterwesen über die roten Blumen des Geißblatts sich hin und her schwingen, im Flug ihren Honig saugend. Das ist etwas Außerordentliches und ist etwas Schönes, meine Agatha, und ich preise mich glücklich hier zu sein.

Eine Menge freundlicher Einladungen und Besuche habe

ich auch erhalten, und unter den Ersteren muss ich vor allen eine Person nennen, der ich einige der schönsten Stunden, die ich hier verlebte, zu verdanken habe. Du kennst meine Neigung, beinahe auf den ersten Blick schon bestimmte Eindrücke von Personen und von meiner Beziehung zu ihnen zu erhalten. Diese Neigung oder Fähigkeit (denn sie hat mich noch nie getäuscht) hat sich geschärft, seit ich mich ganz allein auf meine Wikingerfahrt außerhalb des Schwedenreichs begab und dabei mit einer großen Menge Menschen in unmittelbare, persönliche Berührung kam. Ich habe ganz besonders in den letzten Zeiten eine Art Quecksilberempfindlichkeit für verschiedene Temperamente oder Naturen, die sich mir nähern, erhalten und mein Gefühlsbarometer steigt oder fällt sogleich danach. So wie ich Mrs Howland vom ersten Augenblick an liebte, so liebte ich, obschon auf andere Weise, Mrs Holbrook, die Frau des Naturalisten, Professors Holbrook, von der ersten Sekunde an, wo ich sie sah und hörte. Ich wurde belebt und gleichsam erweckt von dem frischen, intelligenten Leben, das aus dem schönen, lebensvollen Weibe sprach. Bei ihr fand sich nichts Alltägliches, nichts Konventionelles. Alles war klar, eigentümlich, munter und dabei gut. Ich empfand es wie einen Trank von dem verjüngenden Lebenselixier. Am nächsten Tag speiste ich bei Mrs Holbrook zu Mittag in ihrer schönen, eleganten Wohnung, wo die Meerwinde erfrischend durch die Fenstervorhänge hereinspielten. Ihre Mutter, eine schöne, alte Dame (Mrs Rutlige) mit prächtigen Augen, ihre Schwester (Miss Lukas R.), drei idealisch schöne und anmutsvolle Mädchen, ihre Nichten, und drei recht angenehme Herrn bildeten die Gesellschaft. Mr Holbrook selbst befindet sich mit dem Schweizer Agassiz auf einer Naturforscher-Expedition in Florida bei den großen Morästen, welche »Ever glades« genannt werden. Nach einem ausgesuchten Mittagsmahle fuhren wir nach der »Batterie«, der fashionabeln Promenade der Stadt, die jedoch in einem kahlen, beschränkten Platz am Meeresufer besteht, wo man sich immer in einem Kreis bewegt, sodass man alle Bekannte und Unbekannte, die da promenieren, immer und immer wieder zu sehen bekommt, eine Sache, die ich höchstens einmal im Jahr aushalten könnte, und gäbe es auch die beste Seeluft da einzuatmen. Auch Mrs Holbrook schien dieser Art von Promenade keinen sonderlichen Geschmack abzugewinnen, aber die Bevölkerung der Neuen Welt liebt im Allgemeinen sehr die Gesellschaftlichkeit; sie hat ihr Gefallen an einer großen Menschenmenge *(crowd)*. Nach einem gemütlichen Tee in guter Gesellschaft führte mich Mrs H. nach Hause. Und dies war ein Tag fashionablen Lebens in Charleston. Und er war recht gut. Aber besser war ein anderer Tag auf dem Lande, den ich allein mit Mrs H. auf ihrer Villa Belmont, einige Meilen von der Stadt, zubrachte.

Sie kam vormittags und holte mich in einem kleinen Wagen ab. Wir waren beide den ganzen Tag miteinander allein, wir ergingen uns in den Myrtenhainen, wir botanisierten, wir lasen (Mrs H. machte mich mit dem englischen Dichter Keats bekannt), und vor allen Dingen sprachen wir und der Tag verging wie ein goldener Traum oder wie die schönste Wirklichkeit. Du weißt, wie ich eines Gespräches müde werde, wie eine langwierige Anstrengung dabei mir zuwider ist. Und jetzt sprach ich einen ganzen Tag hindurch mit derselben Person, ohne eine Anstrengung oder Müdigkeit zu verspüren. Es war bloß lieblich und angenehm, angenehm, angenehm. Die Luft war die Lieblichkeit selbst. Mrs H. war wie eine beständig frisch sprudelnde Quellader, und jeder Gegenstand, der berührt wurde, erhielt Interesse entweder durch ihre Kritik oder durch die Ansichten, die ihre Worte eröffneten. So flogen wir zusammen über die ganze Welt, nicht immer ganz einig; aber immer in gutem Einverständnis, und dieser Tag in Belmonts duftenden Blütenhainen am Ufer des Ashley war einer meiner schönsten Tage in der Neuen Welt und ich vergesse ihn nie. Hier lernte ich auch den Ambrabaum und mehrere neue Baumarten und Pflanzen kennen, deren Namen und Eigenschaften Mrs H. mir auseinander setzte. Die Naturwissenschaft hat ihren Blick über das Erdenleben erweitert ohne ihn vom himmlischen Leben abzuziehen. Für sie ist die Erde ein Poem, das in seinen einzelnen

Gebilden von seinem Dichter und Schöpfer zeugt; aber das höchste Zeugnis von ihm schöpft sie dennoch nicht aus dem Naturleben, sondern aus einer stillen, hohen Gestalt, die einmal aus den Wäldern des Lebens vor ihre Blicke trat und ihr das Leben lichtvoll und groß machte, Zeit und Ewigkeit verbindend. Mrs H. ist eine platonisierende Denkerin, welche (was hier in der Welt selten ist) die Sachen im System und das Verhältnis der verschiedenen Radien zu einem gemeinsamen Mittelpunkt zu sehen vermag. Und wir kamen in unserer Kritik über die hauptsächlichen Mängel in der Erziehung der Frauen hier zu Lande, so wie in allen Ländern, wohl überein. Sie erhalten eine Menge Spezialkenntnisse, aber kein System davon. So viel Latein, so viel Mathematik, so viel Physik usw., aber keinen philosophischen Mittelpunkt für diese Kenntnisse, keine Anwendung des Lebens in ihnen auf das Leben selbst, und keine Gelegenheit, um nach der Schulzeit diese Kenntnisse in lebendiger Handlung anzuwenden. Darum entfallen sie aus der Seele wie wurzellose Blumen oder Bäume, die von den Zweigen des Wissensbaumes herabgerissen sind, wenn die jungen Schülerinnen aus der Schule in das Leben gehen. Oder wenn sie sich erinnern, was sie gelernt haben, so ist das bloß Gedächtnissache und dringt nicht als Saft und Wachstum fördernde Kraft in das Leben ein. Was der Schulgelehrsamkeit im Großen wie im Kleinen fehlt, das ist ein wenig – platonische Philosophie. In andern Gegenständen kamen wir nicht so gut überein. Aber der Zauber bei Mrs H. besteht darin, dass sie Genie hat und neue, erweckende Worte spricht, besonders in Fragen über das Leben und die Wechselbeziehungen des Geistes und der Natur.

Als die Sonne unterging in den Wogen des Flusses, hörte dieser schöne Tag für mich auf und wir kehrten nach der Stadt zurück. Aber ich werde nach Belmont zurückkommen und allda einige Tage mit seinem guten Genius verbringen. So ist es verabredet. Aber ... ich weiß nicht, ob ich Zeit bekomme, Mrs H. gehört der aristokratischen Welt in Charleston und einer ihrer ältesten Familien (Rutlige) an, gilt aber allgemein für eine der intelligentesten und charmantesten

Frauen; man spricht von ihr als von einer außergewöhnlichen Natur.

Südcarolina wird allgemein der Palmettostaat genannt; ich erwartete daher überall diese halb tropische Baumart zu finden und war verblüfft darüber, dass ich weder in noch außer Charlestown Palmettos zu sehen bekam. Man hat sie auch auf eine wandalische Art abgehauen, um sie zu Pfahlwerk und Schiffsholz zu benützen, denn ihr Holz soll wasserdicht sein. Vor einigen Tagen endlich bekam ich diesen carolinischen Staatsbaum (der Staat führt einen Palmetto im Wappen) zu Gesicht, und zwar auf der Sullivaninsel, einer großen Sandbank im Meer vor Charlestown, wo die Stadtbewohner Landhäuser haben, um die Seeluft und Bäder zu genießen, und wo man in verschiedenen Gärten noch Gruppen von Palmettos trifft. Denke dir einen geraden, runden, kleinknotigen Stamm, von dessen Wipfel eine Menge grüner Sonnenfächer mit fingerartig geteilten Strahlen nach allen Seiten auf langen Stängeln ausgeht, und du hast ein Bild von dem Palmetto, der Spitze und dem Vorbild der Palme.

Ich war von Mr und Mrs Gilman zu einem Picknick auf die Sullivaninsel eingeladen. Picknick ist hier der gebräuchliche Name für ländliche Exkursionen, um in munterer Gesellschaft zu essen und sich lustig zu machen; diese Partien sind namentlich bei den jungen Leuten sehr beliebt, und mancher zärtliche ernste Bund schreibt seinen Anfang von einem muntern Picknick her. Dasjenige, dem ich jetzt anwohnte, war in großer Gesellschaft, und an jungen Leuten und einem jungen Liebespaar fehlte es auch hier nicht, aber der Tag war kühl und ich fand ihn mehr mühselig als angenehm, wie es mir oft bei Vergnügungspartien geht. Wirklichen Genuss dagegen hatte ich von einer Spazierfahrt, die ich mit Mrs Gilman am Meeresstrande machte, wo man auf der festen feinen Sandbank fährt, während die Meereswogen donnernd und schäumend sich bis unter die Füße der Pferde wälzen. Es war in diesem Schauspiel eine wilde Frische gepaart mit der mildesten, lieblichsten Luft. Mr und Mrs Gilman sind beide poetische Naturen; sie besingt die Schönheit des stillen und frommen Lebens, er besingt vaterländische Gegenstände. Sein prächtiges patriotisches Lied: »Väter, habt Ihr umsonst geblutet?«, das mit warmer Eingebung geschrieben worden zu einer Zeit, wo die Union durch die Bitterkeit der Parteikämpfe mit Auflösung bedroht war, ist allenthalben in den Vereinigten Staaten mit Entzücken gesungen worden und hat vielleicht mehr zur Wiederbelebung des allgemeinen Bürgersinnes beigetragen als verschiedene staatsmännische Maßregeln, von denen man sagt, sie haben die Union gerettet. Mr G. ist ein hoch geachteter und geliebter Prediger in Charlestown, dessen innerer Adel und Ernst sich getreu in seinem Äußern abspiegelt.

Gestern Abend war ich bei einer Hochzeit. Man hatte mich nämlich eingeladen der Trauung in der Kirche anzuwohnen. Sie fand zwischen einem Katholiken und einem Mitglied der englischen Episcopalkirche statt. Sie waren übereingekommen sich von dem Prediger der unitarischen Kirche, Mr Gilman, trauen zu lassen. Bloß die Verwandten und Freunde des Brautpaars sollten der Zeremonie anwohnen. Sie wurde abends bei Kerzenschein vollzogen. Die Braut war schön wie eine halb ausgeschlagene weiße Rose, klein und fein; sie trug ein weißes Kleid, Kranz und Schleier äußerst hübsch. Der Bräutigam, ein großer magerer Herr, sah gut und ehrlich aus, soll sehr reich und in sein Rosenknöspchen gewaltig verschossen sein. Ihre Brautfahrt ist eine Luftreise nach Europa. Nach der Trauung, die würdig und schön von Mr Gilman vollzogen wurde, ging die Gesellschaft aus den Bänken, um das Brautpaar zu beglückwünschen. Eine alte Negerin saß wie ein Schreckbild finster und schweigsam neben dem Altar. Es war die Amme und Wärterin der Braut, und sie konnte den Gedanken an eine Trennung von derselben nicht ertragen. Diese Trennung wird indes nur für die Zeit ihrer Reise stattfinden, denn diese dunkeln Wärterinnen werden bis zu ihrem Tod in den weißen Familien mit großer Zärtlichkeit behandelt und verdienen das auch gewöhnlich vermöge ihrer Liebe und Treue.

Du kannst glauben, dass es hier an Gesprächen über die

Sklaverei nicht fehlt. Ich veranlasse sie nicht; aber wenn sie, was oft geschieht, über mich kommen, so spreche ich mich so aufrichtig und sanftmütig wie nur möglich aus. Aber eine Sache, die mich hier in Verwunderung setzt und quält, denn ich hatte sie nicht erwartet, ist der Umstand, dass ich kaum einen Mann oder eine Dame finde, welcher oder welche der Sache offen und ehrlich ins Gesicht schauen will. Man windet und schlängelt sich auf allen Seiten fort, und man bedient sich aller, zuweilen sogar der widerstreitendsten Beweismittel, um mich zu überzeugen, dass die Sklaven die glücklichsten Menschen in der Welt seien und sich keine andere Stellung, kein anderes Verhältnis wünschen können, als worin sie sich jetzt befinden. Dies ist für viele und in gewissen Beziehungen auch wahr und dürfte öfter eintreten, als man in den nördlichen Staaten glauben will. Aber unglückliche Verhältnisse finden sich genug vor und müssen in diesem System immer auftauchen, um es verhasst zu machen. Ich habe ein paar Sprüche ungefähr folgenden Inhalts über diesen Gegenstand gehabt:

Südländer: Miss B., das Gerücht sagt, dass Sie der Abolitionistenpartei angehören!

Ich: Ja gewiss, das tue ich; aber sicherlich gehören wir beide ihr an, Sie sowohl als ich.

(Südländer stutzt.)

Ich: Ich bin überzeugt, dass Sie die Freiheit und das Glück des Menschengeschlechts wünschen.

Südländer: J...J...Ja...a...a...a! Aber ... aber –

Und jetzt kommen eine Menge Aber, welche die Schwierigkeit und Unmöglichkeit der Befreiung der Negersklaven beweisen sollen. Die Schwierigkeit will ich zugeben, die Unmöglichkeit nicht. Aber es ist klar, dass es einer Vorbereitung zur Befreiung bedarf und dass sie lange versäumt worden ist. Und hier ist ein edler Mann in der Stadt, der wie ich in der Sache denkt und durch Einweihung der Neger ins Christentum auf die Vorbereitung zu dieser Befreiung hinwirkt. Früher war ihr Unterricht schändlich verwahrlost oder vielmehr gehemmt worden; die Gesetze des Staats verbieten, die Skla-

»Ich habe die Porträts einiger Freunde gezeichnet und meine kleine Aufwärterin hier gemalt, eine hübsche dunkle Mulattin mit schönen Augen und einem zierlichen gelben Tüchlein um die Stirne so gebunden, wie es bei den Negerinnen Louisianas der Brauch ist«

ven schreiben und lesen zu lehren, und haben lange auch ihren Unterricht im Christentum verhindert. Aber bessere Zeiten sind gekommen und scheinen zu kommen. In den Familien lehrt man oft die Sklaven lesen, und auf den Pflanzungen gehen Missionare, meist Methodisten, umher und predigen das Evangelium.

Aber die Einseitigkeit und selbstwillige Blindheit hier in der Stadt setzt mich wahrhaftig in Erstaunen und quält mich. Und die Frauenzimmer, die Frauenzimmer, von deren moralischem Rechtsgefühl und angeborenem Sinn für das Wahre und Gute ich so viel geglaubt und gehofft hatte – die Frauenzimmer machen mir den Kummer, dass sie in dieser Beziehung stockblind, ja sogar noch reizbarer und heftiger sind als die Männer. Gleichwohl sind es die Frauenzimmer, die durch die Unsittlichkeit und Albernheit der Einrichtung am tiefsten verletzt werden sollten. Macht sie nicht die Familie zunichte? Trennt sie nicht Mann und Weib, Kind und Mutter? Täglich erfüllt es mich mit Entsetzen, wenn ich die kleinen Negerkinder sehe und denken muss: Diese kleinen Kinder gehören nicht ihren Eltern. Ihre Mutter, welche sie unter Schmerzen zur Welt geboren, die ihnen ihre Milch, ihre Pflege gibt, sie, deren Fleisch und Blut sie sind, hat kein Recht über sie. Sie gehören nicht ihr, sondern dem Eigentümer, der die Mutter, somit auch alle Kinder, welche sie bekommt, gekauft hat und sie verkaufen kann, wann es ihm einfällt. Sonderbar!

Das allgemeine Gefühl, sagt man, hat sich bei Verkäufen immer mehr gegen die Trennung der Familien sowie die Trennung kleiner Kinder von ihren Müttern gerichtet, und bei öffentlichen Sklavenauktionen soll diese nicht mehr stattfinden können. Aber sowohl in den nördlichen als in den südlichen Staaten hört man von Ereignissen, welche bezeugen, wie viel Herzzerreißendes durch solche Trennungen vorkommt, die durch die Konsequenzen des Systems unvermeidlich gemacht werden, sodass die besten Sklavenbesitzer sie nicht immer verhindern können.

Im Haus scheinen die Sklaven hier im Allgemeinen sehr gut behandelt zu werden, und ich habe Häuser gesehen, wo ihre Zimmer und was zu ihrem Komfort gehört (jeder Diener und jede Dienerin hat ihr eigenes gemütliches Stübchen) weit besser bestellt waren, als es die freien Diener in unserem Lande gewöhnlich haben. Das Verhältnis zwischen Diener und Herrschaft scheint auch meistens ein gutes und herzliches zu sein, besonders scheinen die älteren Diener in einer Familie in dem innigen Verhältnis zu derselben zu stehen, das einen patriarchalischen Zustand auszeichnet und in guten Familien so gewöhnlich zwischen Gesinde und Herrschaft zu sehen ist, gleichwohl mit dem großen Unterschied, dass bei uns das Verhältnis ein freies, eine freie Verbindung vernünftiger Wesen miteinander ist. Hier tritt zwar oft diese freie Verbindung auch ein, aber sie ist dann ein Sieg über die Sklaverei und das sklavische Verhältnis, und ich meine, dass man hier nie so genau wissen kann, wie es damit aussieht und ob die Ergebenheit von Seiten des Dieners wahr ist oder nicht.

Gewiss ist indes, dass die Negerrasse einen starken Instinkt der Ergebenheit und Verehrung hat, und dies kann man den Leuten an den Augen ansehen, die einen eigentümlich guten, getreuen und wahren Ausdruck haben, welchen ich liebe und der mich an den schönen Ausdruck in den Augen des Hundes erinnert; gewiss ist auch, dass sie eine natürliche Neigung hat, sich unter die weiße Rasse zu stellen und ihrer höheren Intelligenz zu gehorchen, und weiße Mütter und schwarze Wärterinnen zeugen von der ausschließlichen Liebe der Letzteren für die Kinder der Weißen. Man kann für Kinder keine besseren Pflegerinnen und Wärterinnen bekommen als die schwarzen Weiber, und im Allgemeinen keine besseren Krankenwärter als Schwarze, sowohl Männer als Weiber. Sie sind von der Natur gutmütig und ergeben. Und sind nun die weißen Herrschaften auch gut, dann wird das Verhältnis zwischen Massa und Missis (so nennen die Neger die weißen Herrschaften) und »Daddy und Momo« (so heißen die schwarzen Diener, besonders wenn sie über ein Jahr da gewesen sind) ein wirklich gutes und zärtliches. Aber an Beispielen von andern Verhältnissen fehlt es hier auch nicht, und Carolinas Gerichte und Carolinas bessere Gesellschaft haben noch frische Erinnerung an Grausamkeiten, die gegen Hausssklaven begangen wurden und die mit den schlimmsten Grausamkeiten der alten Heidenzeit wetteifern. Einige der gröbsten von diesen Missetaten sind von Weibern begangen worden, von Frauen aus der höheren Societät in Charlestown! Noch ganz neulich ist ein reicher Plantagenbesitzer in Südcarolina wegen barbarischer Behandlung eines Sklaven zu zwei Jahren Zuchthaus verurteilt worden. Und wenn man bedenkt, dass die Gerichte sich mit keinen andern Grausamkeiten gegen Sklaven befassen als mit solchen, die allzu entsetzlich und allzu öffentlich sind, um übergangen zu werden! Wenn ich gegen Verteidiger und Verteidigerinnen der Sklaverei mit diesen allgemein bekannten Ereignissen hervorrücke, so antworten sie: »Auch in Ihrem Land und in allen Ländern sind die Herrschaften zuweilen hart gegen ihre Diener.« Worauf ich erwidere: »Dann können sie kündigen!« Und darauf haben sie nichts mehr zu sagen, aber schneiden saure Gesichter.

Ach, der Fluch der Sklaverei (*the curse of slavery*), wie die gewöhnliche Phrase lautet, trifft nicht bloß die schwarzen, sondern in diesem Augenblick noch mehr die weißen Menschen, denn er verkehrt ihr Wahrheitsgefühl und erniedrigt ihre Moral. Die Behandlung und Stellung der Schwarzen verbessert sich wirklich von Jahr zu Jahr. Aber die Weißen scheinen in der Aufklärung nicht vorwärts zu gehen. Doch ich will noch mehr sehen und hören, bevor ich urteile. Vielleicht dass die Freunde der Finsternis sich hauptsächlich in Charlestown niedergelassen haben. Charlestown ist wie ein Eulennest, sagte einmal eine geistreiche Caroliner Dame.

Ich muss dir jetzt ein wenig von dem Hause erzählen, wo ich lebe und wo ich mich so wohl und glücklich befinde, dass ich es gar nicht besser wünschen kann. Das Haus nebst seinem Gärtchen liegt frei in einer der ländlichsten Straßen der Stadt, in Lynchstreet, und hat von einer Seite freie Aussicht auf das Land und den Fluss, von wo es auch die lieblichste Luft, die frischesten Windhauche bekommt. Buschige Ranken von weißen Rosen und rotem Geißblatt ziehen sich bis an die obere Piazza hinan und bilden die schönste Veranda. Dort ergehe ich mich oft, besonders morgens und abends, trinke die liebliche Luft und schaue auf die Gegend hinaus. In diesem oberen Stock ist mein schönes, luftiges Zimmer. Im ersten Stocke sind die eigentlichen Gesellschaftszimmer, und auf der Piazza desselben versammelt man sich und geht abends hinaus, da hier gewöhnlich Gesellschaft stattfindet.

Mrs Howland kennst du bereits ein wenig, aber man kann sie nicht recht kennen oder würdigen, bevor man sie in ihrem täglichen Leben im Hause sieht. Sie gleicht darin mehr einer Schwedin als irgendeiner Frau, die ich bis jetzt noch im Lande gesehen habe, denn sie hat dieses stille, pflegende, sorgsame, mütterliche Wesen, das immer etwas zu tun findet und sich nicht scheut, mit eigenen Händen anzugreifen. (In den Sklavenstaaten betrachtet man gewöhnlich die gröbere Arbeit als etwas Erniedrigendes und lässt es durch die Sklaven besorgen.) So sehe ich sie vom Morgen bis zum Abend still beschäftigt, bald mit ihren Kindern, bald mit Mahlzeiten; wo sie ihrem Diener den Tisch in Ordnung bringen oder,

wenn das Essen vorüber ist, alles wieder abräumen und auf-
heben hilft (was auch bei den Negern wohl nötig ist, denn sie
sind saumselig von Natur), bald beschäftigt Kleider zuzu-
schneiden und zu nähen, bald die kleinen Neger im Hause
zu kleiden und zu putzen, bald im Garten Blumen pflanzend
oder gesunkene wieder aufrichtend, verwilderte Ranken auf-
bindend und ordnend, bald Gäste empfangend, Boten ab-
sendend usw., und dies alles mit dem ruhigen Verstand, mit
der würdevollen Güte, die einer Hausmutter so viel Schönheit verleiht und ihr die Kraft schenkt, dass sie das ganze
Haus trägt und seine Stütze sowohl als sein Schmuck ist. Am
Abend besonders … aber ich muss dir meinen Tag in Ordnung erzählen.

Frühmorgens kommt Lettis, die schwarzbraune Dienerin,
und bringt mir eine Tasse Kaffee. Eine Stunde später klopft
der kleine Willie an meine Tür und will mich zum Frühstück
hinabführen; gestützt auf die Schulter meines kleinen Kava-
liers und manchmal zwischen ihm und der kleinen Laura
gehe ich den untersten Stock hinab, wo der Speisesaal ist. Da
ist dann die Familie versammelt, die gute Mrs Howland spen-
det Kaffee und Tee nebst einer Menge guter Sachen, denn
hier wie im Norden sind die Frühstücke nur allzu reichlich.
Eines der Hauptgerichte im Süden ist Reis (Carolinas Haupt-
erzeugnis) in Wasser gekocht auf eine Art, dass die Körner
unbedeutend schwellen, aber doch weich sind und sehr saf-
tig schmecken. Ich esse dieses Reisgericht immer zum Frühstück, denn ich finde es sehr gesund. Man isst es gewöhnlich
mit frischer, kalter Butter, und viele essen auch weich gesot-
tene Eier dazu. Im Übrigen hat man noch gebratenen Speck
und Fische, süße Kartoffeln, Homuny, Maisbrote, Eier,
Milch mit Eis abgekühlt usw. Und eines der stehenden Gerichte bei den Frühstücken im Süden sind Buchweizen- oder
Weizenkuchen, die man mit braunem Sirup isst; es ist dies
wirklich ein Überfluss an guten Sachen. Während der ganzen
Mahlzeit steht ein Schwarzer oder eine Schwarze da und jagt
mit einem Wedel von Pfauenfedern die Mücken fort. Nach
dem Frühstück geht man ein wenig auf die Piazza hinaus,

und die Kinder springen und jagen einander im Garten
herum, und das ist meine Freude, die graziöse dreizehnjähri-
ge Sara, leuchtend von Jugendfrische und Fröhlichkeit, leicht
wie eine Hindin, Locken und Bänder im Winde flatternd,
springen zu sehen. Sie ist ein höchst anmutsvolles Geschöpf.
Ihre ältere Schwester Illione ist ebenfalls ein hübsches
Mädchen von gemütlichem und sicherem Wesen. Willie hat
schöne Augen und braune Locken, und Laura ist eine kleine
Rosenknospe. Zwei kleine schwarze Negermädchen, Georgia und Atilla, die Kinder der Lettis, springen und hüpfen im
Haus und auf Treppen umher, so flink und lebhaft, wie man
sich nur schwarze Kobolde denken könnte. Nach dem Frühstück gehe ich in mein Zimmer hinauf und darf da den
ganzen Vormittag ruhig sein. Um zwölf schickt Mrs Howland mein zweites Frühstück herauf, Butter und Brot, ein
Glas Milch und Eis, Orangen und Bananas. Du siehst, mein
Herzchen, dass ich keine Gefahr laufe zu verhungern. Um
drei Uhr isst man zu Mittag und hat zuweilen den einen oder
andern Gast. Nachmittags macht meine gute Wirtin Ausfahrten mit mir, die mir in jeder Beziehung angenehm sind.
Der Abend ist indes die Blume des Tages hier zu Lande (in
wie manchen Häusern ist nicht der Abend der drückendste
Teil des Tages?). Da werden die Lampen in den schönen Salons angezündet, da wird man zum Tee gerufen. Da sitzt Mrs
Howland so gut und gemütlich auf dem Sofa mit einem
großen Teetisch vor sich, der voll von guten Dingen ist. Da
werden kleine Teetischchen umhergestellt (ich bekomme
immer mein eigenes Tischchen für mich in der Nähe des
Sofas), und der kleine flinke Negerjunge Sam, Mr Howlands
großer Günstling, trägt die Erfrischungen umher. Da kommen beinahe immer drei bis vier junge Söhne von Freunden
der Familie, auch ein paar junge Mädchen, und die Jugend
tanzt artig und vergnügt nach dem Klavier. Die Kinder im
Haus sind artig miteinander und tanzen oft zusammen, wie
wir an den Abenden daheim zu tun pflegten. Aber sie sind
glücklicher, als wir waren. Ich spiele ihnen gewöhnlich eine
Weile Walzer oder Françaises vor. Besuche kommen und

»Hier präsentiere ich dir den tapferen jungen Krieger
›Skonka-Skaw‹ oder ›weißen Hund‹«

gehen. Später begibt man sich auf die Piazza, wo man her-
umgeht oder dasitzt und plaudert. Ich gehe aber am liebs-
ten schweigend, der balsamischen Nachtluft mich erfreuend
und durch die offenen Türen in die Zimmer hineinschauend,
wo die schönen Kinder in Jugendluft umherhüpfen, Sara

immer idealisch zierlich und anmutsvoll und – ohne es zu wissen. Mr Monefelt, Mrs Howlands Bruder, der Herr, der am ersten Morgen kam mich abzuholen, ist ein alltäglicher Gast am Abend, ein gemütlicher, redseliger Mann und guter Erzähler. Aber bei niemand befinde ich mich so wohl wie bei meiner guten, klugen Wirtin. Und ich kann nicht beschreiben, wie vortrefflich sie gegen mich ist.

Den 13. April

Ich bin jetzt beschäftigt, nach einem Ölgemälde das Porträt eines Indianerhäuptlings namens Oseconehola zu malen, der an der Spitze des Seminolenstammes fünf Jahre lang tapfer gegen die Amerikaner in Florida kämpfte, als diese die Indianer daraus zu verjagen suchten, um sie westlich nach Arkansas zu verpflanzen. Die Gegend in den südlichen Teilen Floridas, welche die wilden Indianerstämme Seminoli und Creeks innehatten und von wo aus sie die weißen Kolonisten beständig beunruhigten, hat in ihren Wäldern hauptsächlich eine Art von Tannen, welche Lichtholz *(light-wood)* genannt wird wegen ihres harzhaltigen Holzes, das sich schnell entzündet und flammt. Sie ist hoch und leicht zu fällen. Arkansas, auf der westlichen Seite des Mississippi, hat meistens Eichenwaldungen, grenzt an wildes Steppenland, dermalen den hauptsächlichsten Aufenthalt der Indianer in Nordamerika, und hat ein hartes Klima. Deshalb antwortete der Seminolenhäuptling Oseconehola auf die Anerbietungen und Drohungen, die ihm und seinem Volk von der Regierung der Vereinigten Staaten gemacht wurden: »Mein Volk ist an die warme Luft, an die fischreichen Seen und Ströme in Florida, an das Lichtholz gewöhnt, das leicht zu fällen ist und leicht brennt. Es kann nicht leben in dem kalten Lande, wo bloß die Eiche wächst. Das Volk kann die großen Bäume nicht fällen; es wird da aussterben aus Mangel an Wärme.« Und als man ihm endlich die Alternative zwischen offenem Krieg mit den Vereinigten Staaten oder Unterzeichnung des Vertrages stellte, der ihn und sein Volk aus Florida vertrieb, da stieß er seinen Dolch durch denselben und sagte: »Ich trotze ihnen auf fünf Jahre.« Und fünf Jahre währte der Kampf zwischen den Florida-Indianern und der Armee der Vereinigten Staaten; viel Blut floss auf beiden Seiten und noch immer waren die Indianer im Besitz des Landes, und sie würden es vielleicht noch jetzt sein, wenn nicht Oseconehola durch Friedensbruch und Verrat in Gefangenschaft geraten wäre, als er unter dem Schutz der weißen Fahne kam, um mit dem spanischen General Hernandez zu parlamentieren. Die verräterische Handlung fiel allerdings dem Spanier zur Last, aber es scheint doch, dass die amerikanischen Offiziere davon wussten oder nicht dagegen waren. Oseconehola wurde als Gefangener zuerst nach St. Augustin, sodann nach Charlestown und ins Fort Moultrie auf der Sullivaninsel gebracht. Von dieser Stunde an schien sein Mut gebrochen zu sein. Personen, die ihn in seinem Gefängnis besuchten (Mr Mouefelt war unter ihnen), sagen, sie haben niemals einen so melancholischen und düsteren Blick gesehen. Er beklagte sich jedoch nie, aber er sprach oft mit Bitterkeit über die Art, wie er gefangen genommen worden, und über das Unrecht, das man seinem Volk angetan, als man es zwang von seiner Vatererde nach einem nördlichen Land zu ziehen, wo sich kein »Lichtholz« vorfand.

Seine Schönheit, seine melodische Stimme, seine dunkeln Augen voll von düsterem Feuer, seine Tapferkeit und sein Schicksal erweckten allgemeines Interesse, und die Frauenzimmer besonders schwärmten für den schönen Seminolenchef, machten ihm Besuche und Geschenke. Aber er schien gleichgültig gegen alles, wurde immer schweigsamer, und von dem Augenblick an, wo er ins Gefängnis gebracht wurde, nahm seine Gesundheit ab, ohne dass er jedoch krank zu sein schien. Es war klar, dass er sterben wollte. Der gefangene Adler konnte, des freien Lebens und der Luft seiner Wälder beraubt, nicht leben.

Zwei seiner Frauen, eine junge und schöne sowie eine alte und hässliche, folgten ihm ins Gefängnis. Die alte bediente und verpflegte ihn, und sie schien er am meisten zu lieben.

Immer nur mit dem einen Gedanken, dem sichern Untergang seines Volkes in dem kalten Land ohne Lichtholz beschäftigt, verbittert und schweigsam, zehrte er allmählich ab und starb einen Monat nach seiner Ankunft im Fort Moultrie, starb, weil er nicht leben konnte. Das Lichtholz in seinem Leben war abgebrannt. Eine Tränenweide beugt sich über den weißen Marmorstein, der sein Grab vor den Mauern der Festung am Meeresstrande bezeichnet. Es sind erst einige Jahre, seit er starb, und sein Leben, sein Kampf ist eine abgekürzte Geschichte des Schicksals seiner Nation in diesem Weltteil. Darum und auch des Ausdrucks wegen in seinem schönen Gesicht habe ich eine Kopie seines Porträts mitnehmen wollen, sodass du es sehen kannst. Ich habe viele Personen von ihm sprechen gehört. Im Übrigen bin ich just nicht schwach für die Indianer, trotz ihrer vereinzelten Tugenden und schönen Charaktere und trotz des Schimmers, womit der Roman sie gerne umhüllt. Sie sind sehr grausam im Krieg miteinander (die verschiedenen Stämme unter sich), und die Männer sind gewöhnlich hart gegen die Weiber, welche sie wie Lasttiere und nicht wie ihresgleichen behandeln.

Columbia (Südcarolina), den 25. Mai 1850
Es ist schon sehr lange, meine Agatha, seit ich das letzte Mal mit dir geplaudert habe. Aber Tage und Stunden fahren wie der Strom dahin und ich habe nicht viele Stunden für mich. Von Charleston begab ich mich nach Savannah. Kurz darauf verließ ich die Stadt, noch im letzten Augenblick mit Güte und Geschenken überhäuft von seinen freundlichen Bewohnern. Meinem Wirt, Mr Tefft, werde ich stets eine dankbare Erinnerung widmen für seine innige Güte und sein Wohlwollen. Im letzten Augenblick zwang er mich, ihn meine Reise nach Augusta bezahlen zu lassen.

Man spricht von dem Erwerbsinn der Amerikaner und mit Recht; aber man könnte mit demselben Recht von ihrer Neigung zu geben sprechen. Sie lieben das Geben, wie sie das Erwerben lieben. Just als ich an Bord gehen wollte, kam ein schwedischer Seekapitän, der zu einigen Personen aus meiner Bekanntschaft in Savannah gesagt hatte, er wünsche mich zu sehen, weil er an demselben Ort wie ich und Mamsell Lind erzogen worden sei. Mich belustigte der Gedanke an die Erziehungsanstalt, welche wir drei gemeinschaftlich gehabt haben sollen, und als jetzt mein seefahrender Landsmann zu mir kam und wir einander die Hände schüttelten, fragte er: »Sind Sie nicht in Stockholm erzogen worden?« Ich bejahte es. »Ja, ja«, sagte er dann mit bedeutsamem Kopfnicken, »so ist es, ich wusste es wohl, auch ich habe in Stockholm meine Erziehung erhalten.« Und wir schüttelten uns die Hände, und der gute Mann – denn er sah recht brav und herzlich aus – gab mir auch ein Geschenk, das ich nach Schweden mitbringen werde. Beinahe erliegend unter Geschenken, die noch im letzten Augenblick in meine Arme gelegt wurden, reiste ich ab.

Und diese Reise den Savannah-Fluss hinauf, die man mir als so langweilig und einförmig geschildert hatte, ich kann dir gar nicht sagen, wie viele Freude sie mir machte. Das Wetter war göttlich, und da der Strom stark und der Fluss vom Frühlingswasser geschwollen war, so ging die Fahrt langsam, und ich hatte gute Zeit, die Ufer zu betrachten, zwischen denen er sich hinschlängelte und die Meile um Meile, Stunde um Stunde bloß eine einzige Landschaft zeigten, aber diese war – der Urwald. Massen von Laubwerk, von unzähligen Bäumen, Buscharten und schönen Rankenpflanzen schienen auf beiden Seiten des Flussbettes (den Ufern Georgias und Carolinas) auf den Wassern zu ruhn. Hoch, tief, undurchdringlich breitete sich da der Urwald, wie man mir sagte, mehrere Meilen ins Land hinein aus, bevor das Wasser und die Pflanzenwelt dem Anbauer Platz machten. Aber hier herrscht er in seiner ursprünglichen Üppigkeit und Herrlichkeit vor. Ich meinte dem dritten Schöpfungstag anzuwohnen, als Gott die Pflanzenwelt »jeden Baum mit Namen in sich selbst« hervorrief, dem Tag, wo die Erde ihren Mutterschoß öffnete und alle Wurzeln, Blumen und Bäume der Erde hervorbrachte. Der Savannah mit seinem rotbraunen Wasser war ein Fluss, kaum erst aus dem Chaos entsprungen und reich am Most desselben. Er hatte noch nicht Zeit gehabt, sich zu setzen, sein Wasser zu klären, als die Pflanzen in wilder Üppigkeit hervorkamen; er liebt es, mit ihnen zu spielen, und sie, die neu aus dem Wasser aufgestiegen waren, scheinen sich nicht von ihm trennen zu wollen, sondern eine halbe Sehnsucht zu hegen, dahin zurückzuversinken. Blühende Rankengewächse warfen sich bis in die Gipfel der Bäume empor und fielen dann hinab, um sich wieder in die Wogen des Flusses zu tauchen. Aus diesen Massen von Grün, die Mauern, Säulenhallen, Pyramiden und die phantastischsten, massiven Gestalten bildeten, blickte zuweilen ein Katalpa-Baum in einer Flamme weißgelber Blumen hervor; dunkelgrüne, ernste Magnolien trugen ihre schneeweißen Blumen gegen das Licht, schön und zart wie dieses. Sykomoren, Ambrabäume, Tulpenbäume mit zierlich gelb und rot gesprenkelten Blumen, Maulbeerbäume, alle Arten von Eichen, Ulmen und Weiden bemerkte ich im Vorbeifahren, und am höchsten über alle ragte die Zypresse empor mit langen, hängenden Moosen, gleich Patriarchen ihre kräftigen Arme über die niedrigen Pflanzenfamilien ausbreitend. Keine Menschenwohnungen zeigten sich auf diesen Ufern, keine Spur von menschlicher Tätigkeit. Auch das tierische Leben ließ nichts von sich sehen und hören, und obschon Alligatoren (Amerikas Krokodile) scharenweise im Savannah-Fluss vorhanden sein sollen, so sah ich doch keinen einzigen, kein Vogel sang. Alles war schweigsam und still, auch der Wind. Es war eine Ewigkeit voll von phantastischer Schönheit und just jetzt in der Blüte ihrer Farbenpracht. Nur an einem einzigen Ort sah ich auf den kahlen Zweigen einer abgestorbenen Föhre zwei große Raubvögel sitzen, welche daran erinnerten, dass der Tod in die Welt gekommen war.

So ging die Fahrt in einem Hochdruckboot, dem Oregon, mit zwei schnaubenden Kaminen den Fluss hinauf. Meile um Meile, Sonne und Mond in die Wette bemüht schienen, das

Schauspiel zu verschönen. Und ich sang in meiner Seele, wie ehedem Georgias älteste Kolonisten sangen: »Wie schön ist die Schöpfung, wie herrlich ihr Schöpfer.« Und dann dachte ich: Welch ein Poem, welch eine herrliche Romanze ist nicht dieser Weltteil in seinem Naturleben! Welchen Reichtum, welch schöne wechselreiche Szenen schließt er nicht in seinem Schoße ein! Ich war jetzt wieder allein mit Amerika, und Amerika öffnete mir seine Mysterien und ließ mich seinen Reichtum, das Erbteil kommender Geschlechter, wahrnehmen.

Der Savannah bildet die Grenze zwischen Carolina und Georgia. In Carolina hatte ich zärtlich geliebte Freunde, aber Georgia liebte ich mehr und wandte mich seinem Ufer als einem freieren, jugendfrischeren Lande zu. Die Fahrt war für mich ein unaufhörliches Fest und ich wollte bloß schweigen und genießen. Aber um das zu können, musste ich im Salon einer Schar schöner, aber wilder junger Mädchen ausweichen, die auf eigene Faust eine Vergnügungspartie machten und schwatzend, rufend und lachend hin und her sprangen; und ebenso auf dem Verdeck einigen Herren Plantagenbesitzern, die höflich waren und sprechen wollten, aber von nichts als Baumwolle, Baumwolle, Baumwolle sprachen, und wie die Welt sich immer mehr um die amerikanische Baumwolle zu drehen anfange. Ich floh von diesen Baumwollverehrern und suchte Einsamkeit mit dem Fluss und dem Urwald, mit dem Schatten und dem Licht allda. Unter dem Haufen junger Mädchen war auch ein Jüngling, ein schöner junger Mann, der Bruder oder Verwandte einer von ihnen. Er sollte später am Abend das Schiff verlassen. Die wilden jungen Mädchen hielten ihn fest, umarmten und küssten ihn eine um die andere unter Spiel und Gelächter, während er halb verdrießlich, halb entzückt sich aus ihren Armen loszureißen suchte. Welchen Eindruck mochte wohl der junge Mann von dieser nächtlichen Szene mitnehmen? Gewiss ist es nicht Achtung für das Weib. Einer der älteren Herrn auf dem Verdeck schüttelte den Kopf über die Aufführung der Mädchen: »Sie haben dem jungen Mann den Kopf verrückt«, sagte er. Erst spät in der Nacht konnte ich schlafen, so lang lärmten diese jungen Mädchen fort. Der nächste Tag war Sonntag, und die Erde schien einen Festtag zu feiern, so still und so hochzeitlich geschmückt zeigte sich die Natur. Die wilden jungen Mädchen wurden still und versammelten sich vor meiner Kajüte, deren Tür gegen den Fluss hinaus offen stand. Sie waren offenbar in der Stimmung, etwas Ernstes zu hören und zu denken. Der Friede des Festtages weilte über diesen Kindern. Und hätte irgendein vom Himmel gesandter Sämann jetzt die Saat der Wahrheit und den Begriff vom höheren Leben in diese jungen Seelen ausgestreut, so wäre die Aussaat sicherlich in gute Erde gefallen. Ich glaube an die angeborene und innige Verwandtschaft der Weibernatur mit dem Höchsten, und es tut mir weh, wenn ich sie wie hier verwildert sehe. Nicht als ob ich meinte, dass eine wilde Stunde in einem Menschenleben viel zu bedeuten habe, alles hängt von der Grundrichtung des Ganzen ab; aber überlässt man die Natur sich selbst, so wird daraus eine Wildnis, und die Wildnis in der Menschennatur ist weit weniger schön als die des Urwalds (und auch diese wäre nicht gut, um darin zu leben). Ein ordnender Geist der höheren Natur muss an den jungen Heiden Hand legen, um ihn vollkommen menschenwürdig und schön zu machen.

Väter und Mütter in der neuen jungen Welt scheinen das alte Sprichwort: *Die Gewohnheit ist die zweite Natur,* und das ebenso gute Sprichwort: *Es ist leichter, einen Bach zu stemmen als einen Fluss*, nicht gehörig zu bedenken.

Heute Nacht wurden die jungen Mädchen da und dort bei den Plantagen, von wo Nachen und Schiffe kamen, um sie abzuholen, ausgesetzt, und von den Ufern hörte ich liebevolle Willkommsstimmen und sah freundliche Feuer leuchten in dem tiefen Dunkel. Denn der junge Mond war bereits untergegangen und das Nachtdunkel ist sehr finster um diese Zeit, während an unserem Himmel die Abendröte Erde und Himmel beleuchtet, bis sie von der Morgenröte abgelöst wird.

Es war Samstagnachmittag, als ich in Savannah an Bord

»Es war Samstagnachmittag, als ich in Savannah an Bord ging«

ging. Am Montagmorgen war ich in Augusta, wo der gefällige, ehrliche Mr Botkes mich in seinem Wagen in sein Haus abholte. Und hier wurde ich mit großer Freundlichkeit empfangen von seiner Frau, einer ausnehmend hübschen Irländerin mit einem schönen Gesicht von englischem Charakter, aber etwas milderen Gepräges, und von Hannah Longstreet, dem blassen Mädchen aus dem Süden, das ich auf meiner Überfahrt kennen gelernt und so sehr lieb gewonnen hatte. Mit Freude fand ich sie jetzt bedeutend besser von ihrer europäischen Reise, und sie erschien mir im Kreise der Ihrigen noch liebenswürdiger als zuvor.

Hier verbrachte ich einige recht angenehme Tage, indem ich bloß abends Besuche empfing und nachmittags Ausflüge nach den Pflanzungen in der Gegend sowie an andere Orte machte. Auch hier musste ich allerdings oft dieselben trivialen und widerwärtigen Fragen hören und beantworten –

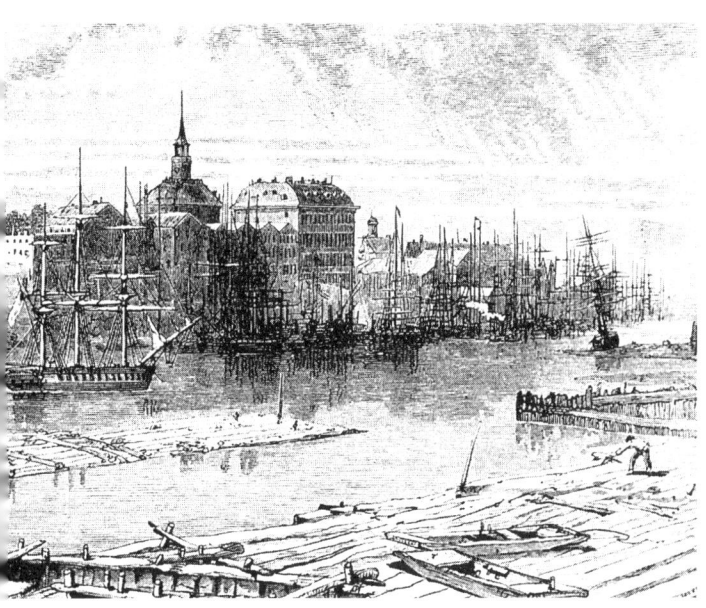

eine der schlimmsten und gewöhnlichsten ist: »Entsprechen die Vereinigten Staaten Ihren Erwartungen« –, aber ich lernte auch einige vortreffliche Menschen, Männer und Frauen, kennen, wahre Christen und echte Bürger der Neuen Welt, die im Stillen klug und tätig das Werk der Befreiung ausführen, während sie den Sklaven auf den Weg der Selbstbefreiung verhelfen, indem sie ihnen nämlich Gelegenheit geben, Geld zu verdienen, dasselbe nützlich anzuwenden, und sie zum Fleiß und Wohlverhalten aufmuntern durch die Aussicht, binnen wenigen Jahren ganz befreit zu werden und somit den Lohn ihrer Arbeit zu empfangen. Wie schön sie mir in dieser Tätigkeit erschienen, besonders ein älterer Mann und ein älteres Frauenzimmer! Wie gut und liebenswürdig ich sie fand! Wie glücklich fühlte ich mich, sie kennen zu lernen! Einer dieser Menschenfreunde hatte einem Negerweib ein kleines Kapital vorgestreckt, womit sie auf eigene Faust eine Arbeit unternommen hatte, von deren Ertrag sie nicht bloß monatlich ihrem Besitzer den Zins der Summe bezahlte, wofür er sie gekauft, sondern sich zugleich die Mittel verschaffte, vier von ihren Kindern aus der Sklaverei loszukaufen; das fünfte befand sich noch darin, aber auch dieses sollte durch den Geldbeitrag eines wohlwollenden Mannes bald befreit werden. Aber was denkst du von dieser Sklavin, die nichts darnach fragt, selbst in der Sklaverei zu bleiben, wenn sie nur ihre Kinder loskaufen kann? Eine solche Mutter wäre in den Zeiten Athens und Spartas als eine Ehre für die Menschheit gepriesen worden. Aber diese Mutter bleibt eine unbekannte Sklavin. Es ist wahr, dass sie sich in ihrer Stellung wohl befindet und eine Freiheit nicht wünscht, die sie bei ihrem Alter nicht gewinnen könnte, ohne ein sorgenfreies Leben gegen ein mühsameres, wenigstens in Liberich zu vertauschen. »Wenn ich alt werde, sodass ich nicht mehr arbeiten kann«, sagt sie, »so muss mein Herr für mich sorgen.« Und so denken viele alte Sklaven und bekümmern sich nichts um eine Freiheit, bei der sie selbst für sich sorgen müssten. Und das ist gut, wenn die Herrschaft gut ist und nicht vor den alten Sklaven stirbt. In letzterem Fall ist ihr Schicksal höchst ungewiss und wird manchmal unter fremden Herrn weit schlimmer als das Los von Haustieren.

Bei meinen Besuchen auf etlichen Pflanzungen sah ich ganz deutlich, dass die Frauen mich mit argwöhnischen Blicken anschauten. Eine dieser Frauen gewann ich nichtsdestoweniger lieb. Sie schien mir eine frische, schöne mütterliche Natur zu sein. Ich bat sie um Erlaubnis, mich in dem Sklavendorf in der Nähe des Herrschaftsgebäudes umzuschauen. Sie bewilligte es kalt und ging mit mir. Die Hände (Hände werden im Süden die Arbeitsneger genannt, Feldhände auf den Plantagen) waren jetzt außen auf dem Feld, um das Korn zu besorgen, und ihre Häuser waren verschlossen. Einige davon waren jedoch offen und in diese ging ich hinein. In einem von ihnen saß auf seinem Bett ein alter Neger, der ein Fußübel hatte; er selbst und alles im Hause trug das Gepräge sorgfältiger Pflege. »Er wird in seinem Alter wohl verpflegt, denn er ist einer von unsern Leuten«, sagte Mrs E. laut zu mir, sodass die Neger es hören konnten; »wäre er frei, würde er dann wohl auch gepflegt werden?« – »Warum?«, dachte ich aber still vor mich selbst, denn ich wollte der Neger wegen nicht laut sprechen. »Auch wir in Schweden haben auf unsern Gütern alte und kranke Diener, und obschon sie frei sind und frei den Lohn genießen, den sie verdienen, so halten wir es nichtsdestoweniger für Recht und Pflicht, ihnen in ihrer Krankheit und ihrem Alter alle mögliche Pflege angedeihen zu lassen, und wenn sie uns gut gedient haben, dieses Alter so glücklich wie möglich zu machen, so weit unsere Mittel reichen. So wenigstens tun gute Dienstherrn in Schweden. Die schlechten daselbst mögen wie die bösen Sklavenbesitzer hier – dahin fahren, wohin sie gehören.« Dies hätte ich jedoch Mrs E. sagen mögen und würde es ihr auch gesagt haben, wenn wir allein gewesen wären, denn ich konnte nicht umhin, in ihr eine etwas stolze, aber im Grund edle Natur zu erblicken, die durch die Unbilligkeit der Abolitionisten gegen die Stellung der Sklavenbesitzer zur Unbilligkeit gegen die Arbeiter getrieben wurde, welche aber die Wahrheit einsehen könnte und müsste, wenn dieselbe ohne polemische Bitterkeit ihrem freien Urteil unterstellt würde. Aber ich erhielt keine Gelegenheit, die Probe anzustellen, denn wir waren niemals allein.

Die Sklavendörfer in Georgien sehen ebenso aus wie die in Carolina; die Stellung der Sklaven auf den Plantagen schien mir auch dieselbe zu sein. Der gute und der böse Herr, darin besteht der einzige Unterschied; dieser ist aber in solchen Verhältnissen unermesslich. »Hier wohnt ein Plantagenbesitzer, der durch Grausamkeit gegen seine Leute bekannt ist«, wurde mir einmal gesagt, als ich an einem schönen, von laubigen Gebüschen und Bäumen beinah verdeckten Landhaus vorbeifuhr. Dies weiß man und man geht hier mit einem solchen Mann nicht gern um. Aber das ist alles. Der Engel der Gerechtigkeit und der Engel der Liebe wagen sich nicht in diese mystischen Haine, wo Menschen geopfert werden.

Welch ein Heidentum mitten im Christentum! Aber dies rächt sich auch an der weißen Rasse und man sieht es an vielen Dingen.

Eines Tages besuchte ich im Wald arme Leute von den so genannten »Erdessern«; dies ist eine Art armseliges weißes Volk, das sich sowohl in Carolina als in Georgien in Menge vorfindet, in den Wäldern ohne Kirchen und Schulen, ohne Herd und zuweilen ohne Haus lebt, dennoch aber selbstständig und stolz in seiner Weise ist und durch eine kränkliche Begierde getrieben wird, eine Art fetter Erde zu essen, die sich hier vorfindet, bis dieser Geschmack eine ebenso große Leidenschaft wird als die Liebe zu starken Getränken, obschon er allmählich sein Opfer verzehrt, dessen Haut ergrauen macht, sodass sein Körper sich bald mit der Erde vermischt, wovon er sich genährt hat. »Ton-Esser« (*Clay-eaters*) nennt man diese Erde essenden, außer dem Gesetz stehenden Menschen. Man weiß nicht, woher sie gekommen sind, und weiß auch kaum, wie sie fortleben, aber sie sowohl wie das so genannte »Sandhügelvolk«, arme weiße Leute, die in den magern, sandigen Gegenden der südlichen Staaten leben, sind hier in Menge vorhanden. Das Sandhügelvolk ist gewöhnlich ebenso sittenlos als unwissend; denn da die Staatsgesetze verbieten, Negersklaven lesen und schreiben zu lehren, und da infolge dieses Gesetzes Schulen sich in Ländern nicht halten können, wo die Hälfte der Bevölkerung aus Sklaven besteht und das Land daher nicht sehr bevölkert ist, so bleiben diese armen weißen Leute ohne Schulen und so gut wie ohne allen Unterricht. Außerdem fehlt es diesen Leuten an Gefühl für die Ehre der Arbeit und ihre Anziehungskraft. Das Erste, was ein Weißer tut, wenn er sich ein bisschen Geld erworben hat, ist, dass er sich einen Sklaven oder eine Sklavin kauft. Und dieser oder diese muss jetzt für das ganze Haus arbeiten. Die arme Dienstherrschaft setzt eine Ehre darein, nichts zu tun, und lässt alle Arbeit durch den Sklaven verrichten. Die Sklavenarbeit ist gewöhnlich nicht viel wert und wird immer weniger wert unter einem faulen Herrn. Das Haus gedeiht dadurch nicht. Und hungert die Herrschaft, so hungert der Sklave und alles ist im Elend. – Aber zurück zu den Erdessern.

Herr Grön und seine Familie waren gute Exemplare von dieser Menschenart. Sie wohnten tief innen in einem Wald ohne Weg und Steg. Es war ein heißer und qualmiger Tag und qualmig war es im Wald. Pflanzen von Gifteichen (eine Art Zwergeichen, die sehr giftig sein sollen) wuchsen überall im Sande. Weit innen im Wald stand ein neu gebautes Häuschen und barmherzige Leute hatten der Familie darin zur Aufnahme unter Dach und Fach geholfen. Hier wohnten Mann und Frau mit fünf oder sechs Kindern. Sie hatten ein Dach über dem Kopf, aber das war auch alles; Gerätschaften irgendeiner Art sah ich nicht, ebenso wenig einen Kamin, und eine Tür fand sich nicht vor. Aber Herr Grön, ein freundliches Männchen von 50 Jahren, war zufrieden mit seiner Welt, mit sich selbst, seinen Kindern und besonders mit seiner Frau, die er als das beste Weib in der Welt beschrieb und von der er wirklich bezaubert zu sein schien. Die Frau, obschon von Farbe und Kleidern grau wie die Erde und jämmerlich mager, war offenbar noch ganz jung und eine wahre Schönheit in Bezug auf ihre Gesichtszüge. Sie sah gut, aber nicht vergnügt aus; sie war still und schaute oft auf ihre Kinder, die schönsten, prächtigsten, ungetauften Jungen, die man sich denken kann, und die sich in der allerschönsten Freiheit und Natürlichkeit munter und flink umeinander tummelten; ganz untadelhafte Menschenstoffe, dachte ich, und besser als manche getaufte verzogene Salonjungen.

Herr Grön war redselig und erzählte ohne Aufforderung Verschiedenes aus seiner Lebensgeschichte. Er war eine Zeit lang Aufseher bei einem Sklavenbesitzer und Geistlichen gewesen, fand aber das Amt so grausam, dass er es aufgab. Er konnte es nicht über das Herz bringen, Sklaven zu peitschen und peitschen zu lassen. Aber sein Herr erlaubte ihm niemals davon abzustehen und andere waren nicht besser. Er hatte sie erprobt. Dieser da, dachte er, sollte menschlicher sein, da er ein »kirchlicher Mann« war. »Und er war auch im Anfang nicht böse, aber nachdem er sich mit der Tochter eines reichen Plantagenbesitzers verheiratet hatte, veränderte er sich und wurde mit jedem Jahre schlimmer. Aber daran war seine Ehe schuld, denn er war unglücklich mit seiner Frau.« Der Erdesser im Walde sah mitleidig auf den reichen Mann – und »einen kirchlichen Mann« – herab, der mit seinem Weib unglücklich und gegen seine Leute grausam war. Er, der freie Mann im wilden Wald mit seiner schönen und sanften Frau und seinen hübschen Kindern, war reicher und glücklicher als dieser. – Herr Grön war stolz wie ein König in seiner freien, schuldlosen Armut. »Aber kann man nicht auch als Sklavenaufseher sanft sein?«, fragte ich. »Nein!«, antwortete er, »man muss hart sein, man muss sie mit der Peitsche treiben, wenn sie etwas Tüchtiges arbeiten sollen, und anders duldet es der Plantagenbesitzer nicht.«

Ich lasse Herrn Gröns Muss in seinem Wert und will nicht danach fragen, ob es nicht in Mangel an Klugheit und Milde seinen Grund haben könnte. Aber wahr ist, dass die Aufseher, die ich bis jetzt gesehen habe, mir durch einen gewissen harten und wilden Zug in ihrem Wesen, besonders in ihren Augen, missfallen. Und einer der schlimmsten Beschwerdegründe gegen das Leben auf den Plantagen scheint mir darin zu liegen, dass die Sklaven sehr oft eine lange Zeit des Jahres in der Gewalt dieser untergeordneten Leute gelassen werden, wenn der Herr und seine Familie aus Gesundheitsrücksichten oder zu ihrem Vergnügen von den Plantagen abwesend sind.

Einen Tag nach meinem Besuche bei den Erdessern wohnte ich einer Festlichkeit in Augusta bei, nämlich der vom Staat Georgia ausgehenden Überreichung eines Ehrensäbels an einen jungen Offizier aus Augusta, der sich im Krieg mit Mexiko ausgezeichnet hatte und schwer verwundet worden war. Eine hohe Estrade war in Eile in einem kleinen Park innerhalb der Stadt errichtet worden, und ringsum zog sich amphitheatralisch eine Galerie mit Bänken und Sitzen, die voll von Zuschauern waren. Auf der mit Teppichen belegten und mit Fahnen geschmückten Erhöhung wurde dem jungen Krieger das Schwert überreicht. Es war eine recht schöne Szene unter dem freien Himmel und den schönen Bäumen, deren es nur allzu viele und in einer allzu langen Reihe waren. Der junge Held des Tages gefiel mir, denn er sprach in seiner Rede mit Liebe und Lob von mehreren seiner Kriegskameraden, die, wie er sagte, die Auszeichnung besser verdient haben würden als er, und er erzählte von ihren Taten. Er schien just seine Freude daran zu finden, die Heldentaten seiner Kameraden zu preisen, und er breitete sich von ganzem Herzen darüber aus. Die Versammlung applaudierte eifrig. Es wurden noch mehrere Reden zum Besten gegeben, und ich muss immer die große Leichtigkeit bewundern, womit die Amerikaner sprechen. Aber als der Reden zu viele und zu lange wurden, da musste ich an Mr Poinsetts Äußerung denken, der einmal, als ich diese Leichtigkeit im Redenhalten pries, mir erwiderte: »*It is a great missfortune*« (Es ist ein großes Unglück). Nach der Zeremonie wurden 100 Schüsse getan, die einem das Trommelfell, wo nicht gar Festungsmauern sprengen konnten.

Der Held des Tages stieg von seiner erhöhten Stellung unter den Haufen seiner Freunde und Bekannten herab; sein Ehrensäbel in der schönen silbernen Schatulle nebst Inschrift und zierlichem Gehäng ging von Hand zu Hand, um beschaut zu werden. Darauf spielte die Musik, und die Gesellschaft unternahm eine tanzende Promenade unter den mit farbigen Lampen beleuchteten Bäumen, bei welcher Gelegenheit die Unterzeichnete und der junge Held das erste Paar bildeten. Hierauf entstand ein langer Tanz. Eine Menge kleiner Mädchen zeichneten sich darin aus, was höchst zierlich aussah, obschon es mir nicht gefiel, die jungen Kinder schon so fein und altklug im Tanzen zu sehen. Die nicht tanzenden Damen saßen in großer Gala auf den Bänken in den Galerien unter den Bäumen. Viele waren sehr schön. Es überraschte mich, als Mrs E. (die Plantagenbesitzerin, die mich etwas schief ansah, mir aber dennoch gefiel) mir ihren Mann vorstellte und nebst ihm mich mit vieler Wärme und Freundlichkeit einlud, auf ihre Pflanzung hinauszukommen und da zu wohnen, solang ich wolle. Es tat mir Leid, das freundliche Anerbieten ablehnen zu müssen, und daraus ersah ich, dass ich mich in meiner Vorliebe für die Frau nicht getäuscht hatte. Ihr Mann sah auch äußerst angenehm aus. Ein Platzregen kam höchst unvermutet, machte dem Fest ein plötzliches Ende und schickte die Leute in buntem Untereinander nach Hause.

Daheim bei Bones hörte ich Neger singen, welche Hannah Longstreet hierher bestellt hatte. Ich wollte gern ihre eignen naiven Gesänge hören, aber sie antworteten, dass sie den Herrn lieb haben und bloß geistliche Lieder singen. Diese Beschränktheit gefiel mir nicht, aber ihre vierstimmigen, geistlichen Gesänge waren herrlich. Es ist unmöglich, reiner und besser zu singen. Sie hatten Notenbücher vor sich und schienen nach ihnen zu singen; ich hörte jedoch meine Wirtsleute lächelnd bezweifeln, dass dies im Ernste geschehe. Mitten während des Gesanges begann ein Hahn gellend im Haus zu krähen und fuhr unablässig damit fort. Aus der Munterkeit, welche dieser Umstand hervorrief, ersah ich, dass irgendein Schwank dabei sein musste. Es war auch kein Hahn, der krähte, sondern ein junger Neger vom benachbarten Hof, der sich die Fertigkeit des Hahns angeeignet hatte und bei dem Konzert mitspielen wollte.

Hierauf kam ein andrer junger Neger, der weniger kirchlich gesinnt war als die andern und zu seinem Bagno mehrere Negerlieder sang, die im Süden allgemein bekannt sind und von den Negern, von denen sie herrühren, wie auch in den nördlichen Staaten von allen Klassen der Bevölkerung gesungen werden, denn sie sind in hohem Grad populär. Ihre Musik ist melodisch, naiv, voll von rhythmischem Leben und hat viel Innigkeit. Mehrere dieser Lieder erinnern an Haydns und Mozarts einfache und schöne Melodien, so z. B. »Rosa Lea«, »O Susanna!«, »Teuerster Mai«, »Führt mich zurück nach Altvirginien«, »Onkel Red« und »Mary Blaue«, die sämtlich, Text sowohl als Musik, von einer rührenden Innigkeit sind. Sonst ist der Text weniger probehaltig als die Musik; er ist oft kindisch und es kommen darin manche ganz närrische Ausdrücke und Bilder vor, mitunter aber auch Ausdrücke und Wendungen, die höchst poetisch sind, sowie kühne und glückliche Übergänge in den Situationen, wie wir sie in den ältesten Anfängen unserer nordischen Völker finden.

Gewöhnlich sind diese Negergesänge Balladen oder richtiger Romanzen, die Schilderungen von den Liebesverhältnissen des Volkes und den Lebensschicksalen Einzelner enthalten. Man merkt keine Phantasie, keinen dunkeln, sagenreichen Hintergrund wie in unsern Liedern; dagegen aber viel Gefühl und eine naive, oft humoristische Auffassung des Augenblicks und seiner Verhältnisse. Diese Gesänge sind unterwegs, auf den Wanderungen der Sklaven, entstanden; auf den Flüssen, während sie ihre Kähne ruderten oder ihre Baumflotten den Strom hinaufführten, und besonders bei den Kornernten, welche für die Neger dasselbe sind, was für unser Bauernvolk das Biersieden, und wobei sie aus dem Stegreif alles singen, was in ihren Herzen und Sinnen am höchsten oben ist. Ja, alle diese Gesänge sind eigentlich Improvisationen, die im Sinn und Gehör des Volkes Wurzel gefasst haben und immer wieder gesungen worden sind, bis weise Männer mit Musikkenntnissen sie aufgefasst und aufgezeichnet haben. Und diese Improvisation geht noch jetzt alle Tage fort. Man merkt den Gesängen leicht an, wie sie entstanden sind. Sie sind Kinder der Natur und der Zufälle; Ergießungen der Freuden und Kümmernisse eines kindlichen Geschlechts. Der Reim kommt, wie er kann; zuweilen plump, zuweilen gar nicht, zuweilen höchst frisch und vollkommen; der Rhythmus ist vortrefflich und die Schilderungen haben lokale Farbe und Bestimmtheit. Alabama, Louisiana, Tennessee, Carolina, Altvirginien, alle die melodischen Namen der südlichen Staaten, Namen von Städten, Flüssen und Orten, wo die Sklaven verweilen, kommen in diesen Liedern vor, nebst ihren Liebesgeschichten, und geben sowohl den Liedern als auch den Staaten und Orten, welche sie besingen, Lokalinteresse und Farbe. So sind diese Lieder gleichsam die Blumen und der Duft des Negerlebens in diesen

Staaten, Blumen, die auf die Wege der Flüsse geworfen und vom Wind da und dorthin getrieben werden, Düfte von der Blütenpracht der Wildnis in ihrem Sommerleben; denn in diesen Gesängen findet sich keine Bitterkeit und kein Düster; sie sind Erzeugnisse vom Sommertag des Lebens und zeugen davon. Und wenn die Bitterkeit oder der Zustand der Knechtschaft in den Ländern der Neuen Welt für immer aufhört, dann werden die Gesänge noch leben und von dem Lichtleben zeugen, wie das phosphoreszierende Feuer der Feuerfliege noch lebt, wenn die Schalraupe zertreten ist.

Der junge Neger, den ich diesen Abend singen hörte, sang unter anderem ein Lied, dessen frische Melodie und eigentümlichen Tonfall ich dir mitteilen zu können wünschte. Vom Text erinnere ich mich noch des ersten Verses, der also lautet:

> Ich geh zum alten Pee-Dee,
> Und dort beim alten Pee-Dee
> In einer Sommernacht
> Bei des Mondes Pracht
> Werde ich meine Sally sehn.

Die letzten Buchstaben des ersten und letzten Verses werden lange ausgehalten. Die Romanze schildert sodann, wie der Liebhaber und Sally sich verheiraten, sich niederlassen und glücklich leben werden, alles an dem »alten Pee-Dee«! ... eine herzig nette, südländische Idylle.

Der Bagno ist ein afrikanisches Instrument aus der Hälfte einer sehr hartschaligen Frucht gemacht, die man Kalebasse oder Gourd nennt; über die Öffnung wird eine dünne Haut oder eine Blase gespannt und darüber eine oder zwei Saiten, die man oben mit einem Heft befestigt. Der Bagno ist des Negers Gitarre und gewiss das erstgeborene unter den Saiteninstrumenten.

Tags darauf beim Mittagessen bei Mr und Mrs Gardiner machte man mir auch das Vergnügen, mich die Negergesänge hören zu lassen. Der junge Neger, welcher sang, hatte eine

»›Ich geh zum alten Pee-Dee‹«

schwache Brust, konnte also nur wenig arbeiten, und deshalb hatten gute Menschen ihn durch Unterricht und Übung seine musikalischen Gaben ausbilden lassen. Er sang vortrefflich, und um den eigentümlichen Zauber dieser Lieder zu verstehen, muss man sie von Negern mit ihren strahlenden Blicken und ihrer naiven Hingebung singen hören.

Augusta ist ein Städtchen von derselben Bauart wie Savannah, aber kleiner, auch weniger schön, und in jeder Beziehung unbedeutender; gleichwohl ist es recht zierlich und liegt an einer breiten Bucht des Savannah-Flusses. Ringsumher sind nette Landhäuser mit Gärten. Ich besuchte verschiedene, sah schöne und ernste Familien und hörte den hundertzüngigen Vogel im Eichwalde singen. Eichen wie unsere schwedischen gibt es hier nicht, aber eine Menge anderer Eichenarten, worunter die Lebenseiche mit ihren glatteckigen, feinen, ovalen Blättern die prächtigste ist.

Während meines Aufenthalts in Augusta war ich eine Zeit lang unschlüssig wegen eines Ausflugs, den ich nordwärts zu unternehmen beabsichtigt hatte. Ich wünschte sehr, das Hochland Georgias und den Tellulahfall in dieser Gegend besuchen zu können, den man mir in Charleston als den pittoreskesten in Amerika beschrieben hatte; ich hätte gern das Original gesehen, das vor ein paar Jahren bei diesem Wasserfall das erste Wirtshaus baute und seine älteste Tochter »Magnolia grandiflora«, seine zweite »Tellulahfall« taufte, auch seinem Sohn irgendeinen andern kuriosen Namen gab, dessen ich mich jetzt nicht mehr erinnere. Ich war schon halb entschlossen die Fahrt zu unternehmen, und ein freundliches, junges Frauenzimmer hatte mir Briefe an ihre Freunde in Athen und Rom mitgegeben, Städte auf dem Weg an den Tellulahfall, die sich vermutlich zu den großen Städten dieses Namens ungefähr ebenso verhalten wie wir zu Adam und Eva; aber die Hitze wurde so heftig und ich fühlte mich so matt davon, auch schilderte man mir die Reise als so beschwerlich, dass ich sie unterließ und stattdessen nach Charleston zurückzureisen beschloss über Columbia, die Hauptstadt von Südcarolina, deren außerordentlich schöne Lage in der Hochlandgegend des Staats man mir gepriesen hatte. Mit dem Versprechen des Wiedersehens verabschiedete ich mich von meinen freundlichen Wirtsleuten, dankbar für den Aufenthalt in ihrem Hause sowie für alles, was der Aufenthalt in Augusta mir an Gold gegeben hatte, und zwar an besserem Gold, als das californische ist. Der ehrliche, gefällige Mr Bones begleitete mich eine Strecke Wegs, bis ich auf der andern Seite des Flusses an die Eisenbahn kam.

Auf dem Wege dahin kamen wir am Sklavenmarkt vorbei

und 40 bis 50 junge Personen beiderlei Geschlechts wurden just jetzt auf der Piazza vor dem Haus auf- und abgeführt, in Erwartung eines geneigten Käufers. Sie sangen, sie schienen munter und gedankenlos zu sein. Auf meinen Wunsch hielten wir an und stiegen aus dem Wagen. Die jungen Sklaven, die hier verkauft werden sollten, waren von zwölf bis 20 Jahre alt; auch war ein bloß fünfjähriger Knabe ohne Angehörige da. Er hielt sich an den Sklavenwächter, der arme, kleine Junge. Wo war seine Mutter? Mehrere dieser Kinder waren helle Mulatten und einige Mädchen recht hübsch. Ein zwölfjähriges Mädchen war so weiß, dass ich geglaubt hätte, sie gehöre der weißen Rasse an; auch ihre Züge glichen denen der Weißen. Der Sklavenwächter sagte uns, tags zuvor sei ein noch weißeres und schöneres Mädchen für 1500 Dollars verkauft worden. Diese weißen Kinder der Sklaverei werden meistenteils Opfer des Lasters und versinken in die tiefste Erniedrigung. Noch einmal, welch ein Heidentum mitten in einem christlichen Land! ... Die meisten dieser jungen Sklavenkinder waren aus Virginien, das, da es nicht vieler Sklavenarbeit bedarf, seine jungen Sklaven nach dem Süden verkauft. Es waren einige Herrn da, und etliche von ihnen machten mich aufmerksam darauf, dass die jungen Leute munter und sorglos aussahen. »Umso betrübender ist ihr Zustand«, dachte ich. Der Gipfel der Erniedrigung ist, sie nicht zu kennen.

Von diesem Schandfleck in Georgias jungem, schönem Staat wandte ich meinen Blick einem andern Platz zu, der reich an Ehre und Hoffnung ist. Er heißt »Liberty County«; und ich bedaure sehr, dass ich diese älteste Heimat der Freiheit in Georgia nicht besuchen konnte. Hier begann die erste Bewegung im Süden für die Unabhängigkeit Amerikas. Die »Freiheitsjungen« gingen von hier aus, und hier haben auch in den letzteren Zeiten die ersten wirksamen Bewegungen für die Erziehung der Neger zum Christentum sowie für ihre Befreiung und Kolonisation in ihrem afrikanischen Mutterlande begonnen. Vor kurzer Zeit starb in Liberty County ein reicher Plantagenbesitzer, der durch seinen Eifer in dieser

121

Sache und durch seine Menschenliebe allgemein bekannt war, Mr Clay. Seine Leiche wurde von einer großen Schar weißer sowohl als schwarzer Menschen zum Grabe begleitet. Die Weißen kehrten nach der Beerdigung in ihre Häuser zurück; aber die Neger blieben die ganze Nacht am Grabe stehen und sangen Psalmen. Mr Clays Schwester hat nebst ihrem Bruder an der Arbeit für die Emporhebung der Sklaven teilgenommen, und man sagt, dass sie nach dem Tode des Bruders dieselbe fortsetzte. Gott segne die edlen, freisinnigen Menschen!

In Georgia fand ich im Allgemeinen folgende Ansicht über die Sklaverei vorherrschend:

»Die Sklaverei ist ein Übel. Aber in Gottes weisem Rat wird sie für die Neger ein Gut werden. Die Weißen, die sie in Sklaverei gebracht haben, werden ihre Schuld dadurch sühnen, dass sie ihnen das Christentum geben und sie Ackerbau und Handwerk lehren. So werden sie zuerst erzogen, hernach allmählich befreit und in Afrika kolonisiert werden. Afrikas heidnische Völker werden durch die zu Christen gewordenen und befreiten Sklaven Amerikas zum Christentum übergeführt und zivilisiert werden.«

Ich bin überzeugt, dass dies die Wahrheit und der Weg ist. Und in dieser Ansicht in Georgia sowie in ihren beginnenden Wirkungen sehe ich einen Beweis, wie die öffentliche Meinung hier zu Lande den Gesetzen voraus ist. Denn das Gesetz für die Behandlung der Sklaven steht in Georgia wie in Carolina sehr tief.

Georgia kann mit mehr Recht als Carolina die Palmettostadt genannt werden, denn es finden sich hier wirklich eine Menge Palmettos vor, und überdies mehrere Pflanzen, welche die Nähe des Wendekreises und ein neues Antlitz vom Kopf der Erde andeuten. (Und wie gerne möchte ich nicht dieses Angesicht des Wendekreises näher besehen!) Eine dieser Pflanzen, Yuca gloriosa, auch »der spanische Dolch« genannt, sendet ihre dolchspitzigen Blätter nach allen Seiten vom Stamm aus und hat einen Büschel prächtiger, weißer, glockenähnlicher Blumen. Und jetzt adieu für diesmal, ihr schönen Blumen und noch schöneren Menschen Georgias!

Columbia ist ein schönes Städtchen mit schönen Villen und Gärten, in deren Mitte sich ein stattliches Capitol befindet; denn Columbia ist die Hauptstadt in Südcarolina. Jeder Staat in der Union hat seine Hauptstadt, die mitten im Staat liegt und gewöhnlich von geringer Bedeutung ist, außer als Sitzungsort der zwei gesetzgebenden Körper des Staats, des Senats und der Repräsentanten, die einige Monate des Jahrs im Capitol der Stadt sitzen. Überdies hat jeder Staat seine große Handelsstadt, die an der Meeresküste oder an einem der großen Flüsse liegt, welche von allen Seiten durch diesen wasserreichen Weltteil strömen. Columbia in Carolina (jeder Staat in der Union hat, glaube ich, eine Stadt, die Columbia oder Columbus heißt) liegt schön auf einer Anhöhe in der Nähe des Flusses Congoree. Ich habe hier das Vergnügen gehabt, einen Naturforscher, Mr Gibbs, zu treffen, der mir viele Freundlichkeit erzeigt hat. In seinen Sammlungen habe ich Stücke von den Skeletten der gigantischen Vorwelttiere Megatherium und Mastodon gesehen, welche hier aus der Erde gegraben wurden. Diese Überreste zeugen von titanischen Tieren. Ein Zahn ist so groß wie meine Hand. Mr Gibbs hat die Güte gehabt, mir Zeichnung und Beschreibung von diesen Tieren zu schenken, und ich freue mich sehr, dieselben unserem Professor Sundevall nach Haus bringen zu können. Er hat mir auch ein kleines Kolibrinest geschenkt, was das allerzierlichste Ding in der ganzen Welt ist, aus feinen Grashälmchen und Papierstreifchen gebaut.

Eines Tags wurde ich von dem Professor H. F. zu einer Negerhochzeit eingeladen, die er für zwei seiner Haussklaven veranstaltete. Die Brautpaare waren junge Leute von recht gutem Aussehen, besonders der eine Bräutigam, ein nachtschwarzer Neger, den sein Herr wegen seines vortrefflichen Charakters und ausgezeichneter Intelligenz rühmte, sowie die eine Braut, aber nicht die Braut dieses Bräutigams, waren förmliche Schönheiten. Beide Bräute trugen weiße Kleider und Blumenkränze, was sie sehr anmutig erscheinen ließ. Der Pfarrer kam in die Negergesellschaft, trat vor die Brautpaare und fertigte die Trauung ziemlich kurz und schnell ab; bald darauf begann im selbigen Zimmer der Tanz, und Neger und Negerinnen schwangen sich im muntern Walzer, die Damen zierlich mit Gazen und Blumen geschmückt, gerade wie unsere Damen, bloß mit dem Unterschied, dass diese mehr Putz, aber bedeutend weniger Grazie hatten. Gleichwohl sahen sie in dem entlehnten und nachgeahmten Staat weit besser aus, als ich erwartet hatte. Während die schwarze Gesellschaft eifrig tanzte, beschaute die weiße den Hochzeitstisch, der zierlich mit Blumen und hübschen Kuchen bedeckt war und unter dem Übermaß von Gerichten beinahe zusammenzusinken schien.

In einem deutschen Professor Lieber lernte ich einen talentvollen Schriftsteller und freundlichen Mann kennen. Im Übrigen fand ich hier nichts Merkwürdiges als die Menge von Cornels *(Colonels)*. Jedermann hier von einigem Vermögen (wirklicher oder ehemaliger Plantagenbesitzer) wird Cornel genannt, wenn er auch nicht Militär gewesen ist. Und solche Obersten finden sich in den südlichen Staaten in Menge vor. Als ich meine Verwunderung darüber äußerte, sagte man mir, wenn der Präsident der Vereinigten Staaten die einzelnen Staaten besuche, so ernenne er einen Teil dieser Herrn zu seinen Adjutanten für diese Gelegenheit. Und diese bekommen dann und behalten den Titel als Obersten. Aber der hohe Titel für einen so geringen Dienst sowie die Schwäche für Titel, die einem Teil der republikanischen Bevölkerung Amerikas, zumal im Süden, sichtlich anklebt, ist etwas närrisch und steht in schlechter Harmonie mit den Zwecken dieses Staats. Der alte Adam in der alten Uniform spuckt noch.

Gestern ging ich allein auf Entdeckungsreisen in Wald und Feld aus. Ich kam an ein hübsches Häuschen mitten in einem Wald, und in seiner Tür stand eine dicke Mulattin, die aussah, als wäre sie die Besitzerin. Mit der Bitte um einen Schluck Wasser kam ich ins Haus hinein und ins Gespräch mit dem alten Paar, einem Neger und seiner Frau, welche das

Verfügungsrecht über das Häuschen und ein Gärtchen hatten. Die Mulattin war gesprächig und zeigte mir das ganze Haus, das ihr und ihres Mannes Herr ihnen gekauft und für ihre Lebenszeit geschenkt hatte. Alles darin, wie auch der Zustand des Gartens, zeugte von der Ordnungsliebe und dem angenehmen Zusammenleben des alten Paares.

An einem andern Ort außerhalb des Waldes sah ich in einem kleinen Hof zwei ältere weiße Frauenzimmer, offenbar Schwestern, in ziemlich dürftigen Kleidern im Schatten eines großen Kastanienbaumes sitzen. Ich bat um Erlaubnis, zu ihnen zu kommen und mich mit in den Schatten zu setzen. Sie willigten ein und so wurde ich bekannt mit ihnen, durfte ihr Haus besehen und erfuhr ihre Lebensverhältnisse. Sie waren gering und armselig. Die Schwestern hatten bessere Tage gesehen, waren aber nach des Vaters Tod in Not gekommen; jetzt ernährten sie sich von dem Höfchen und mit Kleidernähen. Sie waren zufrieden; Frömmigkeit und Arbeit machten ihnen das Leben lieb und die Tage nicht lang. Wenn nur die Gesundheit der einen Schwester etwas besser wäre! und der Sommer und der Sand weniger heiß! … Wie ähnlich sind sich doch die Verhältnisse der Menschen im Ganzen überall!

Charleston, den 10. Juni

Ich gedachte den Rückweg nach dem Norden durch Carolinas Bergland und sodann durch Tennessee und Virginia zu nehmen – denn *the Old Dominion*, einen der ältesten Mutterstaaten und Washingtons Vaterland, muss ich notwendig sehen –, aber die Fahrt durch Tennessee war mir auf schlechten Wegen, in schlechten Wirtshäusern (denn dieser Teil des Staates soll sich im Kindheitszustand befinden) so mühsam geworden, dass ich mich in der starken Hitze nicht damit anzugreifen wage, sondern jetzt ganz schön und still, wie ich gekommen bin, den Seeweg zurücknehme; und deshalb gehe ich am 15. des Monats an Bord, reise von hier nach Philadelphia und von da nach Washington. Bis dahin bleibe ich still hier und mache bloß kleine Ausfahrten in und außer der Stadt. Ich bin gesund, mein Herzchen; Dank sei es dem lieben Gott und der Homöopathie, sowie meiner fortwährenden Behutsamkeit in der Diät und dem Genuss meiner geliebten Bananas. Überdies gebrauche ich hier Salzbäder, und obschon sie in einem Teich unter Dach genommen werden, fühle ich doch, dass sie mir wohl tun.

Eines Abends wohnte ich einem Abendgottesdienst der Neger bei in einem Saale, welchen der gute wohlmeinende Priester ihnen überlassen hatte. Der erste Prediger, ein alter Neger, musste einem andern Platz machen, welcher dermaßen von der Macht des Wortes erfüllt zu sein behauptete, dass er unmöglich schweigen könnte, und nun auch seine Beredsamkeit eine gute Weile ergoss, aber immer ein und dasselbe sagte. Diese Negerprediger stehen weit unter denjenigen, die ich in Savannah gehört habe. Schließlich forderte er eine der »Schwestern« auf zu beten. Ein altes kränkliches Weib begann auch bald laut zu beten, und ihre sichtliche Wärme in der Danksagung für den Trost des Evangeliums Christi sowie ihr Zeugnis für die Kraft desselben in ihrem eigenen langen Leiden war wirklich rührend. Aber das Gebet war zu lang, sagte immer dasselbe wieder mit anderen Worten, und unaufhörliche Faustschläge auf die Bank begleiteten jedes Stoßgebet. Auch sagte, als sie zu Ende war und eine andere Schwester aufgefordert wurde ein Gebet zu sprechen, der Redner zu dieser: »Aber machen Sie es gefälligst kurz!« *(make it short if you please)*. Aber die Schwester machte es nicht kurz, sondern noch länger als die vorhergehende Schwester und mit noch mehr Umschweifen und noch mehr Faustschlägen auf die Bank. Die dritte Schwester, die zum Beten aufgefordert wurde, erhielt die kurze bestimmte Weisung: »Aber kurz!«, und als sie sich auf dem langen Weg der andern Schwestern verlor, so wurde sie ohne weiteres von dem redelustigen Prediger unterbrochen, der jetzt nicht länger schweigen konnte, sondern sich noch einmal eine gute Weile hören lassen musste. Erst während des Gesangs und eines von den Negern selbst komponierten Liedes, das im Kanon gesungen wurde und worin der Name Jerusalem oft wiederkehrt, wurde es recht lebhaft in der Versammlung. Sie sangen, dass es eine Lust war zu hören, sangen von ganzer Seele und mit dem ganzen Körper zugleich. Denn ihre Körper wiegten sich, ihre Köpfe nickten, ihre Füße stampften, ihre Knie schwabbelten, ihre Ellenbogen bewegten sich im Takt mit dem Ton, mit den Worten, welche sie mit überschwänglichem Entzücken sangen. Man muss dieses Volk singen hören, um sein Leben recht zu verstehen. Ich habe ihre Nachahmer, die so genannten *Sable Singers* (Sandsänger) gesehen, die als Neger bemalt im Lande herumfahren und Negerlieder singen, in der Art und mit den Gebärden der Neger, wie es heißt. Aber nichts ist so gründlich verschieden. Denn das Wesentlichste in der Gleichheit fehlt, nämlich das *Leben*.

Philadelphia (Pennsylvanien), den 23. Juni 1850
Endlich, meine liebe Agatha, habe ich einen Augenblick Ruhe und kann mit dir plaudern; aber es ist mir schwer geworden, in der freundschaftlichen Stadt der »Freunde« diese Ruhe zu finden.

Charleston verließ ich am 15. dieses Monats, auch hier, wie an andern Orten, mit Geschenken sowie mit unendlich vieler Güte und Freundlichkeit überhäuft. Aber ach, wie wurde ich nicht in den letzten Tagen in der Stadt herumgejagt, wie müde machte mich nicht die Arbeit eines unaufhörlichen Gesellschaftslebens! Den letzten Abend in Carolina brachte ich damit zu, dass ich in Gesellschaft eines lebhaften kleinen Astronomen, Mr Gibbs (er ist der Bruder des gefälligen Naturforschers in Columbia), von der heimischen Piazza aus den Sternenhimmel betrachtete. Die drei großen Konstellationen, der Skorpion mit seinem feuerroten Herzen (Antares), der Schütze und der Steinbock samt der südlichen Krone (unbedeutend) standen klar am südlichen Himmel,

»In der freundschaftlichen Stadt der ›Freunde‹«,
Philadelphia

und das Zodiakallicht warf seinen weißen Schein zur Milchstraße hinauf. Wir richteten das Teleskop auf ein Nebelbild in
derselben und dann auf denjenigen Teil der Milchstraße, wo
unsere Erde sich befindet, verloren in der Unermesslichkeit
des Universums wie ein Infusionstierchen im Meer. Aber ich
kann jetzt dieses Verhältnis sehen, ohne dass es mich nieder-
drückt und unruhige Gedanken in mir hervorruft. Oersteds
Schrift »über die Vernunfteinheit im ganzen Universum«[*]
und die Gründe, auf welche er baut, haben mir das Gefühl
der Heimatlichkeit in diesem Universum gegeben und mich
zur Weltbürgerin gemacht. Das ganze Universum ist mir
jetzt nur des Menschen eigene Welt und Heimat.

Die Nacht war sehr finster, aber die Sterne umso klarer,
obschon sie nicht wie bei uns leuchten und auch nicht so
groß scheinen. Die Luft war voll von Wohlgerüchen und so
ruhig, dass man die Ruderschläge und Gesänge auf den Boo-

---

[*] Gemeint ist die erste Abhandlung in Hans Christian Oersteds vierteiliger
Aufsatzsammlung *Aanden i Naturen*, »*Om Vesensenheden af Fornuften i
Verdensaltet*« (1850) [Anmerkung des Herausgebers]

ten der Neger vom Fluss her hörte. Erst um halb ein Uhr begab ich mich zur Ruhe. Tags darauf nahm ich Abschied von meiner guten und geliebten Heimat im südlichen Carolina. Meine gute Mrs Howland verpflegte mich schwesterlich-mütterlich bis zum letzten Augenblick. Mein Armkörbchen wurde mit schönen Früchten, Apfelsinen und Bananas gefüllt, welche sie von ihrer Obsthändlerin zum Geschenk erhalten hatte, einer hübschen Mulattin, die ihr Kopftüchlein immer auf eine ausnehmend pittoreske Art knüpfte und deren Porträt ich in mein Album gezeichnet habe; und der alte Romeo beschenkte mich mit Blumen. Nachmittag halb vier Uhr begab ich mich an Bord des Dampfschiffes »Meeradler«. Die Kompagnie in Philadelphia und Charleston, welcher das Schiff gehört, schenkte mir ein Freibillet bis nach Philadelphia, ein Geschenk von 20 Dollars, das man nicht auf eine artigere Weise hätte anbringen können.

Am ersten Tag, den ich an Bord zubrachte, war die Hitze kochend. Luft und Meer waren still, gleich als wäre der Wind gestorben. Und nun begriff ich, dass man vor Hitze sterben kann. Eine Menge Spanier aus Cuba, die sich an Bord befanden, gewährten mir einen kurzweiligen Anblick durch ihre eigentümliche Physiognomie und ihr Wesen, das dem der Amerikaner so gänzlich ungleich ist. Die Lebhaftigkeit der Gebärden, die stark akzentuierte, melodische Sprache, die Eigentümlichkeit der Gesichtszüge scheinen auf einen bedeutenderen Volksstamm, als der angelsächsische ist, hinzudeuten, und gleichwohl verhält es sich nicht so, wenigstens nicht in der gegenwärtigen Zeit. Die Spanier, besonders in dieser Hemisphäre, sollen in Bezug auf menschliche und wissenschaftliche Bildung weit unter den Amerikanern stehen. Man sagte, ein Teil dieser Spanier entfliehe aus Furcht vor der Untersuchung, welche der misslungene Raubzug des Generals Lopez gegen Cuba jetzt auf der Insel veranlasse; andere reisten nach New York, um Ärzte zu befragen oder dem tropischen Sommer zu entfliehen; ein junges Paar aus vornehmer Familie, nahe Verwandte, fuhr hin, um sich trauen zu lassen, da, wie man sagt, das spanische Gesetz einer Verbindung zwischen nahen Anverwandten Hindernisse in den Weg legt, und das mit Recht, weil ihre Kinder oder Kindeskinder oft blödsinnig oder auf die eine oder andere Art verunglückte Wesen sein sollen. Der junge Bräutigam war recht hübsch, sah aber spanisch hochmütig und launisch aus. Die Braut und ihre Schwester waren jung und schön, aber etwas zu rund. Ein alter »Conte« pustete in sichtbarer Brustwassersucht und wurde von einem Neger mit der größten Zärtlichkeit verpflegt. Kleine Kinder fielen mir ganz besonders auf durch ihr lebhaftes Gebärdenspiel und Geplauder. Die Meerfahrt war ruhig und im Ganzen angenehm. Ein gefälliger junger Mr Linton, aus der Stadt der Freunde, sorgte für mich mit ritterlicher Artigkeit. Das Meer sandte uns Scharen von Fliegenden Fischen als Schauspiel auf der Fahrt, und Pelikane mit ungeheuren Schnäbeln schwangen sich, auf Raub lauernd, über die Wogen; ein großer Walfisch, gleich uns auf der Reise durchs Meer begriffen, ließ uns verschiedene schöne Wasserkünste sehen. Die Fahrt den Delaware hinauf, am Dienstagmorgen, war trotz des nebligen Wetters unendlich angenehm. Aber der Nebel hob von Zeit zu Zeit wieder seine schweren Draperien und ließ dann hellgrüne Ufer von idealischer Schönheit sehen, mit Hügeln, schönen Bäumen, Landhäusern, weidenden Tieren, und einen ganz andern Charakter der Natur, als ich bis jetzt im Süden gefunden hatte. Bei Philadelphia kam der artige Professor Hart mir entgegen und holte mich in seine Wohnung ab. Und da bin ich die ganze Zeit über gewesen, und da bin ich auch jetzt an Seele und Leib in Anspruch genommen von dem Staats- und Gesellschaftsleben sowie von vielem Interessanten, mitunter aber auch recht Mühsamen.

Die Quäker – die »Freunde«, wie sie hier gewöhnlich genannt werden, sind ausnehmend freundlich gegen mich, nehmen mich bei der Hand, nennen mich Fredrika und du, und führen mich in schönen Wagen umher, um alles Merkwürdige und Hübsche sowohl in als außer der Stadt zu sehen. Und welch große und gute Anstalten sind nicht hier für das allgemeine Beste vorhanden! Das Herz erweitert sich, wenn man sie betrachtet und den Geist sieht, in welchem sie gehalten werden. Man muss hier notwendig sehr staunen über den Kontrast zwischen dem Sklavenstaate und dem freien Staat, zwischen dem Staat, dessen Prinzip die Selbstsucht, und dem Staat, dessen Prinzip die Menschenliebe ist, zwischen dem Staat, wo die Arbeit Sklaverei, und dem Staat, wo die Arbeit frei und eine Ehre der Freien ist. Und hier, wo man weiße Weiber vor ihren Haustüren fegen sieht, wie ist nicht alles so wohlgehalten, so zierlich und blühend, sowohl in der Stadt als auf dem Land! Und diese öffentlichen Anstalten, diese Blumen der Menschenliebe – ach!, die Prachtgärten der Natur und das Paradies sind duftlos gegen sie, stehen hinter diesen Wohnungen, diesen Asylen für die Kindheit, für unglückliche und alte Leute ebenso weit zurück wie der Vorhof hinter dem Allerheiligsten.

Ich konnte nicht umhin, ich musste Freudentränen weinen, als ich dieser Tage in dem großen Philadelphia das Narren-Asyl besuchte, so groß und so edel erschien mir hier das Menschenherz, dessen Wirken und Sorgen sich in allem verrät.

Die Anstalt liegt in einem großen schönen Park, mit schattigen Gängen, Lauben und Gärten. Der ganze Park ist von einer Mauer umgeben, die jedoch so tief unter den Hügeln liegt, dass sie vom Park oder vom Hause aus nicht gesehen wird und die armen Gefangenen sich vollkommen frei glauben können. Es ist hier auch ein schönes Museum mit ausgestopften Vögeln und andern Tieren, Schnecken- und Mineralien-Sammlungen, wo die Geisteskranken sich zerstreuen und Belehrung holen können. Denn Arbeit und Zerstreuung sind die hauptsächlichsten Mittel, wodurch man hier auf die Besserung des Zustandes dieser Unglücklichen wirkt. Deshalb werden zwei- bis dreimal in der Woche in einem großen Saal, wo die Geisteskranken auf Bänken sitzen, Vorlesungen über verschiedene Gegenstände gehalten. Sie versammeln sich oft auch zu gemeinschaftlichen Vergnügungen, als Konzerten, Bällen usw. Mehrere Arten von Spielen, wie z. B. Billard, Fortuna und andere, finden sich ebenfalls im Hause vor. Überall hörte ich Musik. Die Musik ist für die Narren ein besonders wirksames Heilmittel. Manche spielten ausgezeichnet gut Klavier. Man zeigte mir ein älteres Frauenzimmer, das im Zustand vollkommenen Wahnsinns hierher gebracht worden war. Man gab ihr ein Klavier und veranlasste sie, ein einfaches Stückchen zu spielen, das sie in ihrer Kindheit gespielt hatte. Allmählich war die Erinnerung an mehrere Stücke in ihr erwacht, bis ihre ganze Kindheitsmusik für sie neues Leben gewann, und mit ihr, wie es schien, auch die Welt ihrer Kindheit. Sie spielte mir vor und ging mit sichtbarem Vergnügen von einem kleinen Stück auf das andere über, und dabei wurde ihr Gesicht so lieblich und unschuldig heiter wie das eines glücklichen Kindes. Sie wird vermutlich nie wieder vollkommen gesund und stark an Seelenkräften werden; aber sie lebt jetzt ein glückliches, harmloses Leben in der Musik aus ihren Kinderjahren.

Mehrere Frauenzimmer, besonders die jüngeren beschäftigten sich damit, künstliche Blumen zu machen, und schenkten mir ihrer verschiedene, die sehr gut gearbeitet waren. Die Männer beschäftigen sich viel mit Landarbeit und Gartenbau. Eine Bruderstochter des großen Washington war hier, eine schöne alte Dame, deren Gesichtszüge merkwürdig dem Präsidenten gleichen und die eine würdevolle, vornehme Art zu sein hat. Sie war sehr blass, und man sagte, sie sei mehr schwach als eigentlich gemütskrank. Die Menge schöner, lebendiger Blumen, zumal Rosen, war außerordentlich, und auch die unheilbaren Kranken finden sich, wenn sie einen Augenblick zum Verstand kommen, von Rosen umgeben. Während mein Begleiter, ein gefälliger und humoristischer Quäker, einer der Direktoren der Anstalt, mit großer Aufmerksamkeit und sichtbarer Teilnahme den Mitteilungen einer alten Frau über ihre wichtigen Geschäfte in Jerusalem lauschte, flüsterte eine andere mir ironisch zu: »Ein prächtiger Ort das hier, nicht wahr? Just ein Paradies, finden Sie nicht auch?« – Dann fügte sie scheu und leise hinzu: »Es ist eine Hölle! Ich versichere Sie! Hier geschehen entsetzliche Dinge!« Ach, die armen Unglücklichen können wohl nicht immer bloß mit Musik und Blumendüften behandelt werden, und man muss manchmal zu Zwangsmitteln greifen. Genug, dass die erstgenannten Mittel überwiegend sind – die vielen Geisteskranken, die hier geheilt werden, zeugen davon – und dass die Letzteren so wenig und so gelind als möglich angewendet werden. Ein junger Militär von gutem Aussehen sagte zu mir: »Ach, ich sehe, dass Sie gekommen sind mich zu befreien, und wir werden Arm in Arm zusammen aus diesem Gefängnis gehen.« – Er fügte hinzu: »Sagen Sie mir, wenn Sie eine Schwester hätten, die Sie über alles in der Welt liebten, und man sie eingesperrt hielte, damit Sie nicht zu ihr kommen könnten, wie würde Ihnen das gefallen?« – Ich antwortete, wenn ich unwohl wäre und müsste eine Zeit lang meine Gesundheit pflegen, so würde ich mich in Geduld darein ergeben. – »Ja, aber ich bin gesund«, sagte er, »ich bin ein bisschen unwohl gewesen, der Kopf ein wenig angegriffen, wie sie sagen, aber ich bin jetzt wieder ganz gut, und diese Menschen da sind sicherlich verrückt, weil sie das nicht sehen können, sondern eigensinnig darauf beharren, mich hier zu behalten.«

Diese Ähnlichkeit haben die Narren gewöhnlich mit klugen Leuten, dass sie sich immer für klüger halten als alle anderen. Mein junger Oberst war offenbar noch immer ein angegriffener Kopf und begleitete uns unter warmen Ausdrücken zu Gunsten der Damen.

Das Collegium Girard ist eine große Schule, um mittellose Knaben zu geschickten Handwerkern aller Art heranzubilden. Ein in Amerika naturalisierter Franzose namens Girard bestimmte sein ganzes großes Vermögen zur Einrichtung dieser Schule. Das noch nicht ganz ausgebaute Haus von weißem Marmor, eine Nachbildung des griechischen Minervatempels, hat ungeheure Summen gekostet, und mancher missbilligt die Verschwendung derselben an das äußere Prachtwerk, wodurch das wesentliche gute Werk in den Hintergrund gedrängt wird. Nur ungefähr 100 Knaben befanden sich noch in der Anstalt. Die Vorliebe der Amerikaner für die Tempelgestalt in ihren Bauten ist auffallend. Ich für meinen Teil habe nichts dagegen, wenn auch die Anwendung von Kolonnaden und andern Zierraten hier zuweilen im Verhältnis zur Idee des Gebäudes, besonders bei einzelnen Häusern, übertrieben wird; denn das beweist doch, dass das Volksbewusstsein weit über dem Stadium steht, wo die Wohnung bloß eine Unterkunft für den Körper ohne weiteren Sinn ist. Es will, dass die Wohnung des Menschen auch symbolisch von seiner Seele und seinem Emporstreben zeugen soll. Und sieht man ein recht großes und prächtiges Gebäude, gleich einem griechischen Tempel oder einem Pantheon oder einem gotischen Schloss, so kann man gewiss sein, dass das keine Privatwohnung, sondern ein öffentliches Institut ist, entweder eine Akademie oder eine Schule oder ein Capitol oder – ein Hotel.

Herr Girard hat in seinem Testament ausdrücklich verordnet, dass in seinem Institut der Jugend kein Religionsunterricht erteilt werden dürfe, und unter den Lehrern oder Direktoren der Anstalt befindet sich kein Religionslehrer. Aber so klar ist dieses Volkes Blick über das Verhältnis der Religionslehre zum Menschen und zur Gesellschaft, und so stark seine Anhänglichkeit daran, dass es immer einen Ausweg findet, um dergleichen Verbote zu umgehen. Und, obschon man hier die Anordnung des Erblassers in Betreff der Ausschließung des Religionslehrers und des Religionsunterrichts befolgt, so wird doch jeden Morgen im Girard College, wie in andern amerikanischen Schulen, ein Kapitel aus dem Neuen Testament der versammelten Schuljugend vorgelesen, bevor sie an die Arbeit des Tages geht. Herr Girards Bildsäule in weißem Marmor steht in einer der prächtigen Galerien des Schultempels. Sie ist eine vortreffliche Arbeit als treues Bild eines einfachen bürgerlichen Mannes in bürgerlicher Kleidung. Eine höchst prosaische Figur ohne alle Idealisierung dargestellt und angenehm anzuschauen durch ihre kraftvolle Wirksamkeit, obschon sie sonst beinahe als etwas nicht hierher Gehöriges in dem schönen Tempel

»Ich muss dir auch vom Zuchthaus in Philadelphia erzählen«

steht. Denn Adel und Schwung werden in dieser Gestalt gänzlich vermisst.

Ich muss dir auch vom Zuchthaus in Philadelphia erzählen. In der Mitte der großen Rotunde, zu welcher die großen Gänge mit den Gefängniszellen führen wie Radien zu einem gemeinschaftlichen Mittelpunkt, saß in seinem Lehnstuhl bequem und behaglich in hellgelbem Rock, mit großen Knöpfen und breitkrempigem Hut, Mr Scattergood, einer großen Spinne gleich, welche die in ihrem Gewebe gefangenen Fliegen beobachtet. Aber nein, dieses Gleichnis passt nicht gut auf die Sache und den Mann, einen freundlichen alten Herrn von ganz klugem und humanem, humoristischem Aussehen. Einen angenehmeren Wächter könnte man sich wirklich nicht denken. Er begleitete uns in die Gefängniszellen. Die Gefangenen leben hier ganz allein ohne Gemeinschaft mit ihren Mitgefangenen; aber sie dürfen arbeiten und lesen. Die Bibliothek war bedeutend und enthielt außer religiösen Büchern naturwissenschaftliche Schriften und Reisebeschreibungen wie auch schönwissenschaftliche,

135

gut ausgewählte Werke. Nicht mit filziger Hand werden die Samen edlerer Bildung für die Kinder des Gefängnisses ausgestreut, für diejenigen, »die im Finstern sitzen«. Der Geist der Neuen Welt ist nicht ängstlich oder knickerig, und er fürchtet nicht zu viel zu tun, wenn er Gutes tun will. Er sieht bloß darauf, dass er die rechte Art wählt, und er geht dann mit reichem Herzen und reicher Hand zu Werk. Ich habe oft gedacht, dass schöne Erzählungen, Züge aus dem menschlichen Leben, gute Biografien, insbesondere von Verirrten, die sich gebessert haben, von Gefangenen, die freie und tugendhafte Mitglieder der Gesellschaft geworden, nützlicher auf die Gemütsstimmung und Herzen der Gefangenen wirken würden als Predigten und Religionsbücher, natürlich immer die Bücher des Neuen Testaments ausgenommen; und ich habe deshalb sehr gewünscht, selbst etwas in dieser Richtung zu tun. Hier wurde mein Glaube bestärkt durch das, was Freund Scattergood mir sagte. Neulich hatte er einen Gefangenen besucht, der wegen seiner harten, halsstarrigen Gemütsart bekannt war und dieselbe in einer schon mehr als ein Jahr dauernden Gefangenschaft immer bewiesen hatte; aber diesen Morgen hatte er ganz verändert, ganz mild und beinahe weich geschienen. »Wie ist es heute?«, fragte der Quäker. »Sie sind sich selbst gar nicht gleich. Was ist los?« »Hm – ich weiß nicht, wie es kommt«, antwortete der Gefangene, »aber dieses Buch da ... «, und er zeigte bald ärgerlich auf ein Büchlein mit dem Titel »Die kleine Johanna« ... »hat mich ganz wunderlich gestimmt. Schon manche Jahre habe ich keine Tränen vergossen, aber diese Geschichte da! Und er wandte sich ab, verdrießlich darüber, dass die dummen Tränen wieder seine Augen verfinstern wollten bei dem Gedanken an diese Geschichte da. So hatte die Erzählung von dem schönen Leben eines Kindes das harte Sünderherz mürbe gemacht. Der Mann hatte nämlich einen Mord begangen.

Ein junger Gefangener, der jetzt bereits zwei Jahre im Kerker gesessen, hatte bei seiner Ankunft weder lesen noch schreiben können und nicht die mindeste Religionskenntnis gehabt. Jetzt schrieb er eine vortreffliche Hand und das Lesen war sein größtes Vergnügen. Er sollte jetzt bald das Gefängnis verlassen, und zwar verließ er es als ein kenntnisreicher und besserer Mensch, als er bei seiner Ankunft gewesen war. Seine Gesichtsbildung deutete eine rohe Natur an, aber er hatte jetzt einen sehr guten Ausdruck und seine Stimme und Worte verkündeten die Verwandlung der Natur. Ein anderer Gefangener hatte mit artistischem Sinn seine Zelle ausgemalt und eine Laube in den Gang gepflanzt, wo er einmal des Tages frische Luft schöpfen durfte.

Alle Gefangene erhalten einmal des Tags diese Erquickung in einem Gang, der strahlenartig von dem Gefängnis ausgeht und von den andern Gängen durch eine hohe Mauer abgesondert ist. Der da sich ergehende Gefangene sieht bloß die Erde und den Himmel. Freund Scattergoods Anblick war offenbar eine frohe Erscheinung für alle Gefangenen. Sie sahen in dem Freund ganz deutlich ihren Freund und sein gut gelauntes kluges Aussehen versetzte sie auch in gute Laune. Ein junges Frauenzimmer, welches das Gefängnis bald verlassen sollte, erklärte, sie gehe ungern, weil sie Mr Scattergood nicht mehr zu sehen bekommen werde.

In den Zellen der weiblichen Gefangenen (unter ihnen waren ein paar Negerinnen) sah ich frische Blumen in Gläsern. Ihre Schließerin hatte sie ihnen gegeben. Alle lobten das Weib. Ich verließ dieses Gefängnis weit erbauter, als ich manchmal aus der Kirche ging.

Freund Scattergood sagte mir, die Zahl der Gefangenen habe sich seit Anlegung des Gefängnisses nicht vermehrt, sondern erhalte sich ungefähr gleich, was sehr erfreulich ist, da die Bevölkerung der Stadt in dieser Zeit bedeutend zugenommen hat und mit jedem Jahr zunimmt. Minder erfreulich und verheißungsreich für die Macht des Systems ist die Tatsache, dass nicht selten dieselben Gefangenen wegen derselben Art von Verbrechen wiederkehren. Aber dies ist natürlich, Fehler, die so viele Jahre zur Gewohnheit geworden sind, lassen sich nicht leicht ablegen; alte Verbrecher lassen sich nicht leicht bessern. Auch ist die Hoffnung der

Neuen Welt nicht in den Gefängnissen zu suchen, sondern in den Schulen und mehr noch in den Häusern, wenn alle Häuser das sind, was sie sein sollen und was bereits mehrere sind. Zwei *houses of refuge*, Asyle für verwahrloste Knaben, scheinen mir glücklich angelegte und gut verwaltete Anstalen zu sein. Die Knaben hier sowie die in der großen Anstalt in Westboro (Massachusetts) für dieselben Zwecke (ich besuchte sie verwichenen Herbst auf meiner Reise mit Springs) werden nach demselben System behandelt. Sie werden nur wenige Monate in diesen Anstalten behalten, bekommen einen gewissen Unterricht und etwas Disziplin, dann werden sie in guten Häusern auf dem Lande untergebracht, mehr westlich, was für alle arbeitsfähige Wesen ein guter Platz ist.

Das Matrosenhaus, eine von Privatpersonen errichtete Anstalt, um den Seeleuten von allen Nationen während ihres Aufenthalts in der Stadt für billigen Preis eine gute Wohnung zu besorgen, besuchte ich mit Mrs Hale – der Verfasserin vom Lamm Mariens* –, einer Dame, die eine prächtige Denkerstirn und ein offenes gemütliches Wesen hat. (Sie beschäftigt sich jetzt mit der Herausgabe eines Buchs über die Stellung der Frauen in der Gesellschaft; sie ist jedoch nach meinem Dafürhalten in der Tendenz etwas zu freisinnig.)

Unter den öffentlichen Anstalten, die ich besucht habe, erbaute mich am wenigsten das große Armenhaus von Philadelphia, ein ungeheures Institut von ungefähr 3.000 Personen, das der Stadt unerschwingliche Summen kostet und seinem Zweck unmöglich gut entsprechen kann. Alles muss hier zu fabrikmäßig getrieben werden, das Individuum verliert sich in der Masse und kommt nicht zu seiner gebührenden Schätzung. Der Faule bekommt ebenso viel wie der Lahme und Blinde, und der Letztere kann die besondere Pflege, deren er bedarf, nicht erhalten. So kam es wenigstens mir vor. Auch schien der pflegende Geist hier nicht so edelmütig und

---

* Sara Josepha Buell Hale: *Mary's Lamb* (1830) [Anmerkung des Herausgebers]

sorgsam wie bei den andern Anstalten, und ich vermisste Ruheplätze unter dem freien Himmel mit Bäumen und grünen Feldern und Blumen für die Alten. Der kleine Hof mit einigen Bäumen war gar zu unbedeutend. Im Übrigen zeichnet sich diese Anstalt durch die Ordnung und Reinlichkeit aus, die sich in allen öffentlichen Anstalten der Neuen Welt verrät. Große, helle Säle und rundum in ihren Mauern kleine finstre Zimmer, als Nischen der Zellen angebracht, worin die Alten ihre Schlafstätten haben, und somit jeder sein eigenes Stübchen besitzt, mit offener Tür zu dem gemeinschaftlichen Saal, wo ein eiserner Ofen Wärme für alle verbreitet – so schien mir die herrschende Anordnung der Zimmer für die Bewohner zu sein. Und dies ist wahrhaftig gut, da die Alten auf solche Art, sooft sie wollen, allein sein und ebenso, wenn sie wünschen, Gesellschaft und Bücher in einem hellen, warmen Saale mit Tischen und Stühlen oder Bänken genießen können.

Ich habe noch von mehreren guten Einrichtungen hier in der Stadt sprechen gehört und hoffe sie noch besuchen zu können. Überall sind die Quäker als Gründer oder Direktoren dabei, und in allem bemerkt man den Geist der Menschenliebe, der Pennsylvaniens ersten Gesetzgeber, den Gründer Philadelphias, William Penn, belebte; und je mehr ich von den Quäkern sehe, umso besser gefallen sie mir. Die Männer haben etwas Kluges und Humoristisches, etwas Sicheres und Trockenspaßhaftes, was im höchsten Grad anspricht, und sie erzählen gerne gute Geschichten, gewöhnlich zur nähern Beleuchtung des Friedensprinzips, und um zu zeigen, wie gut dasselbe und menschliche Klugheit zusammengehn und wie siegreich sie aus dem Kampf mit der Welt hervorschreiten. Christliche Liebe zeigt sich bei ihnen mit einiger unschuldigen weltlichen Schlauheit vermischt, und das stille Wesen hat viel seines Salz auf seinem Grunde.

Die Weiber gefallen mir besonders wegen des Stillen, Fertigen in ihrem inneren und äußeren Wesen, wie ich bereits bemerkt habe; ihr Ausdruck ist verständig, man hört keine unverständige Fragen und bekommt unter ihnen manche be-

»Die Weiber (der Quäker) gefallen mir besonders wegen des Stillen, Fertigen in ihrem inneren und äußeren Wesen«

deutende Gesichter mit schönen Augen, reinen Zügen und klarer Farbe zu sehen.

Das Interesse der Quäkerinnen für vaterländische Angelegenheiten, besonders wenn sie die menschlichen Fragen betreffen, ist ebenfalls ein Zug, der sie vor der Masse der Frauenzimmer auszeichnet. Die Quäker sind zu allen Zeiten die besten Freunde der Negersklaven gewesen, und die aus den Sklavenstaaten entflohenen Sklaven haben gegenwärtig ihre mächtigsten Beschützer und Fürsprecher unter den Freunden. Mehrere Quäkerinnen zeichneten sich durch Rednertalent aus und sind in öffentlichen Versammlungen oft aufgetreten, irgendeine Sache der Humanität kräftig verfechtend. Im gegenwärtigen Zeitpunkt führen sie die Sache der Antisklaverei, und eine berühmte Rednerin derselben, Lucretia Mott, war dieser Tage unter meinen Gästen. Sie ist ein schönes Weibchen von etlichen und 50 Jahren, mit feinen Zügen, prächtigen Augen und einem sehr klaren, stillen, aber bestimmten Wesen – kristallartig, möchte ich sagen.

Heute habe ich zum ersten Mal vollständig die amerikanische *Unabhängigkeitserklärung* gelesen, von welcher die Welt so viel gehört hat, und ich und du ebenfalls. Und ich las sie in demselben Saale, wo sie unterzeichnet wurde, und du musst sie hören, d. h. ihren ersten Grundsatz, denn auf diesem beruhen die Freiheiten und Menschenrechte in der Neuen Welt.

Er sagt: »Wenn es im Verlauf menschlicher Ereignisse für ein Volk notwendig wird, die politischen Bande aufzulösen, die es mit einem andern vereinigt hatten, und unter den Mächten der Erde den besonderen unabhängigen Standpunkt einzunehmen, zu welchem die Natur und die Gesetze des Herrn der Natur es berechtigen, so erfordert eine geziemende Achtung vor dem Urteil des Menschengeschlechtes, dass es die Ursachen erklärt, die es zu dieser Handlung veranlassen.«

»Wir betrachten folgende Wahrheiten als selbstverständlich: dass alle Menschen gleich geschaffen sind; dass sie von ihrem Schöpfer mit gewissen unveräußerlichen Rechten begabt sind, dass unter diese Leben, Freiheit und Streben nach Glück gehören; dass, um diese Rechte sicherzustellen, unter den Menschen Regierungen festgestellt sind, die ihre rechtmäßige Gewalt aus der Einwilligung der Regierten schöpfen, und wenn irgendeine Regierungsform für diese Zwecke störend wird, so ist das Volk berechtigt, sie abzuschütteln und eine neue Regierung einzusetzen, deren Gewalt es in derjenigen Form begründet und organisiert, die ihm die dienlichste scheint, um seine Sicherheit und Wohlfahrt zu fördern.«

Hierauf werden in verschiedenen Punkten alle Beschwerden aufgezählt, welche die amerikanischen Kolonien gegen die englische Regierung haben und wodurch sie sich veranlasst sehen, ihre Regierung in die eigenen Hände zu nehmen. Die Kolonien, die sich auf solche Art zu einem Staatenbund vereinigten, waren 13 an der Zahl. Jefferson war (wie ich gehört habe, mithilfe von Thomas Payne) der Verfasser der Schrift, und man merkt ihr auch den Naturverehrer an, aber in dem Werk des Naturverehrers merkt man auch die Leitung einer höheren Vorsehung. Am 4. Juli 1776 wurde die Erklärung im amerikanischen Kongress zur Abstimmung gebracht und angenommen. Sie entstand in der Morgenstunde einer neuen Zeit; in einer Zeit großer Gedanken und großer Kämpfe wurde sie der Welt verkündet. Mitten im brennenden Krieg mit England und als man über den Ausgang desselben noch nicht gewiss sein konnte, wurde sie verfasst und unterzeichnet. Am Tag vor einer entscheidenden Schlacht wurde sie der republikanischen Armee vorgelesen. So wollte es ihr großer Anführer, General Washington.

In dem Saal, wo sie von den Häuptern der Revolution unterzeichnet wurde, hat man alles so gelassen, wie es an jenem Tage war, und der grüne Tisch steht noch da, um welchen die Mitglieder der Regierung saßen und auf welchem die Erklärung der Freiheit unterzeichnet wurde.

Man hat mir von einem lustigen Ausdruck erzählt, den Franklin bei dieser Gelegenheit gebrauchte. Als das Dokument unterzeichnet werden sollte, schienen einige der Anwesenden unschlüssig zu sein und sich zurückziehen zu wollen. Da sagte eine Stimme: »Meine Herrn, lasst uns jetzt alle zusammenhängen.« – »Ja«, versetzte Franklin in seiner stillen Weise, »sonst werden wir alle vereinzelt hängen!« Man lachte und unterzeichnete schnell.

Diese prächtige Erklärung der unveräußerlichen menschlichen Freiheit und Rechte widerstreitet noch vielen Dingen hier zu Lande – wie lange?

Jetzt muss ich dir etwas von meinen hiesigen Bekannten und Freunden erzählen. Zuerst von meinen Wirtsleuten, in deren guter Wohnung ich wie ein Mitglied der Familie lebe. Professor Hart und seine Frau sind stille, blasse und gottesfürchtige Menschen, sehr freundlich und für mich im Umgang höchst ansprechend. Sie beide und ihr zehnjähriger artiger Junge Morgan machen die ganze Haushaltung aus. Hart ist ein interessanter und liebenswürdiger Mann. Ein milderes und sanfteres Wesen, verbunden mit großer Arbeitskraft und energischem Willen, wäre schwer zu finden. Dazu kommt ein feiner Humor und ein milder, aber eigentümlich durchdringender Blick. Er besitzt ein ungewöhnliches Organisationstalent in allem, was er unternimmt, und ist ausgezeichnet als Lehrer und Vorstand einer höheren Schule in Philadelphia, die 500 Jungen zählt. Er ist auch Redakteur eines sehr gelesenen literarischen Magazins (Sartaines Magazine) und findet noch zu manchen andern Dingen Zeit, weil er jede Stunde genau in Acht nimmt und alles zu der Stunde tut, wo es getan werden soll. Darum bringt er vieles zustande und scheint niemals in Eile oder sehr geschäftig zu sein. Morgens geht er gewöhnlich auf den Markt und kauft das Nötige für die Haushaltung; eine hübsche Magd begleitet ihn, um seine Aufkäufe heimzutragen. Neulich ging ich einmal mit ihm, um den durch seinen Reichtum berühmten Markt von Philadelphia zu sehen. Und während wir durch das Volksgewimmel in dem bedeckten Gange wandelten, wo die Buden mit allen Bedürfnissen und Leckerbissen des Tisches sich befinden (die Fleischbuden, die Fischbuden, die Gemüsebuden, die Obstbuden nehmen jede ihre besondere Abteilung in dem langen Brettergange ein, der in einer breiten Straße steht), sah ich meinen Begleiter von Zeit zu Zeit etwas auf ein Papierchen zeichnen, das er in der Hand hielt. Ich dachte, er schreibe die Preise der Waren auf, die er eingekauft habe, und so war es auch. Aber dabei war auch eine Note für mich, die meine Pläne und Unternehmungen für den Tag enthielt, was ich sehen und besuchen sollte, sowie noch viele andere Dinge, worüber er mir gewöhnlich jeden Morgen eine Übersicht gibt. Heute sagte er zu einer Fleischhändlerin: »Heute, meine gute Frau, erbitte ich mir von Ihnen ein Paar recht fette Hühner, denn ich will dieses kleine Frauenzimmer da (*a little woman here*) traktieren.« Und die freundliche Frau nickte, suchte ein Paar prächtige Hühner aus und verehrte mir einen großen Blumenstrauß. Ich musste den Markt wegen seines Reichtums bewundern. Trotz der Menge der Esswaren und der Hitze verspürte man durchaus nichts von einer bösen Luft. Um halb neun Uhr frühstücken wir in aller Ruhe und Gemütlichkeit miteinander, und um neun geht Hart zu seinen 500 Jungen, denen er mit großer Liebe zugetan scheint. Abends nach zehn beschäftigt er sich mit der Redaktion und Korrektur von Artikeln für das Magazin und arbeitet bis um Mitternacht. Zeit für seine Familie und jetzt für mich und das Gesellschaftsleben findet er gleichwohl. Ich bewundere wirklich die stille Arbeitskraft und die Kunst, für alles Zeit zu finden, die dieser Mann besitzt.

Zu meinen angenehmsten Bekanntschaften hier gehört die Familie des dänischen Geschäftsträgers Bille. Die Töchter des Hauses sind außerordentlich anmutige, seelenvolle, lebhafte junge Mädchen. Es macht mir so viel Vergnügen, mit ihnen die Sprache meiner Heimat reden und von Dänemark und guten Freunden allda plaudern zu können. Oehlenschlägers Tod war für mich eine überraschende Nachricht. Er sah so gesund und lebenskräftig aus, als ich vor einem Jahr auf seinem Landsitz bei ihm war, und er war damals liebenswürdiger als je gegen mich, brachte auch einen Toast auf das Glück meiner Reise in die Neue Welt, wozu ich mich kaum erst entschlossen hatte, aus. Eines der Fräulein Bille las das Stück vor, das er sich als Todesvorbereitung hatte vorlesen lassen, nämlich einen von Oehlenschläger selbst geschriebenen Monolog von Sokrates in der Todesstunde. Er war in reinem stoischem Geist abgefasst. Aber wie wunderlich, sich in solcher Stunde seine eigenen Verse vorlesen zu lassen! Besser dachte unser Erzbischof Wallin, der, als man an seinem Totenbett einen seiner eigenen schönen Psalmen vorzulesen anfing, den Leser unterbrach mit den Worten: »Ach nein, nein, das jetzt nicht!« Und er fand erst dann Ruhe, als man ihm aus dem Evangelium Johannis vorlas. Aber ich wollte von meinen Bekannten hier sprechen.

In meinen guten Freunden zähle ich auch ein Quäkerpaar, aber von der etwas verweltlichten Quäkersorte, Mr und Mrs Elisa Townsend, angenehme und vermögliche Leute, die mir viel Güte erzeugen und mich in ihrem Wagen oft außer und innerhalb der Stadt spazieren führen. Mr Townsends elterliches Haus, eine strenge Quäkerfamilie, interessiert mich be-

144

sonders durch ein junges Mädchen, das mir vorher ein recht liebenswürdiges Briefchen geschrieben. Ich wusste, dass sie infolge einer Rückenmarkskrankheit sehr schwach und seit mehreren Jahren bettlägerig war. Als ich in ihr Zimmer geführt wurde, sah ich auf einem Bett in weißem Kleid mit breiten plastischen Falten ein Wesen liegen – ich sage dir, ich habe nie etwas so Engelähnliches gesehen. Aus dem schönen engelreinen Gesicht strahlte ein großes Augenpaar mit wahrhaft überirdischer Klarheit. Sie machte keine Bewegung, um den Kopf zu erheben, als ich mich über sie hinbeugte, aber sie schlang still ihre Arme um meinen Hals. Das Gesicht des einnehmenden Mädchens – sie heißt Marie – trug keine Spur der Kränklichkeit und Nervenschwäche, deren Raub sie ist und die sie mit wahrer Lammsgeduld erträgt. Auch wird ihr geistiges Leben dadurch nicht gehemmt. Gott hat ihrem Geist Schwingen gegeben, und das körperlich gebundene Mädchen hat von ihrem Krankenbett aus sinnreiche Lehren in die Welt hinausgesandt, wozu sie durch ihre Beobachtungen des Sinnreichen im Leben der Naturwelt befähigt wurde.

Ihr Büchlein für die Kinder und Jugend »Leben in der Insektenwelt«* ist mir ein willkommenes Geschenk, auch darum, weil es mir ein junges Mädchen zeigt, welches sich demjenigen Zweig der Naturwissenschaften widmet, wozu ich oft, aber meines Wissens ohne Erfolg, junge Frauenzimmer aufgefordert habe, nämlich dem biografischen in Bezug auf Tiere und Pflanzen. Der Detailsinn, der Blick für die kleine Welt, welcher den Frauenzimmern eigen ist, nebst dem poetischen Sinn, der an das Geistige, das Universelle anknüpft und in allem ein Symbol, eine gedankenreiche Bedeutung entdecken kann, sind Naturgaben, die eigentlich diesem Teil der Wissenschaft gewidmet zu sein scheinen und ihn bereichern müssen, während ihre Anwendung die forschende Seele in ihrem täglichen Leben reicher macht. Marie Townsend hat ihren Gegenstand in dieser poetischen

---

* Mary Townsend: *Life in the Insect World* (o. J.) [Anmerkung des Herausgebers]

und biografischen Richtung behandelt und in ihrer Arbeit die Geschichte der Metamorphosen der Insekten gegeben. Das Büchlein ist mit Kupferstichen geschmückt, worin man verschiedene Insektenarten in verschiedenen Stadien ihres Lebens sieht, besonders in demjenigen, wo sie ihre Puppen sprengen und ihre Schwingen in dem freien Raum entwickeln.

Kein Wunder, wenn dieser schöne Menschengeist, der hart in seine irdische Puppe gefesselt ist, für diesen Augenblick der Verwandlung eine ausnehmende Vorliebe empfunden hat. Marie Townsend und eine jüngere Schwester, die ebenfalls wohl begabt, aber auch kränklich (doch nicht wie Marie) und durch die innigste Liebe mit ihr vereinigt ist, beschäftigen sich jetzt mit Abfassung einer Reimchronik von Englands Geschichte als Gedächtnisaufgabe für Kinder. Und so umschließt dieses gemütliche Quäkerhaus ein reiches poetisches Leben und in diesem ein Wesen, das beinahe bereits ein Engel ist und nur noch auf seine Verwandlung wartet, um es vollständig zu werden.

Die Eltern sind ein klassisches altes Quäkerpaar. Der Greis lässt sein vornehmstes Geschäft und seine größte Freude darin bestehen, dass er seine Töchter pflegt.

Bei Lucretia Mott bin ich zu einem Mittagsmahle gewesen, wobei sie alle ihre Kinder und Kindeskinder, eine schöne blühende Schar, um sich versammelt hatte. Sie interessiert mich ohne mich anzuziehen. Ihr Mann, Mr Mott, ist ein kräftiger alter Herr, der seinen Platz wohl zu verteidigen scheint, aber vor dem Publikum durch die Glorie seiner Frau verdunkelt wird. Man behauptet, er sei damit wohl zufrieden. Und dies gereicht ihm zur Ehre.

Neulich wurde bei einer öffentlichen Vorlesung, die ein ausgezeichneter Literat, Mr Dana, über Shakespeare hielt, Desdemona als Ideal der Weiblichkeit für alle Zeiten, das kein höheres über sich habe, dargestellt. Nach der Vorlesung erhob sich Lucretia Mott und sagte: »Freund Dana! Ich halte dafür, dass du in deiner Darstellung dessen, was das Weib sein soll, Unrecht hast, und ich will es zu beweisen suchen.« Sie ersuchte also die Versammlung an einem gewissen Tag in diesem Zimmer zusammenzukommen. Die Versammlung ermangelte nicht sich einzustellen, und Lucretia hielt einen trefflichen Vortrag, durchdrungen von der Liebe zur Wahrheit und Ehrlichkeit, welche der Liebesgrund der Quäkersekte ist. Lucretia ist eine prächtige Frau und Rednerin, und würde noch prächtiger sein, wenn sie auch ein wenig auf die Reden und Gedanken anderer hörte, besonders in der Sklavenfrage; aber das tut sie nicht.

Unter den Personen, die mir hier ihre Wohnung angeboten haben, befindet sich die Frau des britischen Konsuls, Mrs S. Peter. Ich besuchte sie, um ihr zu danken, und fand eine warmherzige lebhafte Dame, die sich mit ganz besonderem Eifer die Entwicklung ihres Geschlechts zu einem unabhängigeren sowohl leiblichen als geistigen Leben angelegen sein lässt. Sie hatte in ihrem Hause eine Zeichnungsschule für arme junge Mädchen eingerichtet, wo sie zeichnen, Muster anfertigen, Holzschnitte machen und dergl. Dinge lernen, und sie zeigte mir verschiedene schöne Arbeiten dieser Kinder. Andere gute Anstalten für Frauenzimmer hatte sie ebenfalls zustande zu bringen gesucht. Aber sie war verdrießlich über die Teilnahmslosigkeit, worauf sie besonders von Seiten der Frauenzimmer stieß. Sie sagte: »Diese Damen wollen ihrem Geschlecht nicht zur Seite stehen.« Sie meinte, so wie die Welt jetzt stehe, könnte man allen neugeborenen Mädchen keinen größeren Dienst erweisen, als wenn man sie ins Wasser werfe. Ich lächelte über diesen sonderbaren Liebesbeweis, konnte aber der warmherzigen Frau nicht so ganz Unrecht geben; nämlich wenn die Welt in diesem Punkte nicht gerechter und aufgeklärter werden sollte, als sie es jetzt ist. Aber in Amerika scheint man mir wenig Ursache zu haben, daran zu zweifeln, und folglich ganz und gar keinen Grund, kleine Mädchen zu ertränken.

Ich habe hier bloß abends Besuche angenommen, aber eine ganze Menge Leute gesehen, von denen mich mehrere interessierten. Gestern schenkten mir einige anmutsvolle junge Mädchen einen frisch ausgeschlagenen Riesenkaktus von der Art, wie er bloß alle 30 Jahre blüht. Man kann sich keine herrlichere Schöpfung des Sonnenlichtes denken. Die Sonne hat in dieser Blume sich selbst abspiegeln wollen.

Hier erhielt ich deinen Maibrief, meine Agatha. Schön, dass ihr endlich ein bisschen Frühlingswetter in Stockholm habt und dass ihr beide, Mama und du, gesund seid. Als du davon sagtest, ob wir wohl in Marstrand zusammentreffen würden, wandelte mich just eine kleine Versuchung an, einzupacken und auf und davon zu gehen. Aber es wäre eine Torheit von mir, mein liebes Herzchen, jetzt nach halb verrichteter Arbeit, nachdem ich so viel gewagt, aber auch so viel gelitten, um sie ausführen zu können, nach Haus reisen zu wollen. Ich fühle, dass mein Leben und meine Erfahrungen von so großer Wichtigkeit für mich sind, und ich meine so deutlich die Hand einer leitenden Vorsehung in dieser meiner Reise zu erblicken, dass ich es zu beklagen und zu bereuen hätte, wenn ich sie ohne unbedingte Notwendigkeit unterbrechen oder abkürzen sollte. Ich muss sehr wünschen, dass ich noch einen Winter auf dieser Seite des Ozeans bleiben kann. Im nächsten Juli könnte ich dann nach Hause kommen, und dann wollen wir zusammen fortfahren und die Maistange in Marstrand aufrichten.

Trotz der starken Hitze, die jetzt herrscht, fühle ich mich immer mehr akklimatisiert und kann mich weit besser als bisher über das besinnen und klar machen, was ich hier zu Lande sehe und erfahre.

Du fragst über die Stellung der Frauenzimmer im Schulwesen. Ja, darüber hätte ich dir viel zu sagen und habe dir auch schon einiges gesagt. Denn ihre Stellung hier ist unzweifelhaft eine der schönsten Seiten der Neuen Welt. Man sieht immer allgemeiner ein, dass die Frauenzimmer die besten Lehrerinnen der Kindheit und Jugend sind, und sie werden in großen und kleinen Schulen, auch für Knaben bis ins dreizehnte oder vierzehnte Jahr, zuweilen auch noch länger als solche verwendet. Ich habe mit jungen Frauenzimmern gesprochen, welche Lehrerinnen von siebzehn- bis achtzehnjährigen Jünglingen waren, und sie sagten, sie haben von ihnen nie etwas anderes als Aufmerksamkeit und Achtung erfahren. Es ist wahr, dass diese jungen Mädchen in ihrem ganzen Wesen ausgezeichnet edel und ladygleich sind. Die Lehrerinnen sind bei weitem nicht so gut belohnt wie die Lehrer. Aber man sieht die Ungerechtigkeit dieses Verhältnisses ein, da die Gesundheit der Weiber durch diese beharrliche Arbeit mehr leidet als die der Männer, sodass sie nicht so lang dabei auszuharren vermögen. Man hofft auch dieser unbilligen Teilung abhelfen zu können, sobald die Frauenzimmer mehr Mittel finden, sich etwas zu verdienen. Und solche Mittel und Wege beginnen sich immer mehr zu eröffnen. Eine ausgezeichnete junge Dame hier in der Stadt hat in dieser Beziehung als Ärztin Bahn für ihr Geschlecht gebrochen, sie hat sich im Kampf mit unendlichen Schwierigkeiten und Vorurteilen (auch hier in diesem freien Lande!) so entschlossen gezeigt und durch ihr Talent einen so glänzenden Sieg davongetragen, dass man jetzt im Begriff steht, ein medizinisches Kollegium für Frauenzimmer zu bilden, wo sie studieren und doktorieren können.

Das freut mich unendlich. Wie nützlich werden nicht diese Ärztinnen für ihr eigenes Geschlecht und für die Pflege der Kinder werden, namentlich bei ihren vielen besonderen Krankheiten, für deren Behandlung die Frauenzimmer ein besonderes Talent zu haben scheinen!

Was industrielle Geschäfte betrifft, so glaube ich, dass die Erziehung der Frauenzimmer auch hier bedeutend vernachlässigt wird. Sie sollten weit allgemeiner, als es bis jetzt der Fall ist, in der Buchführung unterrichtet werden. In Frankreich sind die Frauenzimmer in dieser Beziehung viel weiter gekommen als hier. Und hier, wo zwei Drittel der Bevölkerung Handel treiben, wäre es von großer Wichtigkeit, wenn die Frauenzimmer das Rechnungswesen besorgen könnten. Gegenwärtig besteht ihr vornehmstes Amt außer dem Hause im Unterricht der Jugend. Ich sah dieser Tage ein Mädchen von etwa 20 Jahren einer Klasse von Jünglingen, unter denen sich einige von mehr als 20 befanden, Deklamationsunterricht erteilen. Sie besaß ein ausgezeichnetes Talent für diese Kunst, und die Jünglinge nahmen ihre Berichtigungen wie gute Kinder hin. Sie hatten aus freiem Antrieb diese Klasse gebildet, um von ihr zu lernen.

Jetzt werde ich bald die freundliche Stadt der Freunde verlassen, um nach Washington zu fahren, wo der Kongress gegenwärtig beisammen ist und der brennende Kampf wegen Californien und der Sklaverei bereits begonnen hat.

Philadelphia kennst du aus Reisebeschreibungen für seine Regelmäßigkeit und Ordnung. Es hat darin den Quäkercharakter und ist eine stille Stadt im Vergleich mit New York; es besitzt keine Paläste und ausgezeichnete Gebäude, ist aber im Allgemeinen gut gebaut und hat schöne breite Straßen, die mit Bäumen bepflanzt sind, und hinter diesen breite Seitengänge und eine Menge prächtige Privathäuser mit marmornen Treppen und Toren, besonders in den fashionablen Straßen. In jedem der Stadtviertel ist ein großer grüner Markt, mit Bäumen bepflanzt wie ein Park, und es ist recht gemütlich, da herumzuspazieren und zu sitzen. Unter dieser Oberfläche von Ordnung, Reinlichkeit und Regelmäßigkeit soll sich indes eine bedeutende Dosis Unregelmäßigkeit befinden, und unter den minder zivilisierten Teilen der Bevölkerung wie auch unter den gröberen Arbeitern und den freien Negern, meist geflüchteten Sklaven, die zum Teil sehr unordentlich leben, kommen nicht selten Streitigkeiten und Schlägereien vor. Ein Teil der männlichen Jugend in der Quäkerstadt scheint gewisse gärende Getränke in Flaschen, welche den Kork in die Höhe treiben oder die Buteille zerspringen, wenn es ihnen darin zu enge wird, sehr zu lieben. Ich sage davon bloß das, was man mir erzählt hat, und ich finde es natürlich. Hätte man meinen Geist in eine strenge Quäkerform eingesperrt, so wäre ich entweder eine heilige Therese oder verrückt geworden, oder – ich wage gar nicht zu sagen, was.

Mit der liebenswürdigen Familie Bille habe ich den schönen Kirchhof Philadelphias, genannt Lorbeerhügel, am Ufer des Schuykill besucht (letzteren Namen will man hier aus der skandinavischen Zeit und dem dänischen »skjulte Kilder«, verborgene Quellen, ableiten), und mit Townsends habe ich einige der schöneren Umgebungen der Stadt gesehen, worunter auch die pittoresken Felsenufer des Schuykill. Das Land ist überall sehr fruchtbar. Man sieht indianisches Korn (Mais) und Weizenäcker nebst schönen Wiesen. Alles zeugt von Kultur und Fleiß. Kastanien, Walnussbäume, Eschen, mehrere Eichenarten, Ulmen, Ahorne und Linden sind die gewöhnlichen Baumgattungen. Man sieht auch häufig die kleine schöne Virginiafichte, ein pyramidenförmiges, dunkles, dichtnadliges Bäumchen, nebst vielen schönen Buscharten. Ganze Parke von Obstbäumen, meist Pfirsichbäumen, schmücken die Felder. Das Land um Philadelphia ist hübsch. Eine schöne Abwechslung von Höhen und Tälern, eine idyllische Natur. Die Bäume sind groß und laubreich. Aber es kommen hier keine Bäume auf, die sich mit der Magnolia und der Lebenseiche des Südens vergleichen ließen. Die Tulpenblume habe ich auch hier gesehen.

Pennsylvanien wird der Staatenschlüssel genannt, wie ich glaube, schon von alten Zeiten her, wegen seiner zentralen Lage unter den ersten Unionsstaaten. In Bezug auf Bevölkerung und Wohlstand gilt Pennsylvanien für den zweiten Staat in der Union. Es hat in der Erde ungeheure Kohlenlager und in den inneren Teilen des Landes große Naturschönheiten. Der Susquehannafluss und das Wyomingtal sind durch ihre romantische Schönheit berühmt. In Bezug auf Größe und Bevölkerung kommt Philadelphia zunächst nach New York. New York hat 700.000 Einwohner, Philadelphia ungefähr 300.000, und die Unordnungen in der Stadt dürften wohl großenteils von der stark zunehmenden Volksmenge herrühren, mit welcher das Erziehungswesen bisher nicht gleichen Schritt halten konnte. Aber nach dem Beispiel des Pilgerstaates in neuerer Zeit hat auch der Quäkerstaat sich bedeutend angestrengt, sein Schulsystem gleich dem von Massachusetts organisiert, und schmeichelt sich sogar, wie ich höre, es zu übertreffen. Ob mit Recht, weiß ich nicht. Und jetzt lebe wohl, Philadelphia!

Bergfalk ist nach Schweden zurückgereist; am 26. Juni

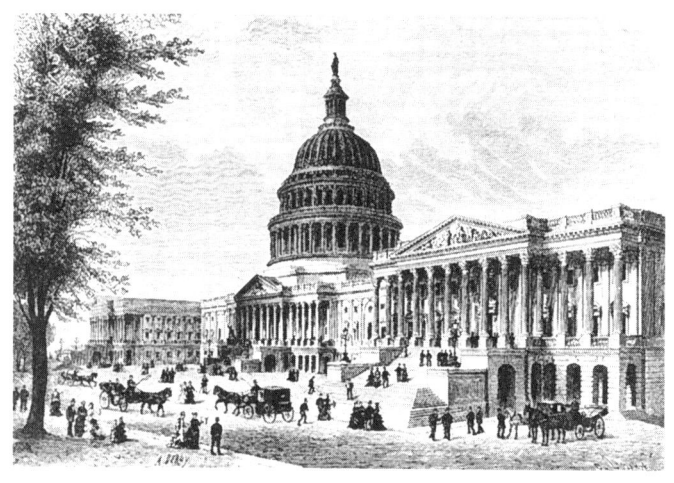

»Die Lage des Capitols, seine Umgebung und die Aussicht,
die es darbietet, gehören wahrlich zum Schönsten,
was man sehen kann«

sollte er von Boston aus an Bord gehen. Er ist in Philadelphia
tödlich an einer Lungenentzündung erkrankt, aber durch
homöopathische Behandlung gerettet worden. Während seiner Krankheit und Rekonvaleszenz hat er einiges von dem
überfließenden Herzen dieses Volkes erfahren, welches für
den Leidenden alles tut und keine Grenze seines Wohlwol-
lens kennt. Und das freut mich sehr. Bergfalk hat in Amerika
wie ein guter Schwede gelebt; unaufhörlich arbeitend und
forschend im Gesetzeswesen und in Gesetzesfragen, stets sich
besinnend: »Was kann für Schweden gut und anwendbar
sein?« Nach anderem hat er wenig gefragt. Er sehnte sich
ungemein nach Hause zurück. Es tut mir Leid, dass ich vor
seiner Abreise nichts mehr für ihn tun konnte, und dass
Fremde an seinem Krankenlager saßen und nicht seine
Landsmännin. Sein Brief sagt mir, dass er in diesen Fremden
liebevolle Brüder und Schwestern gefunden habe.

Ich empfand einen kleinen Freudeschauer, als ich vorgestern Abend vom Capitol der Vereinigten Staaten herab das herrliche Panorama des vom Potomak durchschnittenen und von goldenen Abendwolken beglänzten Landes überschaute. Es war ein prächtiger Anblick. Diese Lage des Capitols, seine Umgebung und die Aussicht, die es darbietet, gehören wahrlich zum Schönsten, was man sehen kann. Und der Volksvertreter, welcher hier für Land und Volk sprechen soll, muss notwendig begeistert werden von dem Anblick, den er von hier aus über das Land hat; er muss Freude und Stolz empfinden, dass dies sein Land ist und dass er für das Wohl desselben wirken kann. Ich war diesen Abend in Gesellschaft mit Miss Lynch, der anmutsvollen jungen Dichterin, die jetzt in Washington ist, um für ihre Mutter, die Witwe eines Marineoffiziers ist, eine Pension vom Kongress auszuwirken, sowie mit dem amerikanischen Konsul in Canada, einem angenehmen jungen Mann namens Andrews.

Tags darauf besuchte ich mit ihr und Dr. Hebbe, einem seit mehreren Jahren in Amerika ansässigen Schweden, den Senat und das Repräsentantenhaus. Der Tag war schön, die Fahne der Vereinigten Staaten mit ihren 33 Sternen (ein Stern für jeden Staat in der Union) wehte vom Capitol herab, wie dies während der Sitzung des Kongresses gebräuchlich ist. Es sah recht festlich aus. Der Senat, der in einer großen, durch hohe Fenster, sämtlich auf dem einen Halbteil des Saales beleuchteten Rotunde sitzt, macht einen guten und klaren Eindruck. Die Senatoren sind meistens schöne Gestalten mit teilweise eigentümlichen Physiognomien, und die Haltung des ganzen Kollegiums ist ruhig und würdig, was inzwischen nicht verhindert, dass manchmal ziemlich störende und des Senats unwürdige Szenen hier vorkommen. Auch während dieser Session kam es einmal zu einem wilden und komischen Auftritt zwischen Mr Benton, Senator von Missouri, und Mr Foote, Senator von Mississippi; der Erstere, ein kräftiger Mann mit etwas raubvogelartigem Ausdruck und Schnabel in seinem Gesicht, ging dem Letzteren mit einer

Haltung und einem Gebärdenspiel entgegen, wodurch sich dieser, ein kleiner Mann von nervöser Lebhaftigkeit, veranlasst sah, eine Pistole herauszuziehen und Benton auf die Brust zu setzen. Als aber der Senator von Alabama ganz ruhig sagte: »Geben Sie dieses Instrument her!«, und kaltblütig Foote entwaffnete, da zeigte es sich, dass die Pistole nicht geladen war. Habicht und Taube waren jetzt beide auf ihren Plätzen im Senat, und der Streit schien beigelegt zu sein, aber ich würde dem Habicht nicht trauen.

Die beiden großen Staatsmänner Clay und Webster waren im Senat, sprachen aber nicht. Daniel Webster hat eine merkwürdige Ähnlichkeit mit unserem verstorbenen Erzbischof Wallin, besonders durch seine großen tiefen Augen und die mächtige, prächtig gewölbte Stirn; aber Webster ist ein schönerer Mann und sieht massiver aus. Sein Kopf ist wahrhaft magnifik. Webster ist Senator für Massachusetts, Clay für Kentucky. Im Verhältnis zu den großen Streitfragen zwischen dem Norden und Süden hier zu Lande scheint Webster den gemäßigten Norden und Clay den gemäßigten Süden zu repräsentieren. Der Senat ist im Saale in zwei Abteilungen geteilt. Jeder Senator hat ein kleines Schreibpult vor sich, worauf er Papiere oder Bücher hat. Der Vizepräsident, welcher der Sprecher ist und auf einer von dem amerikanischen Adler überschwebten Erhöhung vor beiden Parteien sitzt, ist eine schöne, kraftvolle Gestalt von mannhaftem und offenem Aussehen. Auf der Zuhörergalerie, die über den Köpfen der Senatoren rund um den Saal geht, ist die vorderste Reihe für Damen bestimmt. (Amerikanische Galanterie!) Man hört also von da aus ganz gut, was im Senat gesprochen wird.

Das Repräsentantenhaus macht einen weniger vorteilhaften Eindruck. Der Saal ist weit größer und minder gut beleuchtet als der des Senats. Auch ist die Mitgliederzahl weit größer, und sie spricht, bewegt und benimmt sich mit ungleich weniger Würde. Das Ganze machte einen chaotischen Eindruck auf mich. Und von der Zuhörergalerie herab konnte ich nicht ein einziges klares Wort hören. Der Ton kommt nicht rein dahin und die Mitglieder sprachen mit überstürzender Hast. Mit vielen Senatoren sowohl als Repräsentanten wechselte ich einen Händedruck. Sie waren ausnehmend höflich und munter.

Nachmittags führte Mr Hale, Senator von New Hampshire, Miss Lynch und mich nach dem Weißen Haus, der Wohnung des Präsidenten, nahe bei der Stadt, wo im Park jeden Samstagabend Militärmusik ist und das Volk in aller Freiheit lustwandelt. Der Präsident (General Taylor) befand sich unter der Menge; ich wurde ihm vorgestellt und wir drückten einander die Hände. Er hat ein gutes, angenehmes Aussehen und Wesen und war einfach, beinahe nachlässig gekleidet. Er soll sich durch keine großen Talente als Staatsmann auszeichnen, wird aber allgemein verehrt wegen seines reinen fleckenlosen Charakters sowie wegen seiner Fähigkeiten und seiner Menschlichkeit als Feldherr. Der mexikanische Krieg hat ihn zum Präsidenten gemacht. Seine ganze Erscheinung kam mir mehr bürgerlich als militärisch vor. Vizepräsident Fillmore, mit dem ich an diesem Abend auch bekannt wurde, sieht mehr wie ein Präsident aus als Taylor. Die Wohnung des Präsidenten ist ein schönes palastartiges Haus (aber von zu einfachem Stil, um Palast genannt werden zu können) in der Nähe des Potomakflusses. Lage und Aussichten sind schön. Die Musik spielte »das sternbesäte Banner« und andere vaterländische Stücke. 300 bis 400 Personen, Herren, Frauenzimmer und Kinder, lustwandelten im Grünen; der Abend war schön, die ganze Szene heiter und munter, sie zeugte von echt republikanischem Geist. Ich labte mich daran, indem ich bald mit dem einen, bald mit dem andern Kongressmitglied Arm in Arm umherspazierte und nach rechts und links Händedrücke wechselte. Da man weiß, dass ich kleine Kinder liebe, führten mehrere Mütter und Väter ihre Kinder vor, um mir die Händchen zu reichen. Dies freute mich. Der Präsident sah ebenfalls seine Lust an den Kindern, die sorglos umhersprangen oder im Grase saßen. Er schien mir ein Mann zwischen 50 und 60 Jahren zu sein; man sagt aber, er sei seiner Stellung und der gegenwärtigen Streitigkeiten in der Union herzlich müde und sehr darüber beküm-

mert. Hier schien er eine Ruhestunde zu genießen und stand
in patriarchalischer Einfachheit und Freundlichkeit unter der
Menge da.

Ich komme soeben vom Capitol heim, wo ich den Morgen
zugebracht habe, wo man aber mehr mit den Senatoren Arm
in Arm umherspaziert und plaudert, als man den Rednern im
Senat zuhört. Das Letztere ist es jedoch, was ich wollte. Der
Eintritt Californiens in die Union mit oder ohne Sklaverei ist
die große Streitfrage des Tages, welche den Norden und Süden in feindliche Parteien spaltet. Niemand weiß, wie der
Kampf endigen wird, und der Präsident soll neulich gesagt
haben: »Es sieht allerwärts trübe aus.« Der Staatsmann Henry Clay, der einen Vergleich zustande zu bringen sucht und
lange dafür gearbeitet, hat in den letzten Zeiten (man sagt,
infolge seines despotischen und übermütigen Benehmens)
den Senat gegen sich bekommen, und der Widerstand, den
er bei seinen Herrn Kollegen trifft, macht ihm manche ver-
drießliche Stunde. Er beklagte sich heute bitter darüber, als
ich vor der Sitzung nebst Anna Lynch ihn auf seinem Zimmer besuchte. (Er war gestern bei mir gewesen, solange ich
im Weißen Haus war.) Sodann fragte er mich über König Oskar, seinen Charakter, seine Stellung zum Volke usw. Ich bekomme so viele bedeutungslose und triviale Fragen zu hören,
dass es mich wahrhaft erfrischt, wenn ich manchmal auch andere, in denen ein Ernst und ein Gedanke ist und die mit
ernster Absicht an mich gestellt werden, zu beantworten habe. Und ich freute mich, Clay sagen zu können, dass wir in
König Oskar einen guten, klugen und gerechten Monarchen
besitzen, den wir lieben. In allem, was Clay von Schweden
und der schwedischen Staatsverfassung wusste, erkannte ich
den Blick des Genies, das weniger Kenntnisse bedarf, um vieles einzusehen und zu verstehen. Just als wir an diesem Kapitel waren, führte der Bediente einen wunderlichen kleinen
Mann mit einem Stock in der Hand ein, der wie ein Knittel
und zugleich wie ein Zauberstab aussah – irgendein Unge-

heuer aus dem großen Westen, dachte ich. Notabene, wir saßen bei offenen Türen da. »Ist dies Henry Clay?«, sagte der
kleine Mann, indem er sich und seinen Knittel gerade vor
dem großen Staatsmann aufpflanzte. »Ja, mein Herr! Dies ist
mein Name«, antwortete Clay ungeduldig. »Setzen Sie sich.
Was wollen Sie von mir?« – Der kleine Mann setzte sich ganz
ungeniert in einen Lehnstuhl, und ich erhob mich, indem ich
etwas von meiner Befürchtung äußerte, Clays Zeit zu sehr in
Anspruch zu nehmen. »Oh nein, nein!«, versetzte er galant.
»Damengesellschaft ist immer so erfrischend für mich. Aber
diese Burschen da, ich hasse sie!« Und er machte gegen den
kleinen Mann eine Gebärde, die ihn hätte aus dem Zimmer
treiben müssen, wenn er ihre Bedeutung recht verstanden
hätte. Aber er saß wie eingewurzelt mit seinem Knittel da und
schien fest entschlossen sich nicht stören zu lassen. Ich musste also den müden Staatsmann dem Kobold überlassen. Clay,
der in hohem Grad populär ist, lässt jedermann vor und soll
sehr überlaufen werden von Personen, die seine Zeit und seine Dienstfertigkeit in Anspruch nehmen. Gegenwärtig soll er
reizbarer und ungeduldiger sein, als man ihn je zuvor gesehen hat. Der Widerstand, auf den er stößt, ist wohl die Ursache davon. Welch ein Leben! Und doch ist es das, wonach
die Männer streben.

Mit dem Senator von Georgia, Richter Berrian, einem
geistreichen und scharfsinnigen Mann, dem schlimmsten
Sklaverei-Verteidiger, aber, wie ich glaube, von der Patriar-
chenart, besah ich heute die Bibliothek auf dem Capitol,
einem großen schönen Saal mit herrlicher Aussicht und einem
Versammlungszimmer während der Session, wenn man von
den Staatsgeschäften ausruhen, mit Bekannten sprechen will
usw. Hier kann man alle Tage in einer Fensternische vor einem
mit Papier und Büchern bedeckten Tische eine Dame vom
Anfang des mittleren Alters, von eleganter Gestalt, feinem
Gesicht und einnehmendem Ausdruck sehen. Sie scheint immer beschäftigt zu sein und mit mehreren bedeutenden Männern des Kongresses in Rapport zu stehen. Sie wünscht auch
etwas von dem Kongress und sitzt da, um ihr Anliegen zu

überwachen. Was begehrt sie, was will sie? Sie will zehn Millionen Dollars (von Land im Westen) als Grundstock zu einer jährlichen Austeilung für Irrenanstalten und Armenhäuser in allen Staaten der Union. Es ist Miss Dorothea Dix, die seit zehn bis zwölf Jahren die meisten Staaten durchreist, Narrenhäuser und andere Asyle für Unglückliche besucht und bedeutend zu ihrer Verbesserung, namentlich zur bessern Pflege und Behandlung der Wahnsinnigen beigetragen hat. Durch ihren Einfluss und die vortrefflichen Denkschriften, welche sie verfasst und an die Regierungen der verschiedenen Staaten eingeschickt hat, sind mehrere Irrenanstalten an Orten, wo solche mangelten und die Unglücklichen der Privatwillkür oder der elendesten Vernachlässigung ausgesetzt waren, eingerichtet worden. Die einflussreiche Tätigkeit dieser Dame ist einer der schönsten Züge im bürgerlichen Leben des Weibes in der Neuen Welt. Ich werde dir später einmal, aber mündlich, mehr von ihr erzählen.

Den 2. Juli

Ich komme eben heim vom Capitol, wo ich das Vergnügen hatte, Clay und Webster nebst mehreren der angesehensten Senatoren sprechen zu hören. Clay spricht lebhaft und mit starkem Nachdruck. Seine Stimme, deren Schönheit ich oft preisen hörte, frappierte mich gleichwohl nicht, und ich meine, er stoße sie oft zu heftig aus, sodass die Worte durch den beinahe bellenden Klang der Stimme übertönt werden. Webster spricht mit großer Ruhe in Ton und Wesen, aber in seiner ganzen Art und Weise liegt viel intensive Kraft. Er hat mit dem Erzbischof Wallin als Redner auch das gemein, dass er seine Stimme senkt und leiser spricht, je größeren Eindruck er machen will. Dies ist das Gegenteil von dem sonstigen Brauch amerikanischer Redner, aber es ist von großer Wirkung. Andere Redner interessierten mich gleichfalls, aber ich konnte kaum etwas mit Ruhe anhören, weil mir fortwährend Kongressmitglieder vorgestellt wurden, mit denen ich sprechen musste. Sie sind außerordentlich höflich. Später jedoch werde ich mein Ohr den Geschäften leihen und die leichte Konversation Anna Lynch überlassen, welche eine Meisterin darin ist, während ich nur eine Pfuscherin bin. Vom Capitol fuhren wir zum Präsidenten, der seinen Empfangstag hatte. Wir kamen spät, sodass wir allein bei dem alten Herrn waren, der heiter und freundlich war und uns von den südlichen Indianern allerlei Dinge erzählte, welche Miss Lynchs und meine etwas allzu romantische Vorstellungen von ihnen bedeutend abkühlten. Hinter seiner galanten Freundlichkeit glaubte ich eine Wolke geheimen Kummers zu erblicken, die er verbergen wollte. Seine Tochter, die Oberstin Blix, war in ihrem weißen Kleid unendlich anmutig und schön. Sie ist ein stilles und äußerst gebildetes Wesen.

Gestern war ich über Mittag bei Professor Henry, einem der berühmtesten Chemiker hier zu Lande. Ich fand in ihm einen großen Bewunderer von Berzelius und Oersted, wie auch einen außerordentlich liebenswürdigen Mann. Vizepräsident Fillmore kam gegen Abend. Er ist ein vollkommener Gentleman und äußerst angenehm in der Konversation.

Den 3. Juli

Gestern Abend war ich mit Daniel Webster und verschiedenen andern Personen bei Mr und Mrs Sexton, den Eltern der Mrs Schröder, einem schönen älteren Pärchen. Webster hat eine ungesunde, blassgelbe Gesichtsfarbe, er geht viel allein, ist schweigsam und sieht bedrückt und zerstreut aus. Seine schöne, freundliche Frau platzierte ihn neben mich, da sie mir das Vergnügen gewähren wollte, mit ihm zu sprechen. Er hat merkwürdige Augen; wenn sie sich gegen einen kehren, meint man in Katakomben voll alter Weisheit zu sehen. Es kommt jedoch im Alltagsgespräch und Gesellschaftsleben nicht viel davon zum Vorschein, und das Tiefe liegt tief genug darinnen in diesem prächtig geformten Kopfe. Der Mann scheint vollkommen einfach und *sans façon* zu sein –

eine sehr bestimmte Natur, die sich gibt, wie sie ist. Aber nach meinem Dafürhalten gehört er zu denjenigen, deren Kräfte erst im großen Augenblick recht eigentlich erwachen.

An der Table d'Hôte heute erzählte Anna Lynch, jemand habe von Daniel Webster gesagt, kein Mensch sei so weise, als Webster aussehe. Richter Berrian fiel sogleich ein: »Nicht einmal Webster selbst!«, worauf wir alle beifällig lachten. Anna Lynch und ich sitzen an einer Ecke der Wirtstafel, wo Clay zwischen uns sitzt, und auf beiden Seiten verschiedene Südländer, sodass ich durch meine liebe Freundin mitten in die Sklavereipartei gekommen bin. Doch kann Henry Clay nicht zu ihr gerechnet werden. Ich wohne im Nationalhotel, ziehe aber bald in ein Privathaus, wohin ich schon lange eingeladen bin. Hier im Hotel ist es ein unaufhörliches Gesellschaftsleben und eine schreckliche Hitze. Aber man bekommt da allerlei interessante Leute zu sehen und zu hören. Von dem californischen Senator, einer prächtigen Riesengestalt, die großartig für die Bewohner des großen Westens zeugt, habe ich eine Brustnadel von californischem Golde erhalten, deren Knopf ein californisches Goldklümpchen in seinem natürlichen Zustande ist, worin man – mit einiger Beihilfe der Phantasie – einen Adler erblickt, der im Begriff steht, sich zu erheben und aus seinem Neste zu fliegen.

Und jetzt, mein Herzchen, muss ich diesen langen Brief schließen. Ich werde wohl etwa 14 Tage in Washington bleiben; hierauf begebe ich mich an den Meeresstrand, um ein paar Wochen zu baden und Stärkung zu suchen, bevor ich weiterreise. Statt mich jetzt westwärts zu wenden, was bei der starken Sonnenhitze gefährlich und mühsam wäre, gedenke ich mich nordwärts nach Maine und New Hampshire zu ziehen (vielleicht besuche ich auch Canada, wozu der junge Mr Andrews mir sehr rät); von da fahre ich westlich über die großen Binnenseen nach Chicago, und hierauf in die skandinavischen Niederlassungen noch weiter im Westen. Denn diese will ich endlich einmal besuchen. In der schwedischen Bauernkolonie am Mississippi sind unruhige Auftritte vorgefallen, und Erich Janson (der Prophet) ist von einem Schweden namens Rooth erschossen worden. Er soll sein Ansehen unter den Seinigen fortwährend behauptet, rings um die Kolonie aber in schlechtem Ruf gestanden haben.

Morgen, den 4. Juli, gedenken Miss Lynch und ich nach Mount Vernon, dem ehemaligen Landsitze und späteren Begräbnisplatz Washingtons, zu fahren, um da in aller Stille den großen Tag der Vereinigten Staaten zu feiern, den Tag der Unabhängigkeitserklärung, der im ganzen Land, in allen Staaten und Städten mit Reden, Kanonendonner und Toasten begangen wird. Meine kleine Freundin Miss Lynch lebt hier wie in ihrer eigentlichen Lebenslust, und ohne die geringste Koketterie zieht sie durch ihr frisches Leben und ihren heitern Witz immer einen Kreis von Personen, meistens Herren, um sich. Diesen sagt sie manche etwas gepfefferte Wahrheit, aber in einer so lustigen Art, dass sie ihnen besser gefällt als Schmeicheleien. Sie besitzt eine ausnehmende Leichtigkeit für Wortspiele und witzige Einfälle, die immer eine ermunternde Wirkung hervorbringen und in der zuweilen schweren oder gewitterschwangeren politischen Atmosphäre frische Luft schaffen. Eines Tags, als Clay gegen diejenigen loszog, die ihm bei seinem Vergleichsvorschlag egoistische Absichten, Pläne auf den Präsidentenstuhl usw. unterschieben, und als er beteuernd hinzufügte: »Es liegt in keines Mannes Gewalt (*in the power of Mankind*), mir eine Belohnung zu bieten, die mir verlockend erscheinen könnte«, da fragte Anna Lynch, ob er behaupten wolle, es liege auch in keiner Frau Gewalt (*in the power of Womankind*)?* Clay lächelte und sagte, darüber müsste er sich noch besinnen. Und mit seiner üblen Laune war es vorüber.

Lebe wohl, mein Kindchen! Ich küsse dich und Mama.

---

* Leider lässt sich dieses hübsche Wortspiel in der Übersetzung nur sehr abgeschwächt, dem Sinne nach wiedergeben. [Anmerkung des Übersetzers]

Cap May (New Jersey), den 2. August 1850

Von Philadelphia reiste ich mit Professor Hart und seiner Frau an einem schönen Julitag nach Cap May, und schön war die Fahrt auf dem spiegelruhigen Delawarefluss mit seinen grünen, idyllischen, lieblichen Ufern. Den Tag über las ich Mr Clays Annalen von der schwedischen Kolonie auf diesen Ufern und hatte mein inniges Vergnügen daran, von der historischen Idylle hinweg auf die Ufer zu blicken, wo sie in Frieden und Frömmigkeit lebte. Der Übermut und die kriegerische Laune einiger der Häupter der Kolonie, der Herren Prinz und Rising, war schuld an den Unruhen, die endlich ihren Untergang bereiteten. Aber das Volk war friedlich und begnügsam. Von ihrer Liebe zum Mutterlande zeugen die Namen, die sie den verschiedenen Orten gegeben: »Neu Götheborg, Elfsborg« usw.; von ihrem Entzücken über die Neue Welt zeugt der Name »Paradies-Spitze«, den sie dem ersten Landungsplatz am Delaware-Ufer gaben, wie auch noch manche, von ihrem schwedischen Annalisten Campanius aufbewahrte Anekdoten. Hier im Weinland der alten Sagen fanden die Schweden die wilde Weinrebe und manche herrlichen Früchte, von denen sie sprechen. Hier auf diesen schönen, sonnbeglänzten Höhen und Feldern lebten sie glücklich, selbst nachdem sie unter fremde Gewalt gekommen. »Denn die neue Regierung war mild und gerecht gegen sie«, sagt die Chronik. Aber sie machte ihr Mutterland vergessen. Die Erinnerung an die erste Kolonie auf diesen Ufern gleicht jedoch dem frischen Grün, das sie bedeckt. Ich betrachtete sie mit Liebe. Frieden und Freiheit sind hier von Schwedens Volk gepflanzt worden.

Am Abend kamen wir ans Meer und zum Cap May.

Und jetzt zur Republik in den Wellen, nicht alles *high life*, außer mit Bezug auf gewisse Gefühle. Es ist ungefähr neun Uhr morgens. Nach einer kleinen Weile beginnt längs am Meeresufer ein recht buntes Schauspiel. Mehrere 100, ja wohl mehr als 1.000 Personen, Männer, Frauenzimmer und Kinder in roten, blauen und gelben Kleidern, Trachten von allen Farben und Schnitten (die Grund-Façon in allen Kos-

»Und jetzt zur Republik in den Wellen ...«

tümen ist die Bluse, Hosen und gelber Strohhut mit breitem, rundem Rand und hübschen, roten Bändern) ziehen scharenweise ins Meer hinaus und hüpfen hinauf und hinab in den schwellenden Wogen oder lassen sie dieselben unter großem Jubel über ihre Köpfe hinschlagen. Wagen und Pferde fahren hinaus in die Wogen, Herren reiten hinaus, Hunde schwimmen hinaus. Weiße und schwarze Menschen, Pferde, Wagen und Hunde, alles tummelt sich umeinander her; dicht davor strecken große Fische, Meerschweine genannt, ihre Köpfe empor und tun zuweilen hohe Sprünge, vermutlich aus eitel Lust und Vergnügen an den Sprüngen der Menschen. Es ist wie gesagt eine Republik in den Wellen, mit mehr Gleichheit und Brüderlichkeit als irgendeine auf dem trockenen Land. Denn das Meer, das große, mächtige Meer behandelt alle gleich; es braust um und über alle mit solcher Übermacht, dass es sich für niemand der Mühe lohnt, sich als eine Gegenmacht oder als etwas für sich Bestehendes dagegen aufzulehnen; das Meer schlägt über alle hin, um alle her, belebt alle, umkost alle, vereinigt alle.

Unter den Bürgern in den Wellen dürftest du besonders ein Paar bemerken, nämlich einen Bürger in zierlichen, feuerfarbigen Kleidern und eine Bürgerin in einer braunen, kohlraupenartig gestreiften Wollbluse. Die Bürgerin zeichnet sich dadurch aus, dass sie sich von dem Haufen nach einem einsamen Ort zurückzieht, ebenso durch ihr Verlangen nach Selbstherrschaft und ihr Unvermögen, im Schlag der Wellen auf den Füßen zu stehen. Auch werfen diese sie unbarmherzig genug an ein Sandriff, wenn sie allein ihren eigenen Kräften und einer dreispitzigen Gabel überlassen wird, womit sie sich, aber vergebens, auf dem Boden festzuhalten sucht, während der Bürger auf den Strand geht, um seine Frau hinauszuführen. Dieses Paar ist Professor Hart und die Unterzeichnete. Dann und wann könntest du mich aus dem Wasser tauchen sehen, müde, mit den Wogen zu streiten und mich gegen das Ufer hinschleudern zu lassen, einer Fischmöwe gleich an diesem sitzend, umrauscht von weiß schäumenden, tosenden Wogen, bald den Ozean, bald den grenzenlosen Raum betrachtend, bald die bunte Gesellschaft in den Brandungen am Strande.

Den 10. August

Wie schön ist's hier zu sein, wie wohltätig vor Ausfahrten in die Umgegend, vor dem angestrengten Hören und Lernen, vor dem Gesellschaftsleben und Unterhaltungen Ruhe zu haben und allein sein zu dürfen, schweigend und still! Und das Meer, das Meer, das große, herrliche Meer, wie belebend ist's, es zu betrachten, ihm zu lauschen, sich darin zu baden!

Ich verweile in der Morgenstunde in Gesellschaft der Meerschweine und des Meeres. Um halb elf Uhr beginnt die Flut zu steigen und das Meer höher und höher an den Strand zu schlagen; dann lege ich mein Badkostüm an und gehe so ins Meer hinaus, ehe noch die größte Menge sich versammelt hat, und lasse mich von den Wogen überschwemmen, sehr oft an der Hand des Professors Hart, zuweilen auch mit einer artigen Quäkerin (einer Schwiegertochter der Lucretia Mott); manchmal bin ich auch ganz allein, denn ich bin jetzt sehr geschickt geworden in der Kunst, mit den Wogen zu rin-

gen und in ihrer Mitte die Balance zu erhalten. Das Bad
währt ungefähr eine Viertelstunde und empfindet sich so angenehm, dass es beinahe Mühe kostet, wieder herauszusteig-
gen. Nach dem Bad gehe ich auf mein Zimmer, schreibe ein
wenig, während ich meine Haare trocknen lasse, trinke ein
Glas eiskalte, gute Milch, esse ein Stück gutes Weizenbrot dazu und lege mich dann ein Stündchen auf mein Bett, wo ich
bei dem großen Wiegengesang des Meeres so leicht und lieblich einschlummere, wie ich vermute, dass kleine Kinder beim
Wiegengesang der Mutter einschlummern. Wenn ich erwa-
che, kleide ich mich schnell zum Mittagessen an.

Um zwei Uhr wird diniert. Dies ist ein mühsames Geschäft. In einem großen hellen Saal sitzen an zwei langen Tischen ungefähr 300 Personen mit donnernder Tafelmusik
und bedient von einem Regiment von etlichen und 40 Negern, welche nach dem Glockenschlag hereinmarschieren
und manövrieren und so viel Lärm machen, als sie möglicherweise mit Tellern und Schüsseln usw. zustande bringen können, und das ist nicht wenig. Sie kommen zu zwei und zwei
hereinmarschiert, jeder eine Schüssel oder Schale in der
Hand haltend. Ping!, sagt eine kleine Uhr, die vom Haus-
hofmeister noch in die Höhe gehalten wird, und die Schüs-
selträger bleiben stehen und werden in zwei Reihen zwischen
den Tischen aufgestellt. Ping!, sagt die Uhr wieder, und sie
wenden sich nach den Tischen, bleiben jedoch unbeweglich
auf ihrem Platze stehen. Ping!, und sie stellen die Schüsseln
auf die Tische mit einem Getöse, sodass man dabei in die Höhe springen möchte, wenn nicht die ganze Bedienung eine
Kette von lärmendem und schwirrendem Getöse wäre, sodass man aus dieser geräuschvollen Sphäre gar nicht heraus-
kommt. Das Mittagessen ist meistens sehr gut, und die Speisen sind weniger gewürzt, als ich sie am amerikanischen
Tisch, besonders in Hotels zu finden gewohnt bin. Obschon
ich hier überall grüne Gemüse vermisse, esse ich doch gern
etwas, was man Sqwash nennt und was das Fleisch einer Art
von sehr allgemeinem Kürbis ist, die man ungefähr so kocht
und serviert wie wir den Kohl und die man auch zum Fleisch

isst. Es ist weiß, ziemlich geschmacklos, aber weich und angenehm, ungefähr wie Spinat, und wird allgemein im Lande gegessen. So ist auch der Tomato eine sehr schmackhafte und beliebte Südfrucht und wird als Salat gegessen. Zum Dessert wage ich nichts anderes zu essen als Sagopudding oder Custard, eine Art Eierkreme in Schalen. Aber ich bin froh, dass diese immer vorhanden sind. Ein stehendes Gericht auf amerikanischen Tischen ist um diese Zeit das so genannte »süße Korn«; es ist der ganze Kornstock von einer Art frühreifem und sehr süßem Mais, den man in Wasser kocht und ganz serviert; man isst es mit Butter, und es schmeckt wie die französischen *petit-pois*, während man mit dem Messer das Korn von dem Stock wegscharrt oder schneidet. Einige nehmen den ganzen Stock und nagen ihn mit den Zähnen ab. So machen es drei Herren, die vor mir und Professor Hart am Tisch sitzen und welche wir Haifische nennen wegen ihres merkwürdigen Talentes, große, oft doppelte Portionen von allem, was auf den Tisch kommt, zu verschlucken. Es wird mir wahrhaft angst und bang, wenn ich sehe, wie ihre breiten, mit tüchtigen Zähnen versehenen Mäuler gierig die schönen weißen, perlartig gereihten Maisähren umnagen, die ich kaum zuvor in ihren Hochzeitskleidern sah, und die jetzt massakriert in dem gefräßigen Schlunde der Haie verschwinden. Wenn ich das sehe, fühle ich, dass, wenn das Essen nicht ein von der Religion geheiligter Akt ist (und dies ist der Sinn des Tischgebets), es dann eine niedrige, tierische Handlung, unwürdig des Menschen und der Natur ist.

Nachmittags sitze ich wieder mit meinem Buche in der Hand da, betrachte das Meer und trinke die weiche, Leben spendende Meerluft. Einige Badgäste finden sich schon um halb sechs in der von neuem steigenden Flut ein, und zuweilen nehme auch ich dann ein Bad, aber gewöhnlich spüre ich, dass eins genug ist, denn der Kampf mit den Wellen macht das Bad ermüdend. Dann mache ich gewöhnlich einen Spaziergang und besuche mitunter Personen, die mich besucht haben, entweder in den großen Hotels hier oder in den kleinen Landhäusern in der Umgegend. Wenn es dunkelt (und es dunkelt hier bald), gehe ich auf der großen Piazza, die um unser Hotel (Columbia House) geht, auf und ab und betrachte das herrliche Schauspiel von Blitzen und ungewöhnlichen Lichtexplosionen, welches das Firmament uns alle Abende gewährt, seit ich hierher gekommen bin, ohne dass sich ein Donner hören lässt. Die eine Hälfte des Himmelsgewölbes ist dabei ganz klar und sternhell; über der andern ruht eine Wolke, und am Rand und in den verschiedenen Teilen der Wolke geschehen Lichtexplosionen, wie ich sie noch nie gesehen habe. Feuerkugeln erscheinen und springen in keilartigen Strahlen nach mehreren Seiten aus, andere flammen und knistern wie brennbare Stoffe, die schnell verbrennen; es öffnen sich Schlünde von hübschen, farbigen Flammen, die da und dorthin fliegen, und der Rand der Wolke, der grau und leicht erscheint, schickt unaufhörlich flammende Spieße und Raketen aus; weiter unten am Horizont, wo der Himmel mit dem Ozean zerschmilzt, wird der von langen, sanften Blitzen erhellt – mit einem Wort, es ist eine himmlische Feuerwerkerei, die immer neu, überraschend und für mich ganz entzückend ist. Ein paar Mal haben wir auch prächtige Donnerwetter gehabt, wo die Blitze über den Ozean hinfliegen und sich kreuzen, sodass es ein wahrhaft großes Schauspiel ist. Dabei ist die Luft rein und die Tage und Nächte sind ununterbrochen lieblich und schön.

Oft haben wir auch Musik und irdische Feuerwerke am Meeresstrand vor unserem Hotel, sodass es uns an ermunternder Unterhaltung nicht fehlt. Zu diesem Kapitel gehören auch Kavalkaden am Ufer hin von Herren und Damen, Spazierfahrten in leichten, luftigen Wagen, Fußpartien längs der Reede, wo man Cap-May-Diamanten sucht und findet, kleine, helle, weißliche Steine, die geschliffen mit einem ganz klaren und schönen Wasser glänzen. Unter den Fußgängern spät am Abend, wenn der Mond aufgegangen ist, bin auch ich zuweilen mit Professor Hart, dem ich so gerne zuhöre, wenn er seine Gedanken über die Erziehung der Jugend entwickelt, seine Methode, in der Schule Jahr für Jahr die Aufmerksamkeit der Knaben immer neu zu wecken und zu unterhalten, wie auch die Selbsttätigkeit ihres eigenen Wesens zum vollen Bewusstsein zu rufen. Seine Ansichten und Methode erscheinen mir dabei vortrefflich, und der Erfolg seiner Schule, die Brauchbarkeit der Jünglinge, ihre Tüchtigkeit zu verschiedenen Gewerben, wenn sie aus derselben kommen, zeugt für die Richtigkeit des Prinzips und die Güte der Methode. Das Meeresbrausen ist gewöhnlich am Abend leiser als bei Tag, des Mondes träumerisches Licht scheint die unruhige Welle einzuschläfern, und ihr Gesang ist eine Ruhe. Mitunter gehe ich ein wenig ans Land hinauf und lausche dem Gesäusel des Maises im Abendwind, lauter stille, ruhende Töne! … So kommt die Nacht und der Schlaf mit des Meeres großem Wiegengesang! So vergehen die Tage mit geringen Abwechslungen, und ich wünschte bloß alles verdoppeln zu können. Die Zahl der Badgesellschaft soll sich zwischen 2.000 und 3.000 Personen belaufen.

»Miss B***, kann ich das Vergnügen haben, ein Bad mit Ihnen zu nehmen?« (oder »mit Ihnen zu baden«) ist eine Einladung, die man oft von einem Herrn an ein Frauenzimmer hört, just wie man auf einem Ball zu einer Française oder einem Walzer engagiert, und ich habe niemals gehört, dass die Aufforderung abgeschlagen wurde. Auch ich habe an diesen Badtänzen nie etwas eigentlich Unschickliches gesehen, aber hübsch und anmutig sehen sie nicht aus, besonders nicht diejenige Tour des Tanzes, wo der Kavalier die Dame schwimmen lehrt, welche Kunst indes in Seegefahren nicht übel ist. Allerlei verschiedene Szenen bekommt man übrigens in der badenden Republik zu sehen. Hier ein schönes junges Paar in eleganten Badekleidern in die wilden Wogen hinaustanzend, lebenslustig, lebensmutig einander an der Hand haltend, als könnten sie es mit dem ganzen Weltmeer aufnehmen und allen seinen Wogen die Brust entgegenbieten; dort wieder ein altes Paar in grauen Kleidern, das sich beständig an den Händen hält und in den Wellen auf und ab taucht (gerade wie wenn man Lichter zieht), ernsthaft und bloß darauf bedacht, fest stehen zu bleiben und für die Gesundheit etwas zu profitieren; da eine lächelnde junge Mutter, die ihr junges

Knäblein vor sich her trägt, einen noch nicht ein Jahr alten nackten Amorino, welcher lacht und die Händchen aus Freude zusammenschlägt, wenn die wilden Wogen über ihn hinfahren; daneben eine dicke Großmutter mit einem »Lebenserhalter« um den Leib und selbst halb im Sande sitzend, aber offenbar voll Angst, trotz alledem zu ertrinken, und wenn die Woge kommt, an irgendeinem ihrer hüpfenden und lachenden großen Kinder und Kindeskinder sich haltend, welche jubelnd im Kreise um sie her tanzen. Hier ein graziöses junges Mädchen, das sich zum ersten Mal im Seebad befindet und aus Furcht vor der Woge in die Arme von Vater und Mutter eilt, um sich da von ihr überschäumen zu lassen; da eine Gruppe wilder junger Frauenzimmer, die einander Hand an Hand halten, herumtanzen und laut aufschreien, sooft die Woge über ihren Köpfen zusammenschlägt; und nicht weit von ihnen ein Schwarm noch wilderer junger Männer, die wie Fische tauchen und sich umeinander herumtummeln zur großen Verwunderung der Meerschweine (wie ich vermute), die da und dort ihre großen Köpfe aus den Wellen hervorstrecken, was wiederum ein paar großen Hunden die Köpfe verrückt, sodass sie in der Hoffnung auf einen guten Fang ins Meer hinaus ihnen entgegenstürzen. Mitunter, wenn man gerade von der Woge überspült zu werden hofft, bekommt man zu gleicher Zeit eine Masse von Frauenzimmern und Herrn, die sitzend mit ihr herankommen und von ihr herbeigetragen werden, sodass man nur sein junges Leben zu verteidigen hat. Zwei Rettungsboote rudern während der Badezeit beständig vor dieser Szene auf und ab, um bei der Hand zu sein, wenn je eine Gefahr vorkommen sollte. Dessen ungeachtet ereignen sich beinahe jedes Jahr Badunglücksfälle durch die Unvorsichtigkeit von Leuten, die sich zu weit hinauswagen, ohne starke Schwimmer zu sein. Der Trieb der Woge ins Meer hinaus, wenn sie, nachdem sie sich am Ufer gebrochen, davon zurücktritt, ist noch stärker als ihr Andrang; sie scheint da ordentlich in die Tiefe hinabziehen zu wollen, und ich musste dabei an unsere mythologische Sage von »dem falschen Strom« denken, der nach dem Leben

der Menschen hungert und sie in seinen kalten Schoß hinab-
zieht. Andere Gefahren finden sich auf dieser Küste nicht vor.
Die Meerschweine sind nicht gefährlich und die Haifische
finden sich nirgends als bei der Mittagstafel.

Ein See-Unglück hat sich neulich nicht fern vom Cap May
zugetragen, die Hoffnung manches Herzens zermalmt und
auf tausende von Gemütern in den nordöstlichen Staaten
einen tiefen Eindruck gemacht. In einer stürmischen Nacht
im verflossenen Juli strandete an der Küste von New Jersey
eine Brigg, welche die Markise Ossoli (Margret Fuller), den
Gegenstand so vielen Geredes und so vieler Verleumdung, so
vieler Bewunderung und so großer Aufmerksamkeit in den
Staaten Neuenglands, nach ihrer Heimat zurückbrachte, und
nebst ihr ihren Mann, den Marchese Ossoli, und ihren kleinen Jungen. Sie gingen sämtlich unter, während sie vier Stunden lang den Tod herannahen gesehen hatten und die Wogen das Schiff in Stücke zerschlugen. Ich weiß nicht mehr, ob
ich dir von Margret Fullers Brief, den sie von Genua aus an
Springs schickte, von ihren traurigen Ahnungen, von dem
Tod des Kapitäns usw. erzählt habe. Das Schiff war hernach
vom ersten Steuermann geführt worden, der ein geschickter
junger Seemann zu sein schien und seiner Sache so sicher
war, dass er am Abend vor der Unglücksnacht den Passagieren versprochen hatte, sie sollen am Morgen in New York
sein. Sie begaben sich darauf alle zur Ruhe und erwachten
erst, als das Schiff bei der Morgendämmerung auf den Grund
stieß. Der Steuermann hatte sich durch einen Leuchtturm,
den er fälschlich für einen andern in diesen Fahrwassern hielt,
irreführen lassen. Sie befanden sich nicht weit vom Lande
und die Wogen drängten gegen die Küsten zu; mehrere Passagiere ließen sich auf Bretter binden und kamen auf diese
Art, obwohl halb tot, ans Land. Man bot Margret Fuller dieses Rettungsmittel an. Sie verweigerte es; sie wollte nicht gerettet werden außer mit ihrem Mann und mit ihrem Kind.
Bei der Einschiffung von Italien her hatte sie einer Freundin
in Amerika geschrieben: »Ich habe eine Ahnung, dass eine
große Veränderung in meinem Schicksal bevorsteht. Ich füh-

le das Herannahen einer Krisis ... Ossoli ist in jüngeren Tagen von Weissagern vor der See gewarnt worden, und dies ist seine erste größere Seereise ... aber sollte ein Unglück eintreffen, so will ich mit meinem Mann und meinem Kind zu Grund gehen.« Jetzt war die geahnte Stunde gekommen und sie wollte mit den Ihren sterben.

Ein Matrose hatte den kleinen Jungen genommen, ihn und ein kleines italienisches Mädchen auf ein Brett gebunden und sich mit ihnen ins Meer hinausgeworfen, in der Hoffnung, sie zu retten. Man sagte Margret Fuller, sie haben glücklich das Ufer erreicht. Man sagte ihr, dass auch Ossoli gerettet sei; dann erst willigte sie ein, dass man auch sie an ein Brett band. Sie erreichte den Strand nicht. Die Tiefe verschlang sie. Eine Woge hatte Ossoli von dem Verdeck ins Meer gespült. Man fand weder seine noch ihre Leiche. Aber der kleine Junge wurde nebst dem italienischen Mädchen auf dem Sandriff gefunden, beide tot. »Ein schneller Tod und eine kurze Todesangst!« war immer Margret Fullers Gebet gewesen. Es ist erfüllt worden und sie war und sie ist bei den Ihrigen. Aber ihre Mutter und ihre Schwester, die nach New York gekommen waren, um sie zu empfangen – ihr Kummer soll an Verzweiflung grenzen. Sie hatten sich so lang, mit so großer Sorge und so inniger Freude auf diesen Empfang vorbereitet. Sie wollten sie so glücklich machen! Und der kleine Junge – alles war fertig für ihn, sein Bettchen, sein Stühlchen, sein Tischchen! ... Rebekka Spring, die M. Fullers Mutter gesehen hat, schreibt, sie sehe aus, als ob sie nie wieder würde lächeln können. Sie scheint zermalmt zu sein. Unter denjenigen, die beim Schiffbruch untergingen, befand sich auch Ch. Summers Bruder, der junge Mann, der nach Petersburg fuhr und dem Kaiser Nikolaus eine Eichel schenkte.

In dem, was ich von M. Fuller gelesen habe, findet sich nichts, was die hinreißende Macht verriete, die sie im Gespräch ausgeübt haben soll; ihr schriftstellerisches Talent scheint mir ziemlich schwach, aber ein großartiger, edler Geist verrät sich in ihren Schriften, und sie grämt sich und zürnt oft über das, was sie an ihrem Volk als unedel erkennt.

Sie zeigt sich dabei mehr kritisch als enthusiastisch. Aus ihrem Buch »Ein Sommer an den Seen«* habe ich mir zur Erinnerung an sie folgende Worte abgeschrieben:

»Wer mutig und fest dabei bleibt, einen edlen Vorsatz auszuführen, auf welchen Widerstand er auch stoßen möge, der muss just durch denselben gesegnet werden.«

Nach M. Fullers Brief sollte ich glauben, sie habe ihr höchstes Lebensziel in ihrer mütterlichen Glückseligkeit gewonnen. Ihre ganze Seele schien darin aufgegangen zu sein. Man hatte sie mir als nicht weiblich genug geschildert. Ich finde sie beinah allzu sehr so, allzu konzentriert in dieser Privatwonne. Wohl ihr indes, dass sie mit dem Herzen voll von Liebe dahingehen durfte und zugleich mit denen, die sie am höchsten liebte!

Niagara, den 9. September

Jetzt will ich dir eine kleine Geschichte erzählen.

Am Morgen der Zeit, ehe noch der Mensch geschaffen war, war die Natur allein mit ihrem Schöpfer. Erwärmt von seiner Liebe, beleuchtet von seinem Auge, erwachte sie zum Gefühl des Lebens. Ihr Herz schwoll in Liebe zu ihm, dessen Liebesleben sie trank. Und sie sehnte sich, ihm ein Opfer zu bringen, ihr Gefühl, ihr Leben demjenigen zu ergießen, der es gab. Sie war jung und warm von der Fülle des Urlebens. Aber sie fühlte dennoch ihre Ohnmacht gegen seine Macht. Was konnte sie ihm geben, von dem sie alles empfangen hatte? In Liebe und Schmerz, in unendlichem Verlangen, in unendlicher Fülle des Lebens schwoll ihr Herz, schwoll und schwoll, bis es im Niagara überfloss. Und der Geist der Danksagung stieg als ein ewiges Rauchopfer aus der Tiefe des Wassers gen Himmel empor. Der Herr des Himmels sah es. Und sein Geist umschloss den Naturgeist

---

* Sarah Margaret Fuller-Ossoli: *A Summer on the Lakes* (1844) [Anmerkung des Herausgebers]

»Der Niagara ist die Vermählung des Erdenlebens mit dem himmlischen Leben«

mit Bogen von Licht, mit Küssen von strahlenden Flammen zu ewiger Vermählung. So war es am Morgen des Erdenlebens, so sehen wir es noch heutzutage. Noch heutzutage sehen wir im Niagara den Naturgeist zum Himmel aufsteigen

173

mit dem Opfer von seinem Leben, gleich einem wortlosen Sehnen und Lobgesang, und noch heutzutag wird er von dem Licht und den Flammen des Himmels wie von göttlicher Liebe umfasst.

Der Niagara ist die Vermählung des Erdenlebens mit dem himmlischen Leben.

Das hat der Niagara mir heute gesagt.

Er hat mir das Rätsel seines Ursprungs enthüllt.

Den 10. September morgens

Und so wollen wir abreisen. Ich bin zufrieden damit auch darum, weil ich ein wenig Kopfweh habe und das unaufhörliche Getöse des Falls, das beständige, rastlose Rauschen des Stroms an meinem Fenster vorüber auf die Nerven ermüdend wirkt. Übrigens gewöhnt man sich an alle Dinge, auch an die großen, und wenn man am großen Fall seine eigenen kleinen Gedanken über alltägliche Dinge zu hören und ihnen zu folgen beginnt, dann kann man wohl davon wegreisen. Ich habe dir nicht von den verschiedenen Auftritten des Lebens am Niagara erzählt, von dem kleinen Dampfschiff »Nebeljungfrau« *(the Maid of the Mist)*, das dem Fall entgegenfährt, bis es ein Duschbad von seinen Wolken bekommt, worauf es sich erst umwendet, nichts von meinen poetischen Wanderungen auf der Iris-Insel, nichts von den Indianern, die man noch herumstreifend antrifft, nichts von der großen Eisenbrücke, die stark und leicht zugleich ein Stück weit unter dem Fall über den Strom geworfen ist, nichts von mehreren andern Merkwürdigkeiten dahier; aber sie alle sind klein in Vergleich mit dem großen Wasserfall, und dieser ist für mich das Wesentliche gewesen.

Die Indianer, die jetzt noch um den Niagara her leben, gehören dem Seneca-Stamm an. Da dies die Zeit ist, wo die Männer in der Wildnis auf die Jagd ziehen, sah ich hier bloß einige Squaws, die ihre Arbeiten feilboten. Diese bestehen in Blumen und Tieren, die kindisch gezeichnet und ausgeführt,

174

aber doch gut gemacht, mit farbigen Borsten von Igeln auf Birkenrinde gestickt sind, zum Teil auch aus kleinen Teppichen, Körben, indianischen Schuhen *(moccasins)* und kleinen Glöckchen, aus einer duftigen Grasart gemacht. Es sind hier mehrere Buden voll von diesen Arbeiten, aber sie werden sehr teuer gehalten. Vor einigen Jahren sahen Marcus und Rebekka Spring hier eine große Festlichkeit bei einem Indianerstamm, nämlich die Erwählung eines neuen Häuptlings, nachdem der alte gestorben war. Sie hatten ihre Versammlung im tiefen Wald. Die letzte Szene bei diesem merkwürdigen Auftritt war, dass der junge Häuptling vor seiner alten Mutter die Knie beugte, als sie segnend die Hand auf sein Haupt legte. Das Weib, das von den Indianern im Allgemeinen so verächtlich behandelt wird, gewinnt gleichwohl Aufsehen bei ihnen, wenn sie die Mutter eines ausgezeichneten Kriegers ist, zuweilen auch, wie bei allen rohen Völkern, durch ihre mystisch hexenartige Macht, wenn sie mit einer kräftigen Natur begabt ist. Aber eine solche kann unter diesem von Kindheit an auferlegten geistigen und körperlichen Joch nur selten sich erheben.

Ich sehne mich, mehr von diesen Ureinwohnern der Neuen Welt zu sehen und zu hören, und hoffe auf meinen Fahrten im Westen Gelegenheit dafür zu erhalten. Es ist mir jetzt klar und gewiss geworden – ich weiß selbst nicht recht, wie oder wann –, dass ich den Mississippi hinauf bis an den St.-Anthony-Fall reisen werde, d. h. so weit der Fluss schiffbar ist, bis nach Minnesota (ein junges Land hoch im Nordwesten der Union, noch kein Staat, sondern großenteils Wildnis und die Heimat wilder Indianerstämme) und sodann den ganzen Mississippi hinab bis nach New Orleans. Warum ich nach New Orleans fahren werde, weiß ich nicht, aber das weiß ich, dass ich dahin muss. So gebietet mir etwas, das ich das innere Licht, die innere Stimme nennen muss und das mich mit einer mystischen, aber absoluten Gewalt dahin führt. Ich trage keinen Augenblick Bedenken, dieser Stimme zu folgen. Denn sie spricht so bestimmt und klar, dass ich froh bin zu gehorchen. Ich fühle, dass sie mir ein Leitstern ist. Von hier reise ich nach Chicago, und von da fahre ich nach Illinois und Wisconsin.

Unter den Erinnerungen am Niagara sind auch einige traurige Ereignisse. Eines von ihnen trug sich letzten Sommer zu, als ein junger Mann mit seiner Braut und ihrer jungen Schwester den Fall besuchte. Während sie am Ufer desselben standen, nahm der junge Mann das kleine Mädchen auf seinen Arm und drohte scherzend, es hinabzuwerfen. Das Kind machte im Schrecken eine Bewegung, wodurch es aus seinen Armen und in die schäumende Tiefe hinabgeworfen wurde. Er warf sich ihr nach. Beide verschwanden und wurden erst als Leichen wieder gesehen.

Später.

»Ouiaagarah oder Ochniagarah« sollen die ursprünglichen Namen des Niagara sein, und so wird er noch jetzt von den Indianern genannt. Das Wort soll »Donner des Wassers« bedeuten. Im Mund der Europäer ist es zu Niagara verkürzt worden. Ich habe jetzt der großen Erscheinung und Szene meinen Abschiedsblick zugeworfen. Die grüne Farbe des Wassers, sein unaussprechlicher, lieblicher, belebender Duft entzückt mich immer von neuem. Ich freue mich fortzureisen, aber ich wünschte wiederzukehren und den Fall in seiner Winterpracht sehen zu können, wenn er sich mit Blumen, Früchten und 1000 phantastischen Zierraten von Eis krönt; wenn der Vollmond leuchtet und den Mondbogen (*the lunar bow*) darüber bildet. Will sehen, will sehen! Jedenfalls bin ich unendlich dankbar, dass ich den Niagara sehen durfte. Seine stille Größe und Macht, seine Farbe, sein Duft, der Regenbogen Spiel in der weißen Wolkengestalt – das alles ist und bleibt ein klares lebendiges Bild in meiner Seele. Und diese ewige Fülle des Herzens der Natur – ach, dass das Menschenherz ihr gleichen, beständig sich neu anfüllen, beständig fließen, niemals ermüden, niemals vertrocknen möchte! ...

Meine jungen Freunde, James und Maria Lowell – es kommt mich hart an, von ihnen Abschied zu nehmen. Meine liebenswürdige, schöne, holde Maria sieht mich mit wehmütigen Blicken an, und … aber jetzt müssen wir reisen. Meine jungen Freunde begleiten mich bis Buffalo. Einen Kuss vom Niagara her, meine liebe Agatha, und den nächsten Brief von Chicago!

PS: Jenny Lind, »die veritable Jenny Lind«, wie ein amerikanisches Journal sagt, ist leibhaftig in New York angekommen und mit schauerlichem Enthusiasmus empfangen worden. Möchte sie lebendig hindurchkommen! Alle Menschen wollen sie sehen und hören, ihr die Hand schütteln und sie willkommen heißen. Und jeder Yankee, der ein Haus und einen Herd hat, schreibt ihr und bietet sich an.

Jemand sagte zu Maria Lowell, sie sollte an Jenny Lind schreiben und sie in ihr Haus in Cambridge einladen. Maria antwortete lächelnd: »Gern, wenn sie einen Ruheplatz haben will. Aber sie einladen … das kommt mir gerade vor, als wollte ich den Niagara in mein Haus einladen.«

Chicago (Illinois), den 15. September 1850
Hier auf dem südöstlichen Ufer des Michigansees sitzt jetzt deine Schwester, meine liebe Agatha; aber nicht auf dem sandigen Strand, sondern in einer schönen und in italienischem Stil erbauten Villa mit korinthischen Säulen, umgeben mit schönen Bäumen und Blumen.

Auf dem Markt in Buffalo, mitten unter Pferden, Wagen und Menschen, die handeln, wandeln und da und dorthin reisen, mitten unter Koffern und Bagage aller Welt, im Gedräng und in der Hast verabschiedete ich mich von meinen jungen Freunden, die mir beinah wie Geschwister lieb und nah geworden. Wir hatten weder Zeit noch Raum, viele Worte zu sagen. Die Eisenbahn, welche sie entführen sollte, stand mit rauchendem Eisenpferd da – die Eisenbahn, das eiserne Pferd, die eiserne Notwendigkeit war da; warme Herzen hatten keine Zeit und keine Sprache; und so küssten wir uns still und innig, und trennten uns – vielleicht auf ewig. Lowells gedenken im nächsten Jahr nach Italien zu reisen.

»... mitten unter Koffern und Bagage aller Art, im Gedräng und in der Hast verabschiedete ich mich von meinen jungen Freunden«

Ich sah sie nicht mehr und wurde aus dem Gedräng auf dem Markt ins Hotel zurückgeführt von einem alten Ehrenmann, unter dessen Schutz ich meine Reise fortsetzen sollte, einem Richter Boud, der mich am Niagara aufgesucht und von Mr Ellesworth einen Empfehlungsbrief an mich hatte.

Der kräftige, noch ganz jugendliche alte Herr gehörte zu den ältesten »Pionieren« im Westland, war bei der Anlegung mehrerer, seither emporblühenden Städte wie Rochester, Lockport usw. mit tätig gewesen und war jetzt wohl zu Haus in der ganzen Gegend, durch die wir fahren sollten, bis zum See Michigan; schon deshalb und darum, weil er ganz augenscheinlich ein guter und herzlicher Mann ist, war ich sehr froh, ihn zum Gesellschafter zu haben.

Im Hotel in Buffalo wurde ich von einigen neuen Bekannten mit den alten langweiligen Fragen gequält: »Wie gefällt es Ihnen in Amerika?« – »Wie gefallen Ihnen die Staaten?« –

»Entspricht Buffalo Ihren Erwartungen?«, auf welche letztere Frage ich antwortete, dass ich von Buffalo nichts erwartet habe. Ich muss auch sagen, dass mir die Stadt als eine der unlieblichsten erschien, die ich noch bis jetzt in Amerika gesehen habe; »Business« (Geschäft) scheint mir das vornehmste Leben und der hauptsächlichste Charakter darin zu sein. Aber es ist wahr, dass ich nicht viel von Buffalo sehen konnte.

Gegen Abend ging ich an Bord des »Ocean«, eines stattlichen, dreieckigen Dampfboots, das mich über die Eriesee führte, dessen Wellen oft sehr gefährlich und stürmisch sind, jetzt aber gleich Najaden im Sonnenschein spielten.

»Der Erie« (sagt ein französischer Beschreiber der Gegend, Mr Bouchette) »kann als der große Zentralbehälter betrachtet werden, aus welchem sich auf allen Seiten Kanäle öffnen, sodass die Schiffe von hier aus nach allen Teilen im Land kommen können bis zum Atlantischen Ozean im Osten und Norden, bis zu dem Südmeer und den Südländern, um Produkte aus allen Ländern und Himmelsgegenden zu sammeln.«

Über den Erie gehen die Emigranten aus allen Nationen, die jetzt westlich von den großen Binnenseen ihre Kolonien errichten. Aber für viele von ihnen wird der Erie ein Grab. Neuerdings fing auf dem Erie ein mit Emigrierten (meistens Deutschen) angefülltes Schiff Feuer und hunderte der armen Auswanderer fanden ihr Grab in den Wogen. Unter denen, die tot herausgezogen wurden, befanden sich sieben und acht Paare, die einander umarmt hielten. Der Tod hatte sie nicht zu trennen vermocht. Die Liebe war stärker als der Tod. Der Steuermann blieb am Steuer stehen, das Schiff gegen das Land hin lenkend, bis die Flammen seine Hände verbrannten. Die Gleichgültigkeit des Kapitäns soll das Unglück verschuldet haben. Auch er ging zu Grunde. Nur 30 bis 40 retteten sich.

Für mich war die Fahrt über den Erie wie ein sonnbeglänztes Fest auf dem prächtigen Dampfboot, wo auch ein Klavier zu den Möbeln des Salons gehörte und wo der artige Kapitän aufs Freundlichste für mich sorgte. Mein alter

Pionier erzählte mir Verschiedenes aus seinem Leben, seine religiöse Bekehrung, seine erste und letzte Liebe; diese war ganz frisch. Der Greis bekannte, dass er sich in die »Yankee-Dame«, Maria Lowell, halb verliebt habe. Ich wundere mich nicht darüber. Das bewies mir, dass er guten Geschmack hat. Überhaupt bekannte sich der Alte als großer Liebhaber der Frauenzimmer.

Nachmittags vier Uhr (NB. Einen Tag nach demjenigen, wo wir an Bord gingen) waren wir in Detroit, einer Stadt, die zuerst von Franzosen angelegt wurde, auf dem schmalen Sund zwischen dem Erie- und St.-Clair-See, welcher Michigan von Canada trennt. Von dem Fahrzeug aus scheint die Küste mit kleinen Höfen bebaut auf regelmäßig abgeteilten und bepflanzten Landstücken. Das Land schien mir niedrig, mit wogenförmigen Hügeln und fruchtbar.

Detroit ist, wie auch Buffalo, eine Stadt mit überwiegendem Geschäftsleben, sieht jedoch schöner und freundlicher aus als Buffalo. Im Hotel traf ich einige lästige Frager, aber auch mehrere recht angenehme Menschen, mit denen man ganz gemütlich und offen sprechen und die man in jeder Beziehung lieb gewinnen konnte. Unter ihnen erinnere ich mich besonders des episkopalen Bischofs in Michigan, eines offenen, freundlichen und denkenden Mannes, sowie einer Mutter mit ihren zwei Töchtern. Ich konnte da einige herzliche Worte wechseln, Worte aus des Lebens ernstestem Grund, und so etwas tut mir wohl. Die Bevölkerung in Detroit war übrigens mit ihrer Stadt und ihrem Leben allda wohl zufrieden, zufrieden auch mit sich selbst und miteinander. Und dies scheint mir das Verhältnis an den meisten Orten, in die ich kam, hier im Westen zu sein.

Am folgenden Abend waren wir in Anne-Arbour, einem schönen, ländlichen Städtchen. Auch hier erhielt ich Besuch und musste wie gewöhnlich ein Verhör ausstehen. Mein alter Pionier liebt es nicht, inkognito zu reisen, sondern will, dass die Leute von den Leuten wissen sollen, und kann nicht begreifen, dass man auch müde werden und Ruhe vor Vorstellungen und Fragen bedürfen könne. Auch in Anne-Arbour waren die Leute sehr vergnügt mit sich, ihrer Stadt, ihrer Lage und ihrer Lebensweise. Die Stadt hat ihren Namen von dem Umstand, dass, als die ersten Kolonisten hierher kamen, sie vornehmlich aus einer Familie bestanden; und während der Wald ausgerottet und die Erde gepflügt wurde, hatten die Arbeiter keine andere Wohnung als eine zeltartige Hütte von Laub und Lehm, wo die Familienmutter Anna die Speisen kochte und für das Gedeihen aller sorgte. Da war der Familienherd, da war der ruhige Hafen, wo alle Arbeiter in Mutter Annas Schutz Ruhe und Erfrischung fanden. Deshalb wurde das Zelt »Anne-Arbour« (Annas Hafen) genannt, und die Stadt, die allmählich um das Zelt herum anwuchs, behielt den Namen. Mit seinen zierlichen Häusern und Gärten auf grünen Hügeln und Abhängen sah das Städtchen auch wie ein freundlicher und friedvoller Hafen aus.

Wir blieben die Nacht über in Anne-Arbour. Am nächsten Morgen reisten wir auf der Eisenbahn ab und fuhren quer über den Staat in die Halbinsel Michigan. Überall unterwegs sah ich kleine Farmen, wohl bebaut, von gut bestellter Erde umgeben, Äcker mit Weizen und Mais wie auch Obstgärten mit Apfel- und Pfirsichbäumen. In wilderen Gegenden glänzte der Boden von allerlei blauen Blumen, an deren näherer Betrachtung ich durch die hastige Fahrt verhindert wurde, sowie von hohen Sonnenblumen, mit Kronen so groß wie an jungen Bäumen. Dies war recht hübsch und anmutig. Mein alter Pionier sagte mir, dass er nirgends einen so großen Reichtum an hübschen Blumen gesehen habe wie in Michigan, besonders in älterer Zeit, wo der Boden überall Wildnis war. Der Staat ist einer der jüngsten in der Union, hat aber ein fruchtbares Erdreich, besonders gut für den Weizenbau, und ist in starkem Wachstum begriffen. Seine Gesetzgebung ist eine der liberalsten und hat aus ihrem Strafkodex die Todesstrafe verbannt. Aber ich hörte von Verbrechen erzählen, die neuerdings im Staat begangen wurden und welche die Todesstrafe oder lebenslängliches Gefängnis wohl verdient hätten, wenn irgendein Verbrechen dies verdient. Ein junger Mann aus einer angesehenen Familie in Detroit hatte auf der

Jagd heimlich und zu wiederholten Malen auf einen andern jungen Mann (seinen besten Freund) geschossen, bloß um sich seiner Banknoten bemächtigen zu können. Er wurde wegen Mordversuchs, den er auch eingestand, bloß zu zwanzigjährigem Gefängnis verurteilt. In dem Gefängnis wurde er von jungen Damen besucht, die ihn Französisch und Gitarrespielen lehrten. Eine von ihnen war mit auf dem Eisenbahnzug. Sie sprach von dem einnehmenden Wesen des jungen Gefangenen. Es gibt eine Milde gegen das Verbrechen und den Verbrecher, die widerlich ist und von Schlaffheit der moralischen Gefühle zeugt.

Das Wetter war den ganzen Tag herrlich. Die Sonne ging vor uns im Westen unter. Wir fuhren gerade gegen die Sonne zu, und je näher sie gegen die Erde herabsank, umso höher glühte der Abendhimmel wie vom hellsten Gold. Das Erdreich war auf dem ganzen Wege niedrig und einförmig. Da und dort ein kleiner schöner Waldstrom; da und dort am Wald kleine Blockhäuser und daneben auch der eine und andere hölzerne Laden, an welchem ein Brettchen befestigt war, auf dem man in weißen halbellenlangen Buchstaben das Wort »Spezereiladen« las. Die urbaren Gegenden waren überall regelmäßig eingeteilt und mit Farms bebaut, die unsern bessern Bauernhöfen gleichen. Die Kolonisten im Westen kaufen Ackerland von 80 bis 160 und auch 200 Morgen, selten mehr. Das Land kostet in der ersten Hand (was man den »Regierungspreis« nennt) $1^{1}/_{4}$ Dollar der Morgen und kann bei gutem Anbau binnen weniger Jahre reichliche Ernten geben. Die Farmer hier arbeiten tüchtig, leben begnügsam, aber gut und erziehen tüchtige Kinder, die aber selten beim Geschäft ihrer Eltern bleiben. Sie werden in die Schulen geschickt und suchen dann höher im Staatsleben emporzukommen. Diese kleinen Farmen sind Pflanzschulen, aus denen die nordwestlichen Staaten ihre besten Beamten, Lehrer und Lehrerinnen beziehen. Ein kräftiges, gutmütiges und arbeitsames Geschlecht wächst hier empor. Manche Aufklärung in dieser Beziehung erhielt ich von meinem alten Pionier, der mit seinem gottesfürchtigen Gemüt, seiner rastlosen Tätigkeit, seiner

Menschenliebe und seinen vielfachen Kenntnissen, seinem noch im Alter jugendwarmen Herzen einen guten Typus für die ersten Bebauer der Wildnis und die ersten Gesetzgeber in diesem Land bildete. Er verließ mich unterwegs, um sich in seine Heimat, nach dem Städtchen Niles, zu begeben.

In Gesellschaft eines freundlichen Mr Hunt und seiner angenehmen Schwägerin bestieg ich das Dampfboot, um auf dem Michigansee zu fahren. Die Sonne war jetzt untergegangen, aber der Abendhimmel brannte im hellsten Purpur über dem meergleichen See. Bei seinem Schein und dem Licht des Neumonds fuhren wir ab. Es war die schönste, stillste Nacht. Das Wasser war spiegelglatt.

Am Morgen, den 13. September, sah ich die Sonne über Chicago leuchten. Ich hatte erwartet, in Chicago von Freunden empfangen zu werden, die mich da zur Hand nehmen würden. Aber niemand kam. Ich erfuhr, dass diejenigen, die mich erwartet hatten, jetzt fort waren. Kein Wunder, da ich zwei Monate über die festgesetzte Zeit ausgeblieben war. Ich fand mich jetzt ganz allein mitten in dem großen unbekannten Westen. Einige kleine Widerwärtigkeiten mit meinem Gepäck trugen auch dazu bei, mich in eine minder behagliche Stimmung zu versetzen. Aber just als ich ganz allein auf dem Verdeck stand (meine freundlichen neuen Bekannten hatten das Dampfboot früher verlassen), so wandelte mich eine innige Freude an. Ich fühlte, dass ich nicht allein war; ich fühlte mich frisch an Seele und Leib; die Sonne war auch da, und ein so inniger Jubel über ihren Schöpfer und über den Schutz, den ich gefunden, erfüllte mich, dass ich mich glücklich pries, mich in einem einsamen Zimmer in einem Hotel der Stadt einschließen zu können, um allda mit meiner Freude allein zu sein.

Aber meine Einsamkeit währte nicht lange. Schöne freundliche Menschen kamen zu mir, boten mir Haus und Wohnung, Freundschaft und alles Gute an, und alles in Chicago wurde Sonnenschein für mich.

Am Abend befand ich mich in der schönen Villa, wo ich dir jetzt schreibe, und in der schönen Nacht erklang in dem mondscheinbeglänzten Garten eine Serenade nach der bekannten Melodie: »Einsam bin ich, nicht alleine«. Es war ein Gruß von Deutschen in der Stadt.

Den 17. September

Die Prärien! Ein Anblick, den ich nie vergessen werde.

Chicago liegt im Prärienland, und der ganze Staat Illinois ist eine große rollende Prärie (d. h. ebenes Land mit niedrigen, wogenden Höhen), aber eine eigentliche Prärie findet sich erst 18 Meilen von der Stadt. Meine neuen Freunde wollten mich einen Tag Prärieleben mitmachen lassen. Wir fuhren am frühen Morgen aus, drei Familien in vier Wagen. Unser Pionier, ein brauner, schöner Jäger, fuhr voraus mit seinen Hunden und schoss unterwegs, wo wir Halt machten, das eine und andere Prärien-Huhn im Fluge. Der Tag war herrlich, der Himmel vom hellsten Blau, die Sonne vom reinsten Gold, die Luft lebensvoll, aber ruhig, und hier in dem strahlenden Licht streckte sich weit, weit hinaus ins Unendliche, so weit das Auge reichen konnte, ein ozeanartiger Raum, dessen Wogen Sonnenblumen, Astern und Genzianen waren. Der Boden glänzte von ihnen, besonders von den Sonnenblumen, die oft mehr als vier Fuß hoch waren und ihre Kronen hoch über den Köpfen unserer größten Herren neigten.

Wir verzehrten unser Mittagsmahl in einem kleinen Hain, der gleich einem grünen Gebüsch auf dem waldlosen Blumenfeld lag. Er war auf einer Erhöhung des Bodens und von da aus zog sich die Prärie sanft wogend gegen den Horizont hinab. Da und dort in diesem Raum erhoben sich kleine Blockhäuser. Sie glichen kleinen Vogelnestern, die auf dem Ozean schwimmen. Da und dort hatte man auch Heu gemäht. Es sah aus wie Kinderversuche und Kinderspiele. Die sonnbeglänzte Erde lag hier noch in ihrer ursprünglichen Größe und Pracht, unbezwungen von Menschenhänden, mit ihren Blumen bedeckt, beobachtet, bewacht allein von der

184

Sonne Auge. Und die Sonnenblumen nickten und winkten leuchtend im Wind, als wollten sie Millionen von Wesen zum Festmahl am reichen Tische der Erde einladen. Für mich war es ein Lichtfest. Es war ein wahrhaft großer und herrlicher Anblick, für mich ungewöhnlicher und belebender als selbst der Niagara.

Der braune Jäger, ein Mann von wenig Worten, aber sichtlich starken Gefühlen, stützte sich auf seine Büchse und sagte langsam: »Hier stehe ich oft ganze Stunden und blicke in die Schöpfung hinein ...« Wohl mag er das tun! Diese Landschaft gleicht einer Ekstase des Naturlebens. Sie badet im Licht, sie ruht glückselig im Schoß des Lichts. Die Sonnenblumen lobsingen der Sonne.

Ich ging in dem Hain umher und pflückte Blumen. Die Astern reichen mir über den Kopf. Beinah alle Blumen, die jetzt die Prärie bedecken, gehören dem gleichen Geschlecht an, und unter ihnen sind die Solidagos und Helianthen die überwiegenden. Jeden Monat sollen sich die Prärien mit verschiedenen Blumenarten bedecken, im Frühling mit weißen, sodann mit blauen, jetzt meistens mit gelben. Wir blieben den ganzen Tag außen in der Prärie, bis wir die Sonne in ihr Bett von Sonnenblumen untersinken sahen.

Den Tag über besuchten wir eines der Blockhäuser auf dem Feld. Eine angenehme ältere Frau war daheim. Die Männer waren draußen auf der Heuernte. Das Haus war ein Jahr alt und ziemlich den Winden ausgesetzt, aber drinnen war es sauber und ordentlich, wie gewöhnlich wo Amerikanerinnen wohnen. Ich fragte die gute Frau, wie es ihr in der Einsamkeit der großen Prärie gefalle? Sie langweilte sich. »Es sei so einförmig.« Ja, ja. Es ist ein großer Unterschied, diesen Himmelsraum und diese Erde bloß einen Tag oder ein ganzes Jahr zu sehen. Aber ich wollte es ein Jahr lang versuchen.

Wir sahen nicht eine einzige Wolke an diesem Tag und verspürten keinen Windhauch. Aber die Luft war dennoch ebenso frisch als lieblich. Der indianische Sommer beginnt bald. Das ganze Prärienfest war wolkenfrei, bis auf den klei-

185

nen Umstand, dass die Büchse des Jägers losging und eines unserer Pferde ins Ohr schoss, und dass ein Wagenrad zerbrach; aber dies war gegen das Ende der Fahrt; man nahm den kleinen Unfall munter hin und ließ sich durchaus nicht davon stören.

Chicago, den 22. September

In der herzlich angenehmen Familie, wo ich jetzt meine Heimat habe, bei Mr und Mrs Kinzie, bekomme ich viel von den Indianern zu hören. Mr Kinzie ist der Regierungsagent für Unterhandlungen mit den indianischen Stämmen in den nordwestlichen Staaten und ist mit seiner Familie einer der ersten Ansiedler in der Wildnis dahier gewesen. Mrs Kinzie, die leicht und gut schreibt, hat schriftlich mehrere Ereignisse aus dem Leben der ersten Kolonisten und ihren Kämpfen mit den Indianern aufbewahrt, Dinge, die sich zum Teil in ihrer eigenen Familie zutrugen; und die Lesung oder Erzählung dieser Geschichten ist eine der vornehmsten Vergnügungen des Abends. Einige davon sind in hohem Grade interessant. Sie enthalten mehrere grausame und schreckliche, aber auch oft rührend schöne und zuweilen recht komische Auftritte.

Stoff zum schönsten Drama könnte die Geschichte von der Gefangenschaft und Freilassung der Mutter Mr Kinzies werden. Ich weiß nichts Dramatischeres als zuerst die entsetzlichen Szenen, die sich an den Raub des kleinen Mädchens schließen, sodann die Neigung des Indianerhäuptlings für das Kind, die zunehmende Liebe, deren Gegenstand sie wird, während sie in seinem Zelt aufwächst und von dem wilden Stamm »die weiße Lilie« genannt wird; die Episode mit dem Mordversuch der eifersüchtigen Frau des Häuptlings gegen das Mädchen und endlich den Augenblick, wo der Häuptling, nachdem er mehrere Jahre alle Unterhandlungen und Geschenke von Seiten der Eltern und der weißen Regierung, welche das Kind wiederbekommen wollte, abgewiesen,

*»Chicago ist eine der unangenehmsten und garstigsten Städ-
te, die ich noch in Amerika gesehen habe, und verdient ihren
Namen ›Königin der Binnenseen‹ ganz und gar nicht«*

endlich ihren Bitten nachgibt und eine Zusammenkunft
zwischen der Mutter und dem Kinde bewilligt, aber mit dem
ausdrücklichen Vorbehalt, dass sie nicht verlangen soll es wie-
derzubekommen, und wie er sich dann am Zusammenkunft-
sort mit seinen Kriegern in ihrer Rüstung einfindet, allein,
trotz der Vorstellungen derselben über den kleinen Strom reitet, der das Lager der Weißen von dem der Indianer trennt,
wie er Kind und Mutter mit Tränen einander in die Arme stür-
zen sieht, von diesem Anblick überwältigt Halt macht, mit
dem Ausruf: »Die Mutter muss ihr Kind haben!« umwendet,
über den Strom zurückreitet und sich mit seinem Volk fort-
begibt, ohne einen Blick zurück auf den Liebling seines Herzens zu werfen, die »weiße Lilie«, die jetzt in ihrem fünf-
zehnten Jahr zu den Ihrigen zurückkam.

Ich hoffe, Mrs Kinzie wird eines Tags diese schönen Erzählungen wie noch mehrere andere, die ich an diesen Abenden gehört habe, veröffentlichen. Das Gemetzel in Chicago
gehört zu den grauenhaftesten unter ihnen und noch sieht
man in Chicago frische Spuren davon. Doch wird auch diese
Geschichte von einer menschlichen Handlung verschönt.

Des Indianerhäuptlings Fyrabent Freiwerbung für seine

Tochter bei meinem edlen, gentlemännischen Wirt und die Ankunft der dicken Miss Fyrabent auf ihren Büffelhäuten nach der Stadt, wo sie jedoch von dem beabsichtigten Gatten mit Protest zurückgewiesen wird, gehört zu der komischen Indianer-Chronik. Im Übrigen hat der sanfte, feine Mr Kinzie wie mehrere, die viel mit den Indianern gelebt haben, eine wahre Ergebenheit für dieselben und scheint ein offeneres Auge für die Tugenden als für die Fehler zu haben, welche dieses wunderliche Volk kennzeichnen. Kinzies haben lange in Minnesota gewohnt und sind erst in den letzten Jahren nach Chicago in Illinois gezogen, wo sie jetzt ein schönes Haus mit einem großen Garten besitzen.

Chicago ist eine der unangenehmsten und garstigsten Städte, die ich noch in Amerika gesehen habe, und verdient ihren Namen »Königin der Binnenseen« ganz und gar nicht. Denn so wie sie da am Ufer des Sees in grobem Negligé sitzt, gleicht sie mehr einer Trödlerin als einer Königin. Gewiss ist, dass die Stadt meist aus Kaufbuden zu bestehen scheint. Man sieht beinahe kein schönes Landhaus mit Gärten in oder außer der Stadt – was sonst in amerikanischen Städten so gewöhnlich ist – und auf den Straßen meistens Bretterhäuser auf bretterbelegten oder breiten, sonnigen Straßen ohne Bretter. Und man sieht es an allem, dass die Leute hierher kommen, um zu handeln, um Geld zu machen, nicht aber um zu leben. Gleichwohl habe ich hier in Chicago einige der angenehmsten, einnehmendsten Menschen kennen gelernt, die ich irgendwo auf Erden gesehen habe; gute, schöne, geistreiche Menschen, mit denen sich's gut leben und sprechen lässt, Menschen, die man lieb haben kann, sowohl Männer als Frauen, Menschen, die nicht hunderte von Fragen an den fremden Gast stellen, sondern ihm Gelegenheit verschaffen, alles, was er wünschen kann, selbst auf die angenehmste Weise zu sehen und zu erfahren; wahrhaft seltene Menschen! Und überdies Menschen, die nicht so entsetzlich mit sich und ihrer Welt, mit ihrer Stadt und ihrem Land zufrieden sind wie sonst die Menschen in den Städtchen hier, sondern die auch die Mängel sehen, davon sprechen und es ertragen können, auch andere davon sprechen zu hören.

Heute (auch gestern schon) bläst hier ein heißer Wind, von dem ich mir vorstelle, dass er dem italienischen Scirocco gleicht. Man wird ganz schachmatt davon und die Luft in Chicago ist eine Staubwolke.

Blue Mound (Blauer Erdhügel), den 8. Oktober

Ich schreibe dir jetzt aus einem kleinen Blockhaus mitten im Prärienland zwischen Madison und Galena. Das Blockhaus gehört zu einer Farm und ist zugleich ein Posthaus und eine Art ländlicher Gasthof. Mr Dean, Schwiegersohn meiner guten Wirtin in Madison, hatte die Artigkeit, mich selbst in einem offenen Wägelchen hierher zu führen, damit ich die Reise angenehmer machen könnte als in der Postchaise, welche bei Nacht diesen Weg macht.

»Blue Mound« ist eine der höchsten Höhen in Wisconsin, und hat seinen Namen von seiner hübschen dunkelblauen Farbe, da man ihn schon von der Ferne sieht. Er ist gleichsam in einen zarten dunkelblauen Schleier eingehüllt, und man erblickt ihn auf mehrere Meilen Entfernung glänzend gegen den blassblauen Himmel empor. Er gleicht dem Kinne-Kulle bei uns, hat aber eine steilere Höhe. Er ist wie der Kinne-Kulle von Wiesen und Wald bedeckt.

Da angekommen war ich so entzückt über die große herrliche Aussicht auf das Prärienland rund umher, dass ich ein paar Tage hier zu verweilen beschloss, um in Frieden und Einsamkeit der Prärie und den Sonnenblumen Gesellschaft zu leisten. Im Haus war ein einziges Gaststübchen, und dies eine Bodenkammer vor einem großen Boden, wo ein halb Dutzend Arbeiter ihre Nachtherberge hatten. Aber man versicherte mich, dass diese sehr still und bescheiden seien, und man gab mir einen Holzsplitter, womit ich die Klinke an meiner Türe, die kein Schloss hatte, von innen befestigen könnte. Das Zimmer war reinlich und hell, obschon sehr niedrig und schlecht façonniert, und ich war froh hier meinen Wohnsitz nehmen zu können. Die Treppe hinauf ist halsbrecherisch.

Gestern lebte ich beinah den ganzen Tag ganz allein draußen auf der Prärie, bald über die Felder hinwandelnd und auf die unendlichen Räume hinausblickend, wobei meine Seele und mein Leib sich gleichsam erweitern und fliegen wollen; bald mitten unter Sonnenblumen und Astern an einem niederen Hügel mit einigem Gebüsch darauf sitzend und Emerson lesend, diesen wunderlichen Ariel, rein, erfrischend, aber flüchtig und in seinen Philosophemen sich verflüchtigend wie der Wind, der über die Prärien hinfegt und den elektrischen Telegrafenfäden melodische Töne entlockt, die in demselben Augenblick klingen und verklingen. Seine Philosophie gleicht oft diesem Winde. Er selbst ist um ein Gutes mehr und besser. Seine Persönlichkeit ist es, die diesen unvollkommenen Akkorden den wunderbar bezaubernden Ton gibt.

Wie groß ist der Eindruck dieser unendlichen Felder mit ihrer Einsamkeit und Stille! In Wahrheit machen sie die Seele sich erweitern und wachsen und mit tiefen Zügen atmen. Der große Westen! Jawohl! Aber welche Einsamkeit! Ich sah keine Wohnungen (außer dem Höfchen, wo ich wohne) keine Menschen, keine Tiere; nichts als Himmel und die blumengeschmückte Erde. Der Tag war schön und warm, und die Sonne schritt hell über die Erde hin bis gegen Abend, wo sie sich allmählich in lichte Wolken von Sonnenrauch verbarg, der beim Untergang den Gürtel bildete, sodass sie aussah wie ein großes Pantheon mit goldener Kuppel, das am Horizont über dem unermesslichen Feld steht.

Morgen oder übermorgen begebe ich mich von hier weg und am Montag hoffe ich am Mississippi zu sein. Jetzt will ich ein paar Worte an die junge Mrs Dean schreiben, meine liebliche Sonnenblume in Madison. Ich muss dir sagen, dass die Köchin in ihrem Haus, eine herrliche, tüchtige Norwegerin, durchaus keinen Lohn als Dank für ihre Mühe von mir annehmen wollte.

Heute früh war es trüb und ich fürchtete Regen. Aber ich ging doch aus *à la bonne aventure*. So auf eigene Faust, das ist mein Vergnügen. Ich folgte einem kleinen Weg, der sich durch niedriges Buschwerk über die Prärie hinschlängelte. Dort traf ich kleine Kinder mit kleinen Speisekörben, die zur Schule wanderten. Ich folgte ihnen und kam so an ein kleines Blockhaus von äußerst dürftigem Ansehen; es war das Schulhaus. Das Schulzimmer war eine Stube mit einigen Bänken darin. Die Kinder, ein Dutzend an der Zahl, waren lumpig gekleidet, echte Jungen der Wildnis. Aber sie schienen lernbegierig genug, und an den Bretterwänden der Stube hingen Landkarten, auf denen die kleinen Schüler mir ganz artig die Länder bezeichneten, die ich nannte; und in dem armen Schulhaus waren Lehrbücher, wie die »National-Geografie« von Goodrich, die »Quarto Geografie« von Smith, welche Aussichten über die ganze Welt geben; und in dem gewöhnlichen Lehrbuch sah ich Perlen aus der Literatur aller Länder, vornehmlich Englands und Amerikas. Der Schulmeister war ein hübscher junger Mann. Er bezog ein monatliches Gehalt von 15 Dollars.

Ich ging weiter; die Sonne schien fortwährend, der Tag wurde herrlich; und ich hatte wieder einen schönen Tag auf der Prärie.

Der Wirt und die Wirtin in meinem Blockhaus sind von holländischer Abkunft und nicht ohne Bildung. Die Kost ist einfach, aber gut (ich bekam hier gute Milch und Kartoffeln nach Wunsch), ohne Gewürz und Fett. Und die Kartoffel ist hier zu Land meine beste Speise nebst guter Butter und Brot. Alles ist sauber im Hause, aber die Möbel und Bequemlichkeiten stehen nicht über denjenigen, die man in einem gewöhnlichen schwedischen Bauernhaus findet. Am Tisch sitze ich mit den Mägden und Knechten des Hauses, die, wenn sie von der Arbeit hereinkommen, nicht allzu sauber sind, und mit tausenden von Fliegen.

Je weiter ich im Westen komme, umso früher finde ich die Essensstunde am Tag. Was sagst du von einem Frühstück morgens um sechs, von einem Mittagessen um zwölf und von einem Tee abends um halb sieben? Mir gefällt es nicht übel. Tausendmal besser als die fashionablen Essensstunden in New York und Boston.

Es ist Abend. Es hat zu regnen und zu blasen angefangen; und Regen und Wind machen es nicht angenehm, am Fenster zu stehen, das ich der erstickenden Hitze wegen offen halten muss, einer Hitze, die von einer eisernen Röhre herrührt, welche durch das Zimmer aus einem eisernen Ofen im Zimmer unter demselben geht. Ich beginne mich hier weniger selig zu fühlen und freue mich, morgen nach Galena abzufahren. Was meine sechs Nachbarn betrifft, so höre ich nicht einen Laut von ihnen. So schweigsam und still sind sie. Die Blockhäuser sind im Allgemeinen warm, erzeugen aber viel Staub, wie ich von vielen gehört habe und selbst bezeugen kann.

Galena, den 11. Oktober

Hier hast du mich jetzt, einige wenige Meilen von dem großen Mississippi, in einem malerisch gelegenen Städtchen auf den gebrochnen Höhen um ein Flüsschen, der Feve-Fluss genannt, der sich in mannigfaltigen Krümmungen zwischen ihnen hinschlingt. Die Stadt lebt von Bleigruben (die sich in dieser Hochlandsgegend überall vorfinden), davon, dass sie das finstere, schwere Metall aus der Erde herauszieht, in Öfen schmilzt und zum Handel ausführt. Ein bleigrauer Himmel hängt zufällig über der Stadt, und auf den Straßen sah ich Frauen in grauen Mänteln und alten Hüten einhertrippeln, sehr ähnlich den armen Frauen in grauen Mänteln und Hüten auf Stockholms Straßen in dem herbstgrauen Wetter; auch Herrn oder Halbherrn in lumpigen Röcken, jedoch dadurch weniger geniert, als sie es bei uns sein würden. Es sieht grauenhaft graulich aus! Und es ist kalt wie bei uns im November. Gestern war es anders. Gestern war der herrlichste Sommertag. Es war regnerisch, als ich bei Tagesanbruch Blue

Mound verließ, aber das Wetter hellte sich bald auf und der Wind jagte die Wolken über die unermesslichen Felder, und das Spiel der Schatten und Lichter darüber, die herrlichen Aussichten – ich kann gar nicht sagen, wie genussreich diese Tagfahrt für mich war. Der Weg über das hohe Prärienland war hart und eben, wie die Wege bei uns im Sommer. Die Diligence, in der ich meistens allein saß, rollte leicht über die Felder hin. Ich meinte darüber wegzufliegen, während ich mich mit jedem Augenblick dem Riesenstrom, dem Ziel meiner westlichen Reise näherte. Der Wind war warm wie bei uns im Juli. Und diese Aussichten des Westens, die umso größer sind, je mehr man sich dem großen Strom nähert, sie machen einen unaussprechlichen Eindruck. Ich erinnere mich nicht, von Naturgegenständen einen ähnlichen empfangen zu haben.

Gegen Abend wurden die Wege schlechter, und recht müde kam ich spät am Abend in einem Städtchen an, Waterville (wenn ich mich des Namens recht erinnere). Es war sehr dunkel, obschon der Himmel sternhell war. Ich war hungrig und müde und wünschte im Hotel zu übernachten, teils um auszuruhen, teils um die Reise beim Tageslicht fortsetzen und die riesengroßen Felder sehen zu können. Aber das Hotel war von Herrn eingenommen, die just zu einem Konvent über Erziehungsfragen versammelt waren und gerade ihre Sitzung hielten. Es gab kein Zimmer für mich. Und als ich von meiner Müdigkeit sprach, von meiner Furcht, bei Nacht auf Wegen zu reisen, die oft gar keine Wege sind und auf welchen die Diligence sechsmal in der Woche umwirft, da antwortete der Wirt des Hotels mit Erzählungen von der großen und wichtigen Versammlung, die hier in der Stadt gehalten wurde, und von den merkwürdigen Männern, die zu diesem Behuf zusammengetreten waren und in seinem Haus wohnten. Er tat so wichtig und nahm den Mund so voll von dem großen Erziehungskonvent, der in seiner Stadt tagte und dessen Mitglieder in seinem Haus wohnten, dass er weder Ohr noch Herz für die arme, müde, reisende Dame hatte, die um ein kleines Stübchen bat, um zu übernachten.

Dies Hotel, sagte er, sei eigentlich kein Hotel für Damen, sondern bloß für Herrn. Es gebe zwar noch ein anderes Hotel in der Stadt, und er erbot sich, mich dahin begleiten zu lassen. Aber auch dieses, meinte er, werde von den merkwürdigen Mitgliedern des großen Konvents angefüllt sein, und ich müsse in allen Fällen bei Nacht reisen, da die Diligence nach Galena zu keiner andern Zeit gehe. In der heutigen Nacht könne ich auf den besten und sichersten Kutscher rechnen, die Nacht sei schön, und ich werde ganz sicher und wohlbehalten in Galena ankommen. Da die merkwürdige Sitzung des großen Konvents bis tief in die Nacht währen konnte und die Diligence augenblicklich abreisen musste, so hatte ich keine Hoffnung, mit einem der merkwürdigen Herrn zu sprechen, um Rat oder Unterstützung von der amerikanischen Artigkeit und Gastfreundschaft zu begehren, welche beide Eigenschaften dem Wirt des Hotels gänzlich abgingen. Ich musste reisen.

»Mein guter Freund«, sagte ich bittend zum Postillion, »ich bin eine fremde Reisende aus fernem Land und ganz allein; versprechen Sie mir, dass Sie mich nicht umwerfen wollen!« – »Das kann ich Ihnen nicht versprechen, Madame«, antwortete er, »aber ich verspreche, dass ich mein Bestes tun will, um Sie sicher weiterzufahren.« Dies war eine verständige Antwort, und sie wurde mit einer Stimme ausgesprochen, die mir Vertrauen einflößte. Ich setzte mich in die Diligence und verließ den ersten ungastlichen, unfreundlichen Ort, den ich in Amerika gefunden hatte. Drei bis vier Herrn saßen in der Diligence mit mir, die ich das einzige Frauenzimmer war. Aber ihre Stimmen und ihre Fragen sagten mir, dass sie jung waren und einer ungebildeten Klasse angehören. »Sind Sie ängstlich, Miss Bremer?« – »Haben Sie Furcht, Madame?«, waren Ausrufungen, womit sie mich sogleich in einer gutmütigen und muntern, aber rohen Weise überhäuften. Ich beantwortete ihre Fragen mit einem einsilbigen »Nein!«, und dann ließen sie mich in Ruhe. Aber ich war nicht ohne Unruhe wegen der nächtlichen Fahrt. Ich hatte von Diligencen erzählen gehört, die neuerdings umgeworfen wurden, von einem Frauenzimmer, das den Arm gebrochen, von einem andern, das einen so heftigen Stoß in die Seite bekam, dass sie noch krank davon in Galena lag, von einem Herrn, der so hart mit dem Kopf aufgefallen war, dass er auf mehrere Stunden das Gedächtnis ganz verloren hatte, und von allerlei ähnlichen Ereignissen.

Mehrere der jungen Herrn waren einander unbekannt, machten aber bald Bekanntschaft. Einer von ihnen sollte irgendwo näher beim Mississippi Schulmeister werden. Er hatte eine jämmerliche Stimme und seine Aussprache war breit und blökend. Einer der andern Herrn fragte ihn, ob er ein gewisses mathematisches Problem mit dem Wasser lösen könne. Der Schulmeister schien hierüber ganz aus dem Konzept zu kommen, und sein neuer Lehrer begann ihm jetzt weit und breit das Experiment auf eine Art zu beschreiben, welche sicherlich unseren Cousin und Physicus Fabian Wrede sehr belustigt haben würde. Der Schulmeister machte verschiedene Fragen, die bewiesen, dass er in diesen Wasserkünsten nicht daheim war, und als er bald darauf die Diligence verließ, rief sein Lehrer: »Welch ein Dummkopf von einem Schulmeister!« Und alle brachen in ein Gelächter aus. Sie waren offenbar alle zusammen etwas einfältig, aber harmlos und gutmütig. Sie begannen Negerlieder zu singen und sangen recht frisch und charakteristisch »O Susanna!«, »Dandy Jim von Carolina« usw. Hierauf schliefen sie. Die Nacht war schön und hell, der Weg nicht schlecht, der Kutscher offenbar brav und vorsichtig. Nur einmal blieben wir in einem Dickicht hängen und die jungen Männer mussten heraus und den Weg bahnen. Um halb ein Uhr des Nachts kamen wir glücklich in Galena an, wo alle Welt tief zu schlafen schien. Auch im Hotel war alles still und dunkel.

Der Portier des »Amerika-Hauses«, ein alter Herr mit stark markierter, englischer Physiognomie, buschigen Augenbrauen, starker Nase und dito Kinn, humoristischer Laune und etwas gentlemännisch in Aussehen und Wesen, kam mit einer Laterne in der Hand und empfing sehr artig mich und meine Effekten. Er wies mich in ein freundliches

Stübchen. Aber als ich die Tür verschließen wollte, fand ich, dass das Doppelschloss sich nicht verschließen ließ. Ich rief meinen alten Gentleman und zeigte ihm meine Schwierigkeit. Er machte mir ein Zeichen, dass ich bloß mein Kofferchen vor die Tür zu stellen habe; dies sei alles, was ich für meine Sicherheit bedürfe. Aber da ich dies nicht genügend erachtete, so beschäftigte er sich mit dem Schloss, bis es auf einmal zusprang. Jetzt war es gut. Aber nun sollte er es wieder öffnen, um hinauszugehen, und da ging es nicht auf. Er riss und riss, es bewegte sich nicht im Geringsten. Ich und der alte Herr waren ins Zimmer eingeschlossen; denn ein anderer Ausgang fand sich nicht. Bei dieser Entdeckung machte er eine so lustige Grimasse, dass ich nicht umhinkonnte, herzlich zu lachen, und nachdem er einige Minuten lang seine Künste und Kräfte vergebens erschöpft, um die Türe aufzumachen, versuchte ich die meinigen. Ich untersuchte das Schloss genau und entdeckte bald eine kleine Feder, auf welche ich drückte; bald sprang das Schloss auf, und ich entließ meinen alten Gentleman, der beinahe so froh schien wie ich, gut von dem nächtlichen Abenteuer loszukommen, aus dem Käfig.

Galena, den 12. Oktober

Wieder oben und wieder munter nach einer zweitägigen schweren Migräne, während welcher ich von einer kleinen, gutherzigen irländischen Magd im Hause aufs Beste verpflegt und bedient wurde. Ich hätte kaum in meinem eigenen Hause besser behandelt werden können. Und ohne ein kleines Denkzeichen konnte man von der garstigen Fahrt durch Wisconsin nicht wegkommen. Aber mit dieser ist auch der beschwerlichste Teil meiner westlichen Reise überstanden. Und ich habe meinen Leib und alle Glieder, Vernunft und alle Sinne wohl behalten, und alles ist im Ganzen so gut gegangen, und ich fühle mich so vollkommen wiederhergestellt und im Besitz meiner gewöhnlichen guten

Gesundheit, dass ich bloß herzlich zufrieden und dankbar sein kann.

Erst am Montag verlasse ich Galena, denn erst dann geht das gute Dampfboot »Menomonie« (so genannt nach einem Indianerstamm) von hier den Mississippi hinauf nach Sct. Paul. Ich will inzwischen meine Freiheit in diesem guten Hotel genießen und mich an den Wanderungen auf den pittoresken Höhen ringsumher erlaben.

Gute Nacht, Geliebte! Ich umarme Mama und dich und grüße herzlich gute Freunde in und außer dem Hause.

Sct. Paul, Minnesota, den 25. Oktober 1850

Wir legten am unteren Teil der Stadt Sct. Paul an. Von da steigt man auf Treppen zu dem oberen hinauf, wie wir es auf den südlichen Bergen am Mosebacke in Stockholm tun. Der Uferstraße entlang saßen oder spazierten Indianer. Sie gingen in lange Filze eingehüllt und mit stolzen Schritten; einige waren recht stattliche Figuren. Dem Boot gegenüber saßen auf Treppen vor den Häusern einige junge Indianer, zierlich mit Federn und Bändern aufgeputzt, und rauchten aus einer langen Pfeife, die sie umhergehen ließen, sodass jeder nur einige wenige Züge tat.

Wir hatten noch nicht lang am Ufer angelegt, als der Gouverneur von Minnesota, Mr Alexander Ramsay, und seine schöne junge Frau an Bord kamen und mich als Gast in ihr Haus luden. Und da bin ich jetzt glücklich mit den friedlichen Menschen und mache mit ihnen Ausflüge in die Gegend. Die Stadt ist eines der jüngsten »Babys« des großen Westens, erst 18 Monate alt, ist aber in dieser Zeit zu einer Bevölkerung von 2.000 Personen herangewachsen und wird wohl binnen wenigen Jahren 20.000 zählen, denn die Lage ist herrlich sowohl in Bezug auf Schönheit und Gesundheit als auch für den Handel. Hierher strömen die Fellwaren der Indianer aus dem ganzen ungeheuren Land zwischen dem Mississippi und Missouri, der Westgrenze Minnesotas; die

»Wir legten am untern Teil der Stadt Sct. Paul an«

Wälder, die noch in ihrem ursprünglichen Reichtum prangen, und die fischreichen Seen und Ströme bieten unerschöpfliche Mittel dar, und zu ihrer Ausführung im Welthandel ist hier der große Mississippi da, der sie durch ganz Zentralamerika bis hinab nach New Orleans trägt. Auch haben sich bereits mehrere Handelsleute hier ein bedeutendes Vermögen erworben; sie kommen immer zahlreicher hierher und man baut daher, so schnell man nur kann.

Aber noch ist die Stadt in ihren Kinderjahren und man hilft sich mit notdürftigen Wohnungen. Das Wohnzimmer im Hause des Gouverneurs Ramsay ist zugleich sein Amtszimmer, und Indianer, Arbeiter, Damen und Herren kommen untereinander herein. Mittlerweile baut Herr Ramsay für sich ein schönes geräumiges Haus ein Stück außerhalb der Stadt auf einer Höhe mit schönen Bäumen und mit einer großen Aussicht über den Fluss. Würde ich am Mississippi wohnen, so möchte ich da wohnen. Es ist eine Hochlandgegend, die überall schöne, wechselreiche Aussichten eröffnet. Und dann ist alles ein so junges, ein so frisches Leben.

Es wimmelt von Indianern in der Stadt. Die Männer

gehen meistenteils zierlich aufgeputzt und mit blanken Äxten, deren Schaft auch als Pfeifenrohr dient. Sie bemalen sich so gänzlich geschmacklos, dass es beinahe unglaublich ist. Mitunter ist das halbe Gesicht mit zinnoberroten Strichen und Flecken bemalt und die andere Hälfte mit gelben dito, mit allen möglichen Phantasien in Grün, Blau und Schwarz, ohne dass ich die mindeste Rücksicht auf Schönheit dabei entdecken konnte. Da kommt ein Indianer, der sich einen großen roten Fleck mitten auf die Nase gesetzt hat; da ein anderer, der seine ganze Stirn mit kleinen gelben und schwarzen Vierecken bemalt hat; dort ein Dritter mit kohlschwarzen Ringen um die Augen. Alle haben Adler- oder Hahnenfedern im Haar, meistenteils gefärbt oder mit feuerroten wollenen Quasten an den Enden. Das Haar ist auf der Stirn kurz abgeschnitten, hängt aber im Übrigen buschig oder auch in Flechten um die Schultern der Männer sowohl als der Weiber. Die Weiber sind wenig bemalt, und dann mit besserem Geschmack als die Männer, gewöhnlich nur mit einem starkroten, kleinen Fleck mitten auf der Wange, und die Haare auf der Stirn sind mit Purpur gefärbt. Sie gefallen mir besser als die Männer. Sie haben ein gutmütiges Lächeln und oft einen sehr freundlichen Ausdruck; auch im Blick ihrer Augen ist etwas weit Menschlicheres als in den Blicken der Männer. Da geht ein Indianer mit stolzen Schritten und das federgeschmückte Haupt hoch emporhaltend. Er trägt nichts als seine Pfeife und (wenn er auf einer langen Wanderung begriffen ist) vielleicht einen langen Stab in der Hand. Hinter ihm kommt mit gebeugtem Haupt, gekrümmtem Rücken die Frau, beinahe erliegend unter der Last, die sie auf dem Rücken trägt und welche ihr ein um die Stirn gebundener Gürtel emporhalten hilft. Aus dem Pack auf ihrem Rücken guckt ein kleines, rundes Gesicht mit schönen dunkeln Augen vor; es ist ihr »Papoose«, wie die Kinder hier genannt werden. Der kleine Körper ist in seinen Windeln mit dem Rücken an ein kleines Brett befestigt, das den Rücken aufrecht halten soll, und da lebt und isst, schläft und wächst das Kind, fortwährend an das Brett befestigt. Wenn das Kind gehen kann, wird es von der Mutter noch lange in einem Wollfilz auf dem Rücken getragen. Beinahe alle Indianer, die ich hier sehe, gehören dem Sioux-Stamm an.

Vorgestern führte mich Gouverneur Ramsay an die »St.-Anthony-Fälle«. Sie sind einige Meilen von Sct. Paul. Diese Fälle verschließen den Mississippi für die Dampfschiffe und andere Fahrzeuge. Von ihnen bis nach New Orleans sind es ungefähr 2.200 englische Meilen. Ein Stück weit über den Fällen wird der Fluss wieder ein paar hundert Meilen lang schiffbar, doch bloß für kleinere Fahrzeuge und nicht ohne Gefahr. Die St.-Anthony-Fälle haben keine bedeutende Höhe und kommen mir bloß wie der Fall von einem großen Mühlendeiche vor. Sie fallen quer über ein Lager von Tafelsteinen, die sie zuweilen zerbrechen und in großen Blöcken weiterspielen. Die Gegend ringsum ist nicht großartig und auch nicht pittoresk. Doch ist der Fluss hier sehr breit, und möglicherweise erscheinen deswegen die Fälle und die Höhe unbedeutender. An den Ufern entlang ist ein großer Reichtum von wildem Buschwerk zwischen Blöcken und Felsenwänden von Tafelsteinen, alles in ruinenartigen, aber nicht großen Gebilden. Fluss, Fall, Land, Aussichten, alles hat hier mehr Breite und Weite als Größe.

Der Pater Hennepin, ein französischer Jesuit, war es, der zuerst als Gefangener der Indianer an diesen Fall kam. Die Indianer nannten die Fälle »Irara« oder die lachenden Wasser. Er taufte sie nach dem heiligen Antonius. Mir gefällt der erste Name besser. Denn er ist charakteristisch für die Fälle, die mehr heiter als gefährlich aussehen und deren Getöse nichts sehr Düsteres hat.

Der Mississippi ist in seiner Jugend ein Fluss von fröhlicher Laune. Ich habe ein Gemälde von seiner Quelle (ein Geschenk des Mr Scoolkraft), dem kleinen See Itaska im nördlichen Teil von Minnesota. Der kleine See sieht wie ein klarer Himmelsspiegel aus mit dem Urwald als Rahmen. Nordische Fichten und Tannen, Ahorn und Ulmen und alle schönen Gewächse Amerikas in dieser Zone umgeben das Wasser wie schützende Lauben die Wiege eines Kindes.

Höher hinauf in dem weiten Hintergrund liegt Hochland, von den Franzosen *Hauteur des terres* genannt, einem hohen Plateau gleichend. Es ist von dichten Wäldern bedeckt, mit Granitblöcken übersät und von üppigen Quelladern durchbrochen. Fünf von ihnen ergießen sich von verschiedenen Seiten in den kleinen See Itaska.

Wo der Mississippi als »Baby« dem Schoß des Itaska entspringt, ist er ein reißender und klarer, kleiner Strom, 16 Fuß breit und vier Zoll tief. Über Stock und Stein hinhüpfend erweitert er sich, 19 Meilen von seiner Quelle, in dem See Pemidyi, einem See mit kristallhellem Wasser und frei von Inseln. Hier begegnet ihm der Strom La Place aus dem Assawa-See. 45 Meilen weiter unten ergießt er sich in den Cass-See (dem Ende von Gouverneur Cass' Expedition im Jahr 1820). Wenn der Mississippi aus diesem See kommt, ist er 172 Fuß breit und acht Fuß tief. So geht er fortwachsend, sich vertiefend, immer reichere Zuschüsse aus Quellen und Strömen erhaltend, bald in klaren, an unzähligen Fischarten reichen Seen ausruhend, bald zwischen Ufern hineilend, die mit wilden Rosen, Fliedern, Hagedorn, wildem Gesträuch, wilden Pflaumen und allen möglichen wilden Waldbeeren, Erdbeeren, Himbeeren, Braunbeeren bedeckt sind, durch Wälder von weißen Zedern, Föhren, Birken und Zuckerahorn, reich an Wildbret aller Art, an Bären, Elentieren, Füchsen, Mardern, Bibern, durch hohes und niedriges Prärienland, voll von perlenden Quellen (die so genannte Undinen-Region), durch Gegenden, deren reiches Erdreich usw. ertragen könnte, auf einer Strecke von 300 bis 400 englischen Meilen, wobei er lange Strecken schiffbar wird, bis er nach St.-Anthony kommt. Kaum vorher hat er sich bedeutend erweitert und umfasst mehrere größere und kleinere Inseln, die reich mit Bäumen und Weinranken bewachsen sind. Kurz über dem Fall ist er so seicht, dass man mit Pferden und Wagen darüber fahren kann, was auch wir zu meiner großen Verwunderung taten. Nicht weit unter dem Fall wird der Fluss wieder schiffbar, und die Dampfboote aus dem Süden gehen bis nach Mendota hinauf (einem Dorf am Ausfluss des

Sct. Peter-Flusses in den Mississippi), etwas höher als Sct. Paul. Von da aus fährt man frei den Mississippi hinab bis zum mexikanischen Meerbusen. Der St.-Anthony-Fall ist des Mississippi letztes Jugendabenteuer. 900 Meilen von der Länge des Flusses sind innerhalb des Territoriums von Minnesota, und der größte Teil davon in wildem, beinahe unbekanntem Land.

Aber ich kehre zu den Fällen und zu meinem Tag an denselben zurück.

Bald unter dem größten Fall, und von seinem Wasserstaub wie von Nebelgestalten umgeben, liegt ein Inselchen von pittoresken, ruinenartigen Steinlagern, mit reichem Laubwald gekrönt – der schönste, bedeutendste Punkt in dem ganzen Schauspiel. Man nennt es die »Katarakteninsel« von dem Fall der »lachenden Wasser«. Es wird auch Geisterinsel genannt von einem Ereignis, das sich vor einigen Jahren hier zutrug und das ich dir erzählen will, weil es für das Leben der indianischen Weiber bezeichnend ist.

Vor einigen Jahren kam ein junger Jäger des Sioux-Stammes und schlug am Ufer des Mississippi, ein klein wenig über dem St.-Anthony-Fall, sein Tepee auf. Er hatte bloß *eine* Frau (was bei diesen Herrn, die es zuweilen bis auf 20 Frauen treiben, sehr ungewöhnlich ist), sie hieß Ampato Sapa. Sie lebten mehrere Jahre glücklich zusammen und hatten zwei Kinder, die um ihr Feuer herum spielten und die sie voll Vergnügen »ihre Kleinen« nannten. Der Mann war ein glücklicher Jäger und mehrere Familien sammelten sich allmählich um ihn und errichteten ihre Tepees in der Nähe des seinigen. Da sie in ein näheres Verhältnis zu dem glücklichen Jäger zu kommen wünschten, spiegelten sie ihm vor, er müsse mehrere Frauen haben, dadurch würde er sein Ansehen vergrößern und könne bald zum Häuptling des Stammes ernannt werden.

Der Mann ließ sich diesen Rat wohl behagen und nahm heimlich eine neue Frau.

Aber um sie in sein Tepee heimzuführen, ohne dass es seiner ersten Frau, der Mutter seiner Kinder, missfiele, sagte er zu ihr:

»Du weißt, dass ich niemals ein anderes Weib so zärtlich lieben kann, wie ich dich liebe. Aber ich habe gesehen, dass du allein mit mir und den Kindern schwere Arbeit hast, deshalb habe ich beschlossen, noch ein Weib zu nehmen, das deine Gehilfin sein soll. Aber du wirst immer die vornehmste in der Wohnung bleiben.«

Die Frau wurde tief betrübt, als sie diese Worte hörte. Sie bat ihn, ihrer früheren Liebe, ihres Glücks seit mehreren Jahren, ihrer Kinder zu gedenken. Sie bat ihn, dieses zweite Weib nicht in ihre Wohnung zu führen.

Aber am nächsten Abend führte der Mann die neue Frau in sein Tepee ein.

Am nächsten Morgen früh, schon in der Dämmerung erscholl ein Totengesang am Mississippi. Eine junge Indianerin saß in einem kleinen Kahn mit zwei kleinen Kindern und steuerte das Schifflein den Fluss hinab gegen den Fall zu. Es war Ampato Sapa. Sie sang in betrübten Tönen vom Kummer ihres Herzens, von der Treulosigkeit ihres Mannes und von ihrem Entschluss zu sterben. Ihre Freunde hörten den Gesang und sahen ihre Absicht, aber zu spät, um der Ausführung zuvorzukommen.

Ihre Stimme wurde bald von dem Fall übertäubt. Am Absturz blieb das Boot einen Augenblick stehen; im Nächstfolgenden stürzte es hinab und verschwand in der schäumenden Tiefe. Die Mutter und die Kinder kamen nie mehr zum Vorschein.

Die Indianer glauben noch jetzt in der Morgendämmerung den Klagegesang zu hören, der von der Treulosigkeit und Härte des Mannes verkündete, und sie wollen die Mutter mit den an ihre Brust geschlossenen Kindern in den Nebelgestalten erblicken, die aus dem Fall um die Geisterinsel her emporsteigen.

Dieses Ereignis ist bloß ein einziges unter vielen derselben Art, die sich alljährlich bei den Indianern zutragen. Der Selbstmord ist nichts Seltenes unter ihren Weibern. Ein Herr, der dies bestreiten wollte, sagte mir, in den zwei Jahren, die er in dieser Gegend zugebracht, habe er bloß von elf oder zwölf solcher Fälle gehört. Es ist genug, meine ich. Die Ursache des Selbstmords ist bei der Indianerin gewöhnlich entweder dass ihr Vater sie gegen ihren Willen und ihre Neigung verheiraten will, oder dass, wenn sie verheiratet ist, der Mann ein neues Weib nimmt. Der Selbstmord, eine für Kinder des Naturlebens so unnatürliche Tat, zeugt, scheint es mir, bedeutend für das rein Weibliche bei diesen armen Weibern und beweist, dass sie eines besseren Loses würdig sind. Da sie noch sehr jung sind, fragt man beim Abschluss der Ehe selten nach ihrer Neigung. Der Freier breitet vor dem Vater des Mädchens seine Büffel- und Biberhäute, vor ihrer Mutter einige glänzende Stücke Zeug und Schmuckwaren aus, und das Mädchen ist verkauft. Widerstrebt sie, so droht ihr der Vater Ohren und Nase abzuschneiden, und sie, die ebenso hartnäckig ist als er, kürzt den Prozess dadurch ab, dass sie sich erhängt, denn dies ist die Todesart, die gewöhnlich gewählt wird. Es scheint auch, als wirkte bei dem Selbstmord oft Rachsucht als Triebfeder mit, und man weiß, dass indianische Weiber mit den Männern an Grausamkeit gegen Feinde und Kriegsgefangene wetteifern; aber ihr hartes Leben als Weiber ist nichtsdestoweniger beklagenswert, und ihre Kraft, lieber zu sterben als sich zu erniedrigen, beweist, dass diese Naturkinder hochsinniger sind als viele Weiber auf den Höhen der Zivilisation. Die Schönheiten des Waldes sind stolzer und edler als manchmal die Schönheiten des Salons. Aber wahr ist, dass ihre Welt enge ist und ihnen nichts gibt, außer dem Mann, dem sie dienen müssen, und der schmalen Wohnung, wo er der Herr ist.

Auf einer größeren Insel im Mississippi, oberhalb des Falles tranken wir Tee in einem schönen Haus, wo ich Komforts aller Art und Bildung fand, Musik hörte, Bücher und Bilder sah, wie man sie an den Ufern des Hudson finden könnte; und was mir noch lieber war, ich fand in seinen Bewohnern Freunde. Das Haus war noch nicht alt auf der Insel, und die Insel sah auch in ihrem Herbstschmuck wie ein kleines Paradies aus, obschon noch in halb verwildertem Zustand.

Dir jedoch zu beschreiben, wie wir fuhren, wie wir in hohlen Baumstämmen, die von dem Strom in chaotischen Massen herumgeworfen wurden, über den Fluss spazierten, wie wir auf- und abkletterten über Stöcke, Steine, Abstürze und Abgründe hin, das will ich nicht versuchen, denn es ist unbeschreiblich. Ich hielt diesen Übergang ganz einfach für unmöglich, bis meine Begleiter, sowohl Herren als Damen, mir bewiesen, dass er für sie ein einfacher, alltäglicher Weg war. Hu! …

Der Tag war kalt und rau und daher auch die Fahrt mehr mühsam als vergnüglich.

Ich habe mehrere Wanderungen hier in der Umgegend gemacht, teils allein, teils mit dem freundlichen Gouverneur Ramsay oder auch mit dem freundlichen jungen Priester dahier. Ich habe dabei mehrere kleine Farmen besucht, die beinahe sämtlich von Franzosen aus Canada bewohnt sind, welche sich hierher geflüchtet haben. Sie preisen alle das üppige Erdreich und seine Fruchtbarkeit. Sie waren recht angenehm in der Unterhaltung, scheinen hier wohl zu gedeihen, hatten viele Kinder; aber die Sauberkeit und Gemütlichkeit, welche die Wohnungen der Angloamerikaner auszeichnet, fand ich in diesen Wohnungen nicht, eher das Gegenteil.

Überall wogt das Gras hoch und herbstgelb auf Höhen und Feldern. Hier gibt es keine Hände, um es abzumähen. Der Boden ist eine fette, schwarze Erde, außerordentlich gut für Kartoffeln und Korn, aber minder angenehm für Fußgänger mit weißen Strümpfen und Unterröcken. Ein feiner, schwarzer Staub beschmutzt alles. Allerliebste Binnenseen liegen zwischen den Höhen wie klare Spiegel in romantischer Ruhe und Zierlichkeit. Es ist eine vollkommen idyllische Natur. Aber die Hirten und Hirtinnen fehlen hier noch. Bloß der östliche Strand des Mississippi in Minnesota gehört noch den Weißen, und ihre Anzahl beläuft sich auf bloß ungefähr 7.000 Seelen. Der ganze westliche Teil von Minnesota, westlich vom Mississippi, ist noch indianisches Gebiet, hauptsächlich von den zwei großen Nationen Sioux (oder Dacotahs) und Chippewas, die in beständiger Fehde miteinander leben, sowie von einigen kleinen Indianerstämmen bewohnt. Man sagt, die Regierung denke darauf, bald auch diesen ganzen Teil des Landes zu kaufen, und die Indianerstämme seien geneigt, den Handel einzugehen und sich auf eine andere Seite des Missouri-Flusses, nach dem Steppenland Nebraska und den Felsbergen zurückzuziehen. Diese Indianerstämme sind durch die Berührung mit den Weißen bereits so tief gesunken, dass sie das Geld und den Branntwein höher schätzen als die Erde ihrer Väter und bereit sind, gleich Esau für ein Linsengericht ihr Erstgeburtsrecht zu verkaufen. Aber dieses grausame Volk, das Kinder und alte Leute skalpiert und das Weib zum Lasttier herabwürdigt, mag immerhin in die Wüste hinausziehen und einem edleren Geschlecht Platz machen. Es ist darin im Grund bloß eine höhere Gerechtigkeit zu erblicken.

Den 26. Oktober

Gestern ging ich mit meinen freundlichen Wirtsleuten nach dem Indianergebiet, in der Nähe des Fort Snelling, einer Festung, welche die Amerikaner hier gebaut und wohin sie Militär, sowohl Fußvolk als Reiterei, verlegt haben, um die Indianer in Respekt zu halten. Diese sind auch in bedeutender Angst vor Amerikanern, welche sie »die langen Messer« nennen. Und die Weißen laufen hier jetzt keine Gefahr mehr. Aber unter sich selbst fahren die Indianerstämme in näherer oder weiterer Entfernung mit ihren grausamen Überfällen fort, trotz des Einschreitens der amerikanischen Regierung. Noch nicht lange hat eine Kriegerschar des Sioux-Stammes ein Chippewas-Dorf, während die Männer auf der Jagd waren, überrumpelt und 16 Personen, meist Weiber und Kinder, getötet und skalpiert. Der Gouverneur Ramsay ließ des Beispiels wegen die Anstifter dieser Untat festnehmen und ins Gefängnis werfen. Sie gingen stolz und mit der Miene von Märtyrern einer edlen Sache dahin.

Ich war neugierig, die innere Einrichtung dieser Zelte

»Ich war neugierig, die innere Einrichtung dieser Zelte oder Tepees zu sehen, deren Rauch und Feuer ich schon so oft erblickt hatte«

oder Tepees zu sehen, deren Rauch und Feuer ich schon so oft erblickt hatte. Und da ich bald nachdem ich auf indianischem Gebiet angekommen war, vier sehr ansehnliche Tepees erblickte, so eilte ich, sie zu besuchen. Gouverneur Ramsay und ein Dolmetscher, der sein Haus nicht weit davon hatte, kamen mit mir. Ich richtete meine Schritte auf das größte der Zelte zu. Drei magere Hunde waren mit Stricken an die Zeltpfosten gebunden. (Die Indianer essen ihre Hunde, wenn es ihnen an anderer Nahrung fehlt.) Wir öffneten den aus Fellen bestehenden Vorhang, der die Tür vorstellte. Ich hatte Schmutz und Armut zu sehen erwartet und war jetzt ganz überrascht, eine Art von orientalischem, obschon grobem Luxus nebst großer Behaglichkeit zu erblicken.

Es brannte Feuer auf dem Boden in der Mitte des Zelts, das groß und wohl mit Büffelhäuten bedeckt war. Beim Feuer saßen zwei Männer mit Strichen und Figuren im Gesicht bemalt und schliffen Pfeifen von einer dunkelroten Steinart. Rings um die Wände des Zelts saßen Weiber und Kinder auf Kissen, die zum Teil zierlich genäht und auf weiße Filze gelegt waren. Einige der Weiber waren mit einem hellroten Fleck mitten auf der Wange geschminkt und auch der Haarscheitel war rot bemalt. Mit ihren lebhaften dunklen Augen und ihren fliegenden Haaren sahen sie beim Schein der tanzenden Flammen des Feuers recht hübsch und munter aus. Dabei waren sie freundlich und schienen über meinen Besuch erfreut zu sein. Zwei von ihnen machten mir Platz, um mich zwischen sie zu setzen. Die alten Weiber lachten und schwatzten und schienen sehr ungeniert. Die jungen waren ernster und schüchterner. Die Männer schauten gar nicht auf, nachdem sie uns zuerst angesehen hatten, sondern fuhren schweigend fort ihre Pfeifen zu feilen. Über dem Feuer hing ein großer Kessel, mit einem Strick an die Sparren oben am Zelt befestigt. Es war Mittagsstunde. Ein junges Weib zu meiner Rechten fütterte ihren kleinen Papoose, der ungefähr drei Jahre alt schien und ebenfalls einen hellroten Fleck auf jeder seiner halbkugelartigen roten Wangen trug. »Hoxidau?«, sagte ich, auf das Kind deutend; dieses Wort bedeutet Knabe. »Winnona!«, antwortete sie mit leise, melancholischer Stimme, und dies Wort bedeutet Mädchen. Jetzt war mein indianischer Sprachvorrat erschöpft. Ich verlangte durch Zeichen die Suppe kosten zu dürfen, welche sie und das Kind aßen. Sie gab mir bereitwillig ihre Schale und ihren Löffel. Es war eine Art Wassersuppe mit kleinen Bohnen darin, ohne Salz und ohne den geringsten Geschmack, soviel ich entdecken konnte. Später bot sie mir einen frisch gebackenen Kuchen an, der ganz schmackhaft aussah. Er war, glaube ich, von Weizen und ebenfalls ungesalzen, im Übrigen aber recht gut.

Der Dolmetscher war ausgegangen. Gouverneur Ramsay hatte sich ebenfalls gesetzt. Die Männer feilten an ihren Pfeifen, das Feuer flammte und flackerte munter, der Kessel kochte, die Weiber aßen und sahen mich an, indem sie beim Schein des Feuers halb lagen oder nachlässig dasaßen. Und ich – sah sie, ebenfalls an. Mit innerlicher Verwunderung betrachtete ich diese Geschöpfe, die Weiber waren wie ich und mit weiblichen Gefühlen ausgestattet, dennoch aber so verschieden von mir in Beziehung auf Lebenszweck, auf tägliches Leben und ihre ganze Welt.

Ich dachte an ein steifes, trübes, häusliches Leben in der zivilisierten Welt, an ein Haus ohne Liebe, eingeengt in die Schranken einer tot geborenen Meinung, mit Gesellschaftspflichten, Pflichten für die Töchter, im Haus den Männern zu gefallen oder nie aus dem Haus zu kommen, und im Übrigen jede Aussicht auf Selbstständigkeit, Freiheit, Tätigkeit und Freude versperrt von unsichtbaren Mauern, noch mehr versperrt als hier das Tepee von Büffelhäuten, an ein nordisches Familienleben, wie es ihrer noch in vielen nordischen Häusern gibt; und da dachte ich, das indianische Zelt und das indianische Leben sei noch besser, noch seliger als manches nordische Leben. Da dachte ich auch an New Yorks und Bostons gasbeglänzte Salons, an die Hitze, die Mühe, artig oder angenehm zu sein, zu konversieren, an den Wunsch, schön auszusehen, zu gefallen, glücklich zu werden, und – mir schien, als sei das indianische Zelt eine freundlichere, seligere Welt als die der Salons. Da saßen sie ungeniert von Schnürleibern und Gefallsucht, ohne Zwang und Bemühung, diese Töchter des Waldes. Sie empfanden nicht die Unruhe, den Überdruss und die Müdigkeit, die auf den Überreiz kurzer Augenblicke folgen, nicht den Ungeschmack und den Schmerz, der von kleinen Dingen, kleinen Stichen erzeugt wird, die zu empfinden man sich schämt und die man doch empfindet. Ihre Welt war einförmig, aber vergleichungsweise ruhig und frisch in dem engen Tepee. Und vor demselben war der freie Raum, der sausende Urwald für sie offen mit all seinen frischen Winden und Wohlgerüchen. Ach! …

Aber da dachte ich mich als Indianerin; ich dachte mich in das Leben und die Umstände dieser Weiber hinein, ohne einen andern Zweck, ohne eine andere Aussicht als für einen Mann zu leben und einen Mann zu bedienen, den sie öfter nicht selbst gewählt haben, der sie bloß als Dienerinnen behandelt oder wie ein Hahn die Hennen um sich her betrachtet. Ich sah die Frau und die Mutter gedemütigt durch den Einzug neuer Frauen in die Wohnung des Mannes, und seine Liebe diesen zugewandt vor den Augen der alten Frau, in demselben Haus, vor den Flammen desselben Herds, der ihren Hochzeitsabend beleuchtet hatte, ich sah sie verschmäht oder vergessen von dem Manne, der ihre ganze Welt ausmachte – ... ach! Das Tepee, der Wald, der freie Raum hatte keinen Frieden, keine Ruhe mehr vor den Qualen einer solchen Lage. Friede vor ihren Qualen, ihrem Elend findet sich bloß in der Erniedrigung oder im Tod. Winnonas Todesgesang auf der Klippe am »Pepinsee«, Ampato Sapas Todesgesang auf den Wellen des Mississippi, als sie mit ihren Kindern den Frieden der Vergessenheit in der schäumenden Tiefe suchte, und ihre vielen Schwestern, die noch heutigen Tags den Tod dem Leben vorziehen, sie zeugen für das tief Tragische im Schicksal des indianischen Weibes.

Und wiederum dachte ich mich in die Wohnungen der kultivierten Welt, in die liebewarmen Wohnungen im Norden sowohl als im Süden, in Wohnungen, wie sie schon jetzt oft sind, wie sie immer häufiger werden unter den freien christlichen Völkern, wo das Weib dem Mann in allem gleichgestellt ist, in Lust und Leid, wo gute Eltern auch der Tochter im Hause die Freiheit zu einer selbstständigen Wirksamkeit und selbstständigem Glück bereiten, zum Besitz einer Welt, eines Zieles auch außer dem Raum der engen Wohnung (nicht mehr ein von Büffelhäuten eingeschlossenes Tepee), ich dachte an ihr Recht, an die Möglichkeit ihrer Wirksamkeit, die auch die Schmerzen des zivilisierten Lebens, kleine und große, als Wolkenflecke an einem klaren Himmel erscheinen lassen, dachte an meinen eigenen schwedischen Herd, meine gute Mutter, mein liebes Schwesterchen, mein stilles Stübchen, meinen Frieden und meine Freiheit allda, meine Ruhe wie im Mutterschoß, mit Räumlichkeit und Aussichten, unbegrenzt wie die Unendlichkeit ... Ich pries Gott für meinen Teil! ...

Aber diese armen Weiber hier! In diesem Tepee wohnten drei Familien. Da waren bloß drei Männer und wohl zwölf bis 13 Weiber. Wie manche bittre, eifersüchtige Gefühle müssen nicht in manchen Busen glühen, die hier Tag und Nacht um dasselbe Feuer versammelt sind, dieselbe Mahlzeit, dieselben Lebenszwecke teilen! …

Ich besuchte auch die andern Tepees. Überall begegneten mir ungefähr dieselben Erscheinungen. Zwei oder drei Männer am Feuer, mehrere Weiber, die auf Filzen oder gestickten Kissen um die Wände des Zeltes her saßen oder lagen und sich für den Augenblick mit nichts beschäftigten. Die Männer schliffen rote Steinpfeifen, welche sie an die Weißen verkaufen und schwer bezahlt erhalten. Aber die Arbeit mit dem harten Stein ist nicht leicht. Diese rote Steinart soll in Steinbrüchen weit oben am Missouri-Fluss gewonnen werden. Ich muss die ausgezeichnet schönen und wohl gebildeten, sichtbarlich auch in Bezug auf die Nägel mit großem Eifer rein erhaltenen Hände dieser Männer bewundern. Sie waren fein und geschmeidig und glichen mehr Weiber- als Männerhänden.

In einem Tepee erblickte ich ein junges Weib, das mit seinem reichen, aufgelösten, über die Schultern herabwallenden Haar mir so ungewöhnlich schön vorkam, dass ich sie abzeichnen zu dürfen wünschte. Ich wünschte auch Porträts von ein paar Indianern mitzunehmen, und ich ersuchte den Gouverneur Ramsay meine diesbezügliche Bitte vorzutragen. Durch den Dolmetscher, Mr Prescott, sagte er dann zu einem alten Chef namens Mozah-hota (graues Eisen), dass ich Bilder von allen großen Männern in diesem Land mitzunehmen wünsche, um sie dem Volk auf der andern Seite des großen Wassers zu zeigen, weshalb ich um die Gefälligkeit bitte, mir eine Weile zu sitzen.

Der alte Häuptling, der sehr ernst aussah und auch ein sehr braver und anständiger Mann sein soll, lauschte aufmerksam und ließ hierauf eine Art von beifälligem Grunzen hören. Und er folgte uns ins Haus des Dolmetschers, aus dessen Fenstern und Türen mehrere kleine Gesichter mit indianischen Zügen und Farben hervorguckten. Mr Prescott hat nämlich eine Indianerin zur Frau und mit ihr mehrere Kinder.

In einem Saal des Hauses saß ich bald mit meinem Album

und vor mir den alten Häuptling, der einiges Bedauern darüber äußerte, dass er nicht in großer Gala (er hatte bloß ein paar Adlerfedern im Haar) und nicht bemalt war, wie er sollte. Er hatte unter seinem weißen Wolfsfilz einen blauen europäischen Rockfrack und schien sehr zu wünschen, dass ich denselben ins Porträt hineinzeichne. Er meinte sichtlich, dieses sei etwas höchst Rares. Er saß nicht ohne Unruhe da, und es schien ihm nicht wohl zu Mute zu sein, solange der Dolmetscher aus dem Zimmer gegangen war. Die Indianer haben im Allgemeinen den Glauben, dass die Bilder auf dem Papier etwas von dem Leben des Menschen, der da gezeichnet wird, wegnehmen, und manche wollen deshalb nie zugeben, dass man ihre Porträts entwirft.

Nach dem alten Häuptling kam die junge Indianerin herein in ihrem Brautschmuck von zierlich rotem Wollzeug, der reich gestickt und mit wahren Kaskaden von Silberringen geschmückt war, die Glied in Glied von den Ohren (um welche der ganze Büschel gebunden war) und über die Schultern herabhingen, während Hals und Brust massenweise mit Perlbändern von Korallen und Glasperlen und andern Zierraten geschmückt waren. Der Kopf war unbedeckt und ungeschmückt. Sie war so hübsch und von so ungewöhnlicher Schönheit, dass sie wirklich das ganze Zimmer zu beleuchten schien, als sie hereinkam. Der Rücken war breit und rundlich und ihre Haltung vorgebeugt wie gewöhnlich bei den Indianerinnen, da sie sich frühzeitig daran gewöhnen müssen, Lasten auf dem Rücken zu tragen; aber die Schönheit des Gesichts war so ausnehmend, dass ich daran denken musste, wenn ein solches Gesicht sich in einem Salon unserer feinen Welt zeigte, so würde es als Offenbarung eines bisher unbekannten Schönheitstypus betrachtet werden. Es war die wilde, zugleich liebliche und wehmütige Schönheit des Urwalds. Die milde Düsterheit in den tiefen, schönen, von ungewöhnlich langen und dunklen Wimpern beschatteten Augen lässt sich nicht beschreiben, ebenso wenig der Glanz, die hübsche Heiterkeit des Lächelns, das zuweilen das Gesicht wie ein Blitz durchstrahlte und die schönsten weißen

Zähne sehen ließ. Sie war für eine Indianerin ungewöhnlich hellfarbig. Die Wangenknochen waren etwas hervorstehend, was ihrem Gesicht etwas zu viel Breite gab, aber ihr Profil war vollendet schön. Sie war ganz jung und erst seit zwei Jahren mit einem tapfern jungen Krieger verheiratet, der sie, wie man mir sagte, so liebte, dass er ihr keine andere Frau an die Seite stellte und ihr nicht erlaubte irgendeine schwere Last zu tragen, sondern immer Pferde anschaffte, wenn sie zur Stadt musste. Sie hieß Mochpedaga Wen oder Federwolken-frau. Ein junges indianisches Mädchen, das mit ihr kam, war mehr bemalt, aber viel weniger schön, und hatte die schwerfälligen Züge und den schwerfälligen Ausdruck, welcher die Indiane-rinnen wenigstens von diesem Stamm gewöhnlich kenn-zeichnet.

Ich zeichnete die Federwolkenfrau in ihrem Braut-schmuck. Sie war verschämt und sah beständig abwärts. Mit einem Vergnügen, in das sich Rührung mischte, versenkte ich mich in die Mysterien dieses Gesichts. Eine ganze nächtliche Welt lag in diesen Augen, deren dunkle Wimpern einen tie-fen Schatten über die Wangen unter dem Auge verbreiteten. Diese Augen blickten träumerisch still ohne Wunsch, aber ohne Freude, ohne Zukunft in die Tiefe hinab. Der Sonnen-schein im Lächeln war wie der Sonnenschein an einem trü-ben Tag. Die Federwolke hatte kein Licht in sich. Sie wurde von außen beleuchtet und bloß für einen Augenblick schön gefärbt.

Nach diesem milden und schönen, aber melancholischen Bild präsentiere ich dir den tapfern jungen Krieger »Skonka-Skaw« oder »weißen Hund«, den Gatten der Federwolke, der in voller Bemalung und großer Gala mit einem gewalti-gen, roten Federbusch hereinkam, welcher vom Kopf über den Rücken hinabwogte, und mit drei dunklen Adlerfedern mit roten Wollquasten hoch im Haar wie auch der Spur von fünf grünen Fingern auf den Wangen, als Zeichen, dass er ein tapferer Krieger war und mehrere Feinde getötet hatte. Er war groß und geschmeidig von Wuchs und trat mit heiterer, lebhafter Miene ein, indem er eine Flut von Worten äußerte, so schnell, wie ich sie im Repräsentantenhaus in Washington hörte, und wovon ich gerade so viel verstand. Sein Gesicht hatte denselben Charakter, den ich schon vorher bei jungen Indianern bemerkt hatte, eine krumme, breite Habichtsnase, helle, scharfe, aber kalte Augen, viereckig geöffnet mit tierischem Blick; der Mund unangenehm, die Züge im Übrigen regelmäßig und scharf. Ich zeichnete auch ihn; er war sehr mit Rot und Gelb und Grün im Gesicht bemalt, war ganz und gar nicht schüchtern und sah sehr streitbar aus. Dass er jedoch ein guter Gatte war und seine schöne Gattin, die Federwolke, liebte, das machte ihm mein Herz zugeneigt.

Mrs Ramsay war inzwischen mit ihr außen gewesen und hatte ihre Tracht angezogen. Und da Mrs R. sehr schön ist – vom reinen Schlag der Quäkerschönheiten –, so war sie in der zierlichen Tracht wahrhaft strahlend schön, und die Federwolke schien großes Vergnügen daran zu finden, sie in ihrer Tracht zu sehen. Aber die wunderbare mystische Schönheit der Federwolke hatte die schöne, weiße, junge Frau dennoch nicht. Es war ein Unterschied wie zwischen einem Urwald und dem Salon.

Morgen werde ich von hier abreisen, den Mississippi hinab nach New Orleans, und hierauf aus einer der südlichen Hafenstädte nach Cuba, wo ich den Winter zu verbringen gedenke.

Auf dem Mississippi in der Nähe der Stromschnellen,
den 7. November

Sobald ich nach St. Louis kam, musste ich mich mit einer Migräne niederlegen. Mein allerliebstes Dienstmädchen aus Neuengland verpflegte mich, wie eine jüngere Schwester hätte tun können. Als sie mit ihrem Vater mich verlassen musste, um weiterzureisen, bekam ich auch hier eine irländische Magd, die mich während der kurzen Krankheit vortrefflich besorgte. Ich wurde bald wieder munter und erhob mich dann, um dem Brautpaar, das hier in dem Hotel wohnt, einen

Besuch abzustatten. Es war vormittags. Aber das Zimmer, wo die Braut sich befand, war düster und nur schwach vom Feuerschein beleuchtet. Die Braut war hoch gewachsen und fein gebildet, aber zu mager; im Übrigen schön und von blühender Farbe. Sie war noch ganz jung und erschien mir wie eine seltene Treibhauspflanze, die noch nicht imstande war die Winde der freien Luft zu ertragen. Die langen schmalen Finger spielten mit kostbaren Kleinigkeiten, die an einer goldenen Kette hingen, welche vom Hals bis zur Mitte des Leibes herabreichte. Ihre Kleidung war kostbar und geschmackvoll. Sie sah mehr wie ein Luxusartikel als wie eine junge künftige Hausfrau aus. Die schwache Beleuchtung, die Feuerwärme, die Parfüme. Alles um die junge Braut her schien mir Weichlichkeit zu verraten. Der Bräutigam jedoch war offenbar kein Weichling, sondern ein Mann und ein Gentleman. Er war sichtlich sehr verliebt in seine junge Braut, die er jetzt zuerst nach Cincinnati und sodann nach Florida und seinem ewigen Sommer führen wollte. Man traktierte mich mit Hochzeitskuchen und süßem Wein.

Als ich aus dem parfümierten Zimmer mit seiner treibhausartigen Wärme und halben Beleuchtung trat, begegnete mir ein sommerblauer Himmel, sommermilde Luft und Sonne und Vogelgesang in den sausenden Bäumen. Das war entzückend. Ach, sagte ich zu mir, das ist ein anderes Leben, es ist doch nicht gut, nicht naturfrisch, dieses Leben, das manche Frauenzimmer hier zu Lande führen, dieses Leben im Halbdunkel, wo sie sich jahraus, jahrein beim Kaminfeuer in bequemen Schaukelstühlen wiegen, dieses Leben beständiger Wärme und Untätigkeit, wodurch sie sich von der frischen Luft, von dem stärkenden Leben abschließen. Und die physische Schwäche der Frauenzimmer hier zu Lande muss zum großen Teil der weichlichen Erziehung zugeschrieben werden. Es ist eine Art Haremsleben, jedoch mit dem Unterschied, dass sie, was bei den Frauen des Morgenlandes nicht der Fall ist, hier im Westen als Herrscherinnen und die Männer als ihre Untertanen betrachtet werden. Das hat jedoch die Folge, dass es ihre Entwicklung hemmt und sie von ihren edelsten und höchsten Zwecken ablenkt. Die Harems des Westlandes sind nicht minder als die des Morgenlandes geeignet das Leben und Bewusstsein des Weibes herabzuziehen.

Nach dem Besuch bei der Braut fuhr ich aus, um verschiedene katholische Asyle und fromme Stiftungen zu besehen, die unter der Leitung von Nonnen stehen. Das war eine andere Seite der Entwicklung der Weiblichkeit, die ich hier zu schauen bekam. In zwei großen Asylen für arme vater- und mutterlose Kinder und in einer Anstalt zur Wiederaufrichtung gefallener Weiber (dem Asyl des guten Hirten) sowie in Spitälern für Kranke sah ich die Weiber, die sich Schwestern nennen, ein wahres und großes Leben führen, als Mütter schutzloser Kleinen und als Schwestern und Pflegerinnen gefallener und leidender Mitschwestern. Das war ein erfrischender und stärkender Anblick.

Ich muss es sagen: Die Katholiken scheinen mir hier im Westen den Protestanten in der lebendigen Nachfolge Christi, in guten Werken voranzugehen.

Die katholische Kirche der Neuen Welt hat ein neues Leben. Sie hat den alten Mantel der Unduldsamkeit und des Fanatismus abgeworfen; sie tritt reich an Barmherzigkeit auf.

Klöster entstehen auf der neuen Erde mit erneutem Geist. Sie erstehen frei von sinnlosem Treiben, tätig in Liebeswerken.

Diese Klöster hier haben große helle Säle, keine düsteren Zellen, überhaupt nichts Düsteres oder Geheimnisvolles.

Alles ist darauf berechnet, dem Licht und dem Leben freien Spielraum zu geben. Und wie schön waren nicht diese Klosterschwestern in ihrer edlen würdevollen Tracht, in dem stillen frischen Wesen, das ihre Wirksamkeit kennzeichnet! Sie erschienen mir schöner, frischer, glücklicher als die meisten weltlichen Frauen, die ich hier gesehen habe. Ich muss auch sagen, dass ihre Nonnentracht, besonders die Kopfbedeckung, in all ihrer Einfachheit überaus geschmackvoll und kleidsam war. Und ich erfreute mich daran. Ich weiß nicht, warum die Schönheit und die Frömmigkeit nicht nebeneinander sollten gedeihen können. Die schrecklichen Hüte oder Schirmhauben, wie die barmherzigen Schwestern in Savannah sie tragen, würden mich als Kranke aus ihrem Spital verscheuchen. Aber schon der Anblick dieser Schwestern hier musste auf eine kranke Person entschieden gut wirken.

In einer der prophetischen Zukunftsvisionen, mit welchen unser Geijer seine irdische Laufbahn beschloss, sagte er einmal auf einem Besuche bei mir:

»Die Klöster müssen von neuem aufkommen, nicht in der alten Form, sondern als freie Vereine von Männern oder Weibern zur Ausführung von Liebeswerken.«

Ich sehe sie hier kommen. Und sie müssen auch in der evangelischen Kirche kommen. Die Diakonissenanstalten in Europa sind ihre Anfänge.

Die überwiegende Anzahl von Frauen in allen Ländern der Erde deutet auf eine göttliche Absicht mit ihnen, die man mehr beachten sollte. Das Menschengeschlecht bedarf geistiger Mütter und Schwestern. Die Weiber empfangen in dem heiligen Schwesterverein zur Ausführung dieses Berufes eine Kraft, welche sie vereinzelt nur ausnahmsweise besitzen können. Als Christi Bräute und Dienerinnen empfangen sie ein höheres Leben, ein freieres Bewusstsein, eine größere Macht.

Ob dergleichen religiöse Vereine von Männern ebenso erforderlich und natürlich sind wie die von Weibern, das lasse ich dahingestellt sein; aber es kommt mir nicht so vor. Die Männer scheinen mir zu einer Tätigkeit andrer Art, wenn auch für ähnliche Zwecke berufen zu sein.

Auf dem Mississippi, den 23. Dezember

Wir sind an Baton Rouge – so heißt die auf einer Anhöhe am rechten Ufer des Mississippi gelegene politische Hauptstadt Louisianas – vorbeigefahren. Ein schönes Capitol beherrscht die kleine Stadt und ein stattliches, neuerdings aufgebautes Staatsgefängnis steht mit seinem Fuß in den Wogen des Sündenflusses.

»Wir nähern uns der fröhlichen Stadt New Orleans«

Der Mississippi ist sehr breit. Es sind Sandbänke und grüne Inseln in dem Fluss. Sein Wasser ist klarer, die Sonne scheint. Die Landschaft an den Ufern ist freundlich und mild. Plantagen, Pomeranzenhaine, weiße Sklavendörfer auf grünen Feldern. Großartige Aussichten unter sommermildem Himmel. Der Fluss ist voll von Dampfbooten und größeren und kleineren Fahrzeugen aller Art. Wir nähern uns der fröhlichen Stadt New Orleans.

Heute wollte ich mit unserer Proviantmeisterin (*stewardess*), einem hübschen gutmütigen Mulattenmädchen, etwas sprechen. Ich traf sie in ihrer kleinen Kajüte, wo sie häufig ein großes ABC studierte. Ich hatte sie schon vorher einige Mal auf dieselbe Art beschäftigt gesehen.

Der Proviantmeister, sagte sie, habe ihr versprochen sie lesen zu lehren, aber im Geheimen. Er könne lesen, er. Sie sehnte sich so sehr lesen zu können. Eines Tags traf ich sie allein in unserm Salon, wo sie vor der aufgeschlagenen Bibel stand, die immer dort auf dem Tische liegt. Ich fragte sie, was sie mache.

»Oh dieses Buch!«, antwortete sie. »Ich wende seine Blätter um und um, und ich möchte so gerne verstehen können, was darauf steht. Ich versuche es immer wieder – es würde mich so glücklich machen! Aber ich kann nicht lesen! ...«

Wir nähern uns New Orleans, »der fröhlichen Stadt«. In ein paar Stunden sind wir dort. Alle Tiere in unsrer Arche Noah lassen ihre Töne vernehmen.

New Orleans (Louisiana), den 1. Januar 1851

Guten Morgen! Glückseliges neues Jahr, meine liebe Schwester, meine teure Freundin! Möge der Morgen dieses neuen Jahres fröhlicher zu dir hereinblicken, als er es bei mir tut, und möge der Norden dir eine klare Sonne über der schneeweißen Erde geben! Ach! Ein stiller, sonnenheller Wintertag bei uns, wenn alle Bäume weiß gepudert dastehen und alles freundlich und freudig leuchtet und glänzt in der reinen Luft; wie leicht und belebend ist es da, zu atmen und dann, wie ich so manchmal um diese Jahreszeit tat, auf den Wassern und Feldern des Tiergartens herumwandeln zu können – das ist herrlich! Aber hier in dem herrlichen Süden regnet und platscht es unaufhörlich. Heute schneit es auch noch zu dem Regen und das Wetter ist im höchsten Grade unangenehm. Die jungen Bäume auf dem Lafayette-Markt sehen ganz betrübt aus. Das Laub hängt herab wie Lumpen. Aber ich habe es gut in meinem warmen, hellen, gemütlichen Stübchen, und über meinem Kamin prangt ein großer Zweig, voll der allersüßesten – durch und durch süßen – kleinen Orangen, und daneben stehen zwei große Flaschen von echtem Louisianer-Traubensaft, Neujahrsgeschenke von guten neuen Freunden, welche mir Sommer im Zimmer und im Herzen gegeben haben. Ich habe Sonne genug in diesem neuen Jahr, ja sogar ein wenig übrig, wenn jemand davon haben wollte.

Aber ich muss dir jetzt ein wenig vom *Bushkitu* erzählen. Bushkitu ist ein Fest, das von den Indianern am Mississippi in diesen südlichen Gegenden jährlich gefeiert wurde, als die Europäer zum ersten Mal da eindrangen. Es scheint mir das merkwürdigste unter den Festen der nordamerikanischen Indianer zu sein und dürfte auch auf die Neujahrsfeier der weißen Rasse, welche jetzt die Erde der roten eingenommen hat, etwas von seiner geistigen Bedeutung übertragen haben.

Die Bushkitufeier fiel auf den Schluss des Jahrs und währte acht Tage. Jeder Tag hatte seine besondere Zeremonie. Aber die Hauptzüge bei allen Zeremonien waren Fasten, Reinigungen und Selbstbetrachtungen. Es heißt nämlich mitunter in den Erzählungen davon: An diesem Tag (am 3., 5. und 7., wenn ich mich recht erinnere) sitzen die Männer still auf dem Markte. Die Reinigungen waren Waschungen, bei welchen die Asche eine Hauptrolle spielt, und das kommt mir merkwürdig vor, dass diese Asche den Kriegern von jungen Mädchen gebracht werden musste, die noch halbe Kinder waren. Auch die Speise, die sie zwischen das Fasten hinein genießen durften, musste ihnen von diesen Kinderhänden gereicht werden. Die Männer (denn die Weiber werden nicht genannt) hatten auch nächtliche Tänze beim Scheine des Feuers, wobei sie sich mit dem warmen Wasser wuschen, in welchem sie gewisse Kräuter und Wurzeln kochten, die wohltuende Kräfte in sich schlossen. Der Tanz der sechsten Nacht scheint am meisten symbolisch und der bedeutungsvollste zu sein. Am siebenten Tag sitzen die Männer wieder schweigend auf dem Markte. Der achte Tag ist der letzte große Reinigungstag. Da gingen die Männer auf eine Anhöhe am Fluss, stürzten sich köpflings hinab und tauchten zu wiederholten Malen tief unter. Sodann kamen sie herauf und zogen ihre Alltagskleider, ihre gewöhnlichen Sitten und Beschäftigungen wieder vor. Aber das Merkwürdigste ist, dass nach dieser Zeit alles, was vor derselben vorgefallen war, angesehen werden sollte, als wäre es nicht geschehen. Alle Beleidigungen, alle größere und kleinere Misshelligkeiten zwischen den Mitgliedern der Nation sollten vergessen, der Mensch und das Leben sollte als neu geboren betrachtet werden. Wer nach dieser Zeit an etwas Unangenehmes erinnerte, das vor ihr eingetreten war, oder wer heimlichen Hass oder Unversöhnlichkeit zeigte, musste Buße bezahlen. Der Bushkitu kam jedes

Jahr wie ein Versöhnungs- und Erneuerungsfest. Wie herrlich, wenn in diesem indianischen Lethe auch alle bitteren Erinnerungen ertränkt werden könnten! Aber wer wird leugnen, dass Bushkitu mit seinem inneren Willen und seiner äußeren Arbeit eine gute Hilfe dazu sein könnte?

Uns zivilisierten Menschen täte es Not, von den Wilden ihr Bushkitu zu erben.

In den Vereinigten Staaten, besonders in ihren großen Städten, herrscht eine Sitte, die ihren Ursprung möglicherweise von dem Versöhnungsfest der Indianer hat und in New York und New Orleans in ihrer Blüte stehen soll. In diesen Städten betrachtet man nämlich den Neujahrstag als eine Art von Versöhnungs- und Wiedergeburtstag. Die Neujahrsbesuche sind die Mittel dazu. Wenn im Verlauf des Jahrs irgendein kleiner Groll zwischen zwei Menschen oder zwei Familien entstanden ist, wenn sie aufgehört haben einander zu sehen oder miteinander zu sprechen, so ist ein Besuch am Neujahrstag genügend, um ohne weitere Erklärung alles wieder gutzumachen. Man kommt dann auf beiden Seiten schweigend überein, alles Alte zu vergessen und das Leben wieder neu anzufangen.

Die Frauenzimmer der *haute volée* gehen an diesem Tag nicht aus, sondern sitzen in großer Gala in ihren mitten am Tage zierlich beleuchteten Salons, um die Herren zu empfangen, die nichts als Besuche und Komplimente zu machen haben. Ich habe mir sogar sagen lassen, dass schon mancher junge Herr, der mit einer großen Anzahl von Bekanntschaften gesegnet war, sich an diesem Tag durch unaufhörliches Herumfahren von Haus zu Haus und dadurch, dass er vom frühen Morgen bis in die späte Nacht manches Hundert Treppen auf- und absteigen musste, eine Krankheit an den Hals gesprungen habe.

Eine freundliche Familie von meinen neuen Freunden in New Orleans lud mich ein, diesen Tag bei ihr zuzubringen, um das fröhliche Schauspiel zu sehen. Aber das würde mich ermüden, ohne mir gleichwohl das zu geben, was ich am Neujahrstag bedürfte. Wenn es hier ein echtes indianisches

Bushkitu gäbe, so möchte ich gerne dabei sein, um zu vergessen zu suchen. Ich möchte dafür gerne in den Mississippi hinabtauchen, wenn ich nur gewiss wäre, wieder heraufzukommen! ... Die Tiefe der Gnade Gottes wird mein Bushkitu sein. Und jetzt, während das Wetter zankt und weint, während die galante Welt Besuche und Komplimente macht, während artige Kavaliere sich in dem schönen Lächeln und den gasbeglänzten Salons eleganter Damen sonnen, will ich in meiner guten Ruhe dir von den Auftritten der letzten Tage, vom Sklavenmarkt und einer Sklavenauktion, der ich in New Orleans beigewohnt habe, erzählen. Ich sah nichts besonders Anstößiges daran, außer – das Ganze; und ich kann mich einer Art von Bewunderung darüber nicht erwehren, dass solche Dinge und Vorfälle in einer Gesellschaft möglich sind, die sich christlich nennt. Es kommt mir manchmal vor, als könnte es keine Wirklichkeit sein, als wäre es ein Traum.

Der Sklavenmarkt wird hier in mehreren Häusern abgehalten. Man errät den Weg dahin leicht durch die Gruppen farbiger Männer und Weiber (in allen Schattierungen zwischen Schwarz und Hellgelb), die beschäftigungslos an den Türen sitzen oder stehen. Ich besuchte unter Anführung meines freundlichen Doktors einige von diesen Häusern. In einem von ihnen war der Sklavenwächter (oder Eigentümer), ein freundlicher, gutmütiger Mann, der sich des guten Aussehens seiner Leute rühmte. Die Sklaven wurden in einen großen Saal gerufen und in zwei Reihen aufgestellt. Sie waren gut genährt und gut gekleidet, aber ich habe mir von Leuten hier in der Stadt sagen lassen, dass sie ganz anders aussehen, wenn sie nach ermüdenden Tagmärschen, zwei und zwei in langen Reihen zusammengekettet, hier ankommen.

Ich bemerkte unter den Männern einige wahrhaft athletische Gestalten mit guten Gesichtern und auch merkwürdig guten, breiten und gerade aufsteigenden Stirnen. Das geringste freundliche Wörtchen, ein freundlicher Scherz rief auf ihre Gesichter ein sonniges Lächeln voll Gutmütigkeit, und die breiten Münder glänzten von perlweißen, schönen Zähnen. Ein Neger besonders – sein Preis war 2.000 Dollars – er-

222

weckte mein ganzes Vertrauen, und ich sagte laut, dieser Junge *(that boy)* gefalle mir und ich sei überzeugt, dass wir gute Freunde würden. »Ach, ja, Missis!«, sagte er mit einem herzlichen Lachen. Unter den Weibern, die im Verhältnis zu den Männern wortkarg waren – die Ersteren waren 70 bis 80 Köpfe stark –, befanden sich einige sehr hübsche, helle Mulattinnen. Ein Herr nahm eine der schönsten von ihnen am Kinn und öffnete ihr den Mund, um ihren Gaumen und ihre Zähne zu besehen, wobei er nicht mehr Umstände machte, als wenn man einem Schaf oder Pferd ins Maul sieht. Wäre ich an ihrer Stelle gewesen, ich hätte ihn gewiss in den Daumen gebissen, so heftig erbitterte mich dieses Benehmen, woran er jedoch offenbar ebenso wenig Anstößiges sah als sie selbst. Dies ist nun einmal Sitte und Brauch hier zu Land. Meine Fragen an diese armen Menschen beschränkten sich hauptsächlich auf ihre Herkunft. Die meisten kamen von Missouri und Kentucky. Da ich beständig von dem Sklavenwächter begleitet wurde, so konnte ich keine biografischen Notizen verlangen, und jedenfalls durfte ich mich auf die Wahrheit derjenigen, die ich hier hätte erhalten können, nicht verlassen.

In einem andern dieser Sklavenhäuser sah ich einen Mann, dessen Aussehen und Ausdruck ich nicht vergessen würde, und wenn ich noch 100 Jahre lebte. Er schien der Herr der Sklaven zu sein, und mein Begleiter bat ihn für mich und sich um Erlaubnis, seine Sklaven zu sehen. Er willigte ein, aber mit einer Miene und einem Blick auf mich, als hätte er mich zerreiben wollen. Er war ein Mann von ungewöhnlicher Körpergröße und Schönheit. Seine Gestalt war herkulisch und der Kopf war seinen Zügen nach ein Jupiterskopf; aber die Majestät und Milde waren hier in eine Härte verwandelt, die wahrhaft schrecklich war. Ebenso gut könnte man zu einem Fels von Recht und Menschlichkeit reden als zu diesem Mann. An dem starren Ausdruck der dunkelblauen Augen, an den fest zusammengepressten Lippen ersah man, dass er seinen Fuß auf sein eigenes Gewissen gesetzt, mit allem Zweifel und Zögern abgeschlossen und Himmel und Hölle

Trotz geboten hatte. Er musste durchaus Geld haben. Hätte er in seiner starken Hand das ganze Menschengeschlecht erdrücken können, um es in Geld zu verwandeln, so würde er es mit Vergnügen getan haben. Die ganze Welt galt ihm nichts, außer als ein Mittel, um Geld zu bekommen. Die ganze Welt konnte in Schutthaufen zusammenfallen, wenn nur er als ein reicher Mann, als der einzige reiche und mächtige Mann in der Welt darauf sitzen durfte. Wollte ich ein Bild der vollendeten, verhärteten Selbstsucht malen, so würde ich diesen schönen Kopf malen. Der vollkommen dunkle Ausdruck darin, der Mangel an Licht, Leben und Freudigkeit war umso auffallender, als die Gesichtsfarbe hell war, und die Wangen, obschon etwas eingefallen, schöne Rosen hatten. Der Mann schien ungefähr 50 Jahre zu zählen.

Nachdem ich drei Sklavenhäuser und auch eines der Zimmer gesehen hatte, wo die Sklaven über Nacht gehalten werden und wo es weder Betten noch Stühle oder Tische gab, ging ich in das Spital von New Orleans. Es schien mir eine große, gut gehaltene Anstalt zu sein. Es waren einige Cholerakranke da. Ein junger Mann und ein junges Mädchen lagen am Tode. Ich legte meine Hand an ihre Stirnen. Sie empfanden es nicht. Sie waren bereits in den letzten Schlaf versunken.

Am Mittag dieses Tags, am 30. Dezember, war ich bei meinem Landsmann, Herrn Schmidt, der mich mit einem echten New Orleaner Mittagessen und besonders mit einer Lieblingssuppe in Louisiana, genannt Gumbo, einer sagoartigen Grütze, traktieren wollte.

Herr Schmidt ist ein lebhafter kleiner Mann, mit creolischer Grazie in seinem Wesen, sehr redselig und freundlich. Er ist (in zweiter Ehe) mit einer französischen Creolin von New Orleans verheiratet und hat mit ihr mehrere allerliebste kleine Jungen, mit dunklen Augen und dunklen Locken wie kleine Franzosen. Die Frau war auch schön, eine gemütliche, einfache Person, die noch niemals eine Schriftstellerin gesehen hatte und sich einigermaßen darüber zu verwundern schien, dass diese wie ein anderes Menschenkind war und wie ein solches sprach. Sie schien zu glauben, eine Person, die Bücher schreibe, müsse auch sprechen wie ein Buch.

Das New Orleaner Mittagessen war ausgesucht gut und Gumbo ist die Krone aller schmackhaften delikaten Suppen in der Welt, ein wahres Lebenselixier von der gehaltvolleren Sorte. Wer Gumbo gegessen hat, kann auf die echteste Schildkrötensuppe vornehm herabschauen. Nach dem Mittagessen plauderten meine Wirtin, ihre Schwester und ich ganz gemütlich am Kaminfeuer. Es machte mir Freude, mich mit der ungekünstelten, freundlichen Dame zu unterhalten, sie französisch sprechen zu hören und auch in dieser Sprache mit ihr reden zu dürfen. Dies ist für Zunge und Ohr eine reine Erquickung nach der unmelodischen und mühseligen englischen Sprache.

Abends trank ich Tee bei einer Familie Callendar, die in Louisiana eine Plantage besitzt. Tiefer Kummer über den Verlust zweier hoffnungsvoller Kinder scheint den Vater niedergedrückt und das Herz der Mutter beinahe zermalmt zu haben. Eine Tochter ist noch übrig, Julia. Holdes, junges Mädchen! Bei des Mondscheines Tanz auf den Wellen, beim Duft der Veilchen und beim Anblick milder Vergissmeinnicht, bei allem, was lieblich und lebensvoll, unschuldig und lebenswarm ist, aber dennoch aussieht, als sollte es nicht lange auf Erden verweilen, will ich an dich denken, Julia C., und mich sehnen, dich wieder an meinen Busen zu drücken, du blasses, holdes, strahlendes Kind des Südens, und will dich auf Erden zurückhalten, damit nicht deiner Mutter Herz breche und damit dein Vater und dein Haus noch eine Freude habe.

Am 31. Dezember ging ich (fortwährend in Regen und rauem Wetter) Arm in Arm mit meinem ehrlichen Freund, dem Doktor, aus, um einer Sklavenauktion anzuwohnen, die nicht weit von meiner Wohnung vor sich ging. Sie wurde an einem der kleineren Auktionsplätze vorgenommen, die sich in verschiedenen Teilen von New Orleans vorfinden. Der Hauptplatz für die Sklavenauktion ist eine herrliche Rotunde, deren prächtiges Gewölbe würdig wäre, von Freiheitsgesängen widerzuhallen. Ich war da einmal mit Mr Harrison, um einer größeren Sklavenauktion anzuwohnen, aber wir kamen zu spät.

Doktor D. und ich gingen in einen großen, ziemlich unfreundlichen und schmutzigen Saal zu ebener Erde in einem Haus, wo eine Menge Volks versammelt war. Etliche und 20 herrenartige Männer standen in einem Halbkreis um einen hohen Schemel von schmutzigem Holz, der für den Augenblick leer war. Auf der Seite der Mauer entlang standen einige schwarze Männer still und ernst. Die ganze Versammlung war schweigsam, und es schien mir, als ob eine schwere graue Wolke über ihr ruhte. Durch die nach der Straße zu geöffnete Tür hörte man den fallenden Regen. Die Herren warfen mir schiefe, finstere Blicke zu und hätten mich wahrscheinlich gerne an den Nordpol geschickt.

Ein paar Herren kamen hastig herein. Der eine von ihnen, ein großer, feister Mann von heiterem und gutmütigem Aussehen, offenbar ein Bonvivant, bestieg den Auktionsschemel. Er war, sagte man mir, ein Engländer, und dies hätte ich von selbst aus seiner blühenden, nicht amerikanischen Gesichtsfarbe geschlossen. Er kam offenbar von einem guten Frühstück und schien noch munter daran zu arbeiten, den letzten Bissen hinabzuschlucken. Er nahm den Auktionsstab in seine Hand und redete die Versammlung ungefähr folgendermaßen an:

»Die Sklaven, die jetzt um jeden Preis verkauft werden sollen, sind einige wenige Haussklaven, die alle einem einzigen Herrn gehören. Er hat sich für einen seiner Freunde verbürgt, und da dieser seine Session machte, so ist er jetzt, um seine Verbindlichkeit zu honorieren, genötigt, seine treuen Diener wegzugeben. Diese Sklaven werden also nicht infolge eines Fehlers, den sie begangen hätten, oder aus irgendeiner Mangelhaftigkeit von ihrer Seite verkauft. Sie sind treue und vortreffliche Diener, und nur eine harte Notwendigkeit hat ihren Herrn bestimmen können, sich von ihnen zu trennen. Sie sind den höchsten Preis wert, und wer sie kauft, kann überzeugt sein, dass er damit die Wohlfahrt in seinem Hause vermehrt.«

226

Hierauf bedeutete er einem schwarzen Weib vorzutreten und reichte ihr die Hand, um auf den Schemel zu steigen, wo sie dann neben ihm stand. Sie war eine große, gut gewachsene Mulattin, mit schönem, aber melancholischem Gesicht und ausgezeichnet bescheidener, edler Haltung; sie trug in ihren Armen ein zartes schlafendes Kind, auf welches sie während des ganzen Auktionsverfahrens unverwandt mit gesenktem Haupte herabblickte. Sie war in ein graues, bis an den Hals hinaufreichendes Kleid gehüllt und hatte ein blassgelbes, braun gestreiftes Tüchlein um ihren Kopf gebunden. Der Auktionator begann jetzt vor der Versammlung alle guten Eigenschaften dieses Weibs sowie ihre Künste und Fertigkeiten hervorzuheben. Er pries ihren Charakter, ihren gesunden Sinn, ihre Ordnung, Treue, ihre ungewöhnliche Fähigkeit, einer Haushaltung vorzustehen, ihre Frömmigkeit, ihre Talente und bemerkte, dass das Kind, das sie an ihrer Brust trage und das zugleich mit ihr verkauft werden solle, ebenfalls ihren Wert noch erhöhe. Darauf rief er mit lauter Stimme:

»Jetzt, Gentlemen, wie viel für dieses wahrhaft ausgezeichnete Weib *(this very superior woman)*, diese vortreffliche usw. usw. und ihr Kind?«

Dabei deutete er mit ausgestrecktem Arm und Zeigefinger auf einen um den andern von den umstehenden Herrn, die seinen Aufruf zuweilen mit einem stummen, kurzen Kopfnicken beantworteten. Zugleich fuhr er unaufhörlich also fort:

»Bieten Sie mir 500 Dollars, Gentlemen? Man hat mir 500 Dollars für dieses vortreffliche Weib mit ihrem Kind geboten. Daran ist nicht zu denken. Sie ist mit dem Kind doppelt so viel wert.« »550! 600! 650! 660! 670!« »Mein bester Herr, warum nicht sogleich 700 Dollars sagen für dieses ungewöhnliche, ausgezeichnete Weib mit ihrem Kind! 700 Dollars sind ein Spottpreis. Sie würde nie um diesen Preis verkauft werden, wenn nicht ihr Herr das Unglück gehabt hätte usw. usw.«

Der Auktionsstab fiel schwer herab. Das Weib war nebst

ihrem Kind um 700 Dollars an eine der finsteren, stummen Gestalten vor ihr verkauft. Was er war, ob er gut war oder böse, ob er sie in eine erträgliche oder in eine unerträgliche Sklaverei führen würde, das wusste die verkaufte Frau und Mutter so wenig als ich, und ebenso wenig wusste sie, in welchen Teil der Welt er sie führen würde. Und der Vater ihres Kindes – wo war er?

Die Augen unablässig auf das schlafende Kind geheftet, mit niedergeschlagener, aber ergebungsvoller Miene stieg die schöne Mulattin vom Auktionsschemel herab, um sich an der entgegengesetzten Seite der Wand aufzustellen. Nach ihr schritt ein junges, sehr dunkles Negermädchen mit einem hübschen gelben Tuch, das zierlich um ihren Kopf gebunden war, sodass die Zipfel wie zwei Flügel auf beiden Seiten hinausstanden, den Schemel hinan. Sie war außerordentlich nett und behänd, und ihre Augen spielten mutig und neugierig über die Versammlung umher.

Der Auktionator pries auch ihre Verdienste und rief dann: »Wie viel für dieses ganz hübsche junge Mädchen (*this very likely young girl*)?«

Sie war bald verkauft, wenn ich mich recht erinnere, für 350 Dollars.

Nach ihr bestieg ein junger Mann den Schemel. Er war Mulatte und hatte ein ausgezeichnet gutmütiges Gesicht, das Milde und Zartgefühl ausdrückte. Er war im Hause seines früheren Herrn Bedienter gewesen, war von ihm erzogen worden, hatte in großer Gunst bei ihm gestanden und verdiente es auch, ein ganz vortrefflicher junger Mann (*a most excellent young man*).

Er wurde für 500 oder 600 Dollars verkauft.

Zunächst kam ein älteres Weib, ebenfalls mit einem jener gutherzigen, gemütlichen Gesichter, die man so oft bei der schwarzen Bevölkerung findet, und mit einem Wesen, das deutlich bewies, dass auch sie im Dienste eines guten Herrn gestanden, dass sie an milde Behandlung gewöhnt und unter derselben mild und glücklich gewesen war. Alle diese Sklaven, mit Ausnahme des jungen Mädchens, das mehr mutwil-

»Keine Predigt, keine Antisklavereirede könnte so kräftig gegen das Sklavereiinstitut sprechen wie diese Sklavenauktion«

lig als gut aussah, trugen das Gepräge der Tatsache, dass sie in einem liebevollen Familienleben gelebt hatten.

Und jetzt, was sollte hernach ihr Schicksal werden? Wie bitter mussten sie nicht, wenn sie in böse Hände gerieten, wie schrecklich musste ihnen nicht ihr Schicksal erscheinen? Die Mutter insbesondere, deren ganze Seele auf ihr Kind konzentriert ist und die vielleicht bald dieses Kind von ihrer Brust hinweg in weite Ferne verkauft sieht, wie mochte es ihr zu Mut sein?

Keine Predigt, keine Antisklavereirede könnte so kräftig gegen das Sklavereiinstitut sprechen wie diese Sklavenauktion.

Der Herr war gut, die Diener ebenfalls gut, ergeben und treu; und dennoch wurden sie an den nächsten besten Liebhaber verkauft, verkauft wie unvernünftige Tiere.

Am Abend

Der Neujahrstag ist zu Ende. Auch ich habe an demselben Besuche von artigen Herrn gehabt, die mir bis jetzt fremd waren. Unter ihnen erinnere ich mich mit besonderem Vergnügen an zwei Brüder namens Duncan, Bankiers in der Stadt, ernste und herzliche Männer, die sich durch ihre brüderliche Liebe und ihre patriotische Gesinnung gleich sehr auszeichnen sollen. Mein Landsmann, Herr Ch. Schmidt, hat heute Abend bei mir gesessen und mit mir geplaudert. Er hat lange in New Orleans gelebt und kennt eine ganze Menge von Verhältnissen, er ist offen und mitteilsam, sodass ich viel Gutes von seiner Gesellschaft habe.

Mein Leben hier im Hause ist das angenehmste, das ich nur wünschen kann. Das garstige Wetter hat mir wahren Genuss gebracht, weil es mir Zeit gab, ein wenig zu lesen und zu zeichnen. Letzteres ist eine notwendige Ruhe und Erquickung für mich. Ich habe die Porträts einiger Freunde gezeichnet und meine kleine Aufwärterin hier gemalt, eine hübsche dunkle Mulattin mit schönen Augen und einem zierlichen gelben Tüchlein um die Stirne, so gebunden, wie es bei den Negerinnen Louisianas der Brauch ist.

New Orleans, den 27. Januar

Ich habe jetzt mit Anna W. meine letzte Spazierfahrt auf dem schönen Muschelweg bis zum Pontchartrainsee angestellt. Die Luft war lieblich, und der Himmel sah wieder mit blauen Augen auf uns zwischen Wolken hindurch, die sich immer mehr entfernten. Der Muschelweg geht meistens durch niedrige, noch wilde Waldung. Man sieht hier nicht unsere schönen, moos- und waldbekleideten Berge und Hügel, aber aus dem Dickicht des Waldes schauen überall die schönen Palmettopflanzen empor mit ihren großen, fächerartigen Blättern, die im Winde wogen. Das Regelmäßige und Graziöse in den Formen mehrerer halb tropischer Pflanzen, die eine neue Phase der Erdvegetation verkünden, lockt mich mit großer Zauberkraft an.

Morgen, morgen, meine Agatha, gehe ich an Bord des großen Dampfschiffes »Philadelphia« und in drei Tagen bin ich auf Cuba. Ich freue mich unaussprechlich, dahin zu kommen, um diese neue Schönheit zu sehen, um eine mildere Luft zu trinken und um die Winterwochen über diesem amerikanischen Klima zu entfliehen, dessen Veränderlichkeit meine geistigen sowohl als körperlichen Kräfte angreift. Ich bin während meiner diesjährigen Reise in Nordamerika körperlich um zehn Jahre älter geworden.

Sei jedoch unbesorgt um mich, mein Herzchen, sondern vertraue gleich mir auf meinen Reisekobold, diesen lieben Freund, der mich wohlbehalten durch alle Gefahren geführt hat, der mich ohne die mindesten Abenteuer über den ganzen Mississippi, just als fünf Dampfboote nebst ihren Passagieren auf seinen Fahrwassern in die Luft flogen, bis nach New Orleans kommen und aus dem Hotel Saint-Charles in diese gute Wohnung einziehen ließ am Tag, bevor es ein Raub der Flammen wurde.

Havanna (Cuba), den 5. Februar 1851

Mein Herzchen! Ich sitze unter dem warmen, klaren Himmel und den schönen Palmen der Tropenländer, und das ist schön und wunderbar! ... Diese herrliche, liebliche Luft, diese hohen Palmbäume sind vollendete Schönheiten. Das Übrige gewährt, fürchte ich, mehr durch seine Ungewöhnlichkeit, seine Verschiedenheit von dem, was ich früher sah, als durch wirklich größere Schönheit Vergnügen. Aber das Ungewöhnliche und Neue ist so angenehm und erfrischend, und so empfinde ich es jetzt und bin entzückt, dass ich mich hier befinde.

Ich reiste am 28. Januar frühmorgens von New Orleans ab. Es war ein schöner, sonnenheller, sommerwarmer Morgen. Meine Freunde führten mich an Bord des »Philadelphia«. Harrison kam, um Abschied von mir zu nehmen, und gab mir eine rote Camelia noch in der Knospe. Sein ehrliches, herzliches Gesicht und das Gesicht Anna W.s mit seinen reinen Zügen, seinem stillen Feuer in den dunklen Augen sind die letzten, die ich im Salon unter dem Verdeck sah. Später ging ich hinauf. Die Halbmondstadt lag in der Morgensonne gebadet da und das Wasser im Hafen erglänzte wie ein klarer Spiegel in ihrem Lichte. Ich stand da und erlabte mich an der schönen Luft, an der großartigen Szene, aber da kamen Ladys mit ihrem *how do you like America* (wie gefällt Ihnen Amerika?) und meine Morgenfreude war gestört und ich musste mich mit Geduld dareinfinden.

Aber wir fuhren ab und ich setzte mich mit einem Buch in der Hand auf die Piazza im Hinterteil des Schiffes und betrachtete die Ufer und lebte ein Leben voll Hochgefühl. Denn ich durfte jetzt allein sein und das Schauspiel an den Ufern war wie ein schönes, südliches Feenwerk. Wir fuhren den Mississippi hinab auf demjenigen Arm, der in die Atchasalaya-Bucht ausläuft und von da in den mexikanischen Meerbusen. Plantage um Plantage erglänzte an den Ufern, mit weißen Häusern, eingefasst in Bouquete von Pomeranzen und Zedernhainen; von blühenden Oleandern, Aloen und Palmettos. Allmählich sah man sie in weiterer Entfernung voneinander. Das Land senkte sich immer mehr, bis es zu einem gras- und schilfbewachsenen Sumpfboden wurde, ohne Bäume, Gebüsche und Wohnstätten. Es hielt sich gerade noch über dem Wasser: Endlich versank es in demselben, bildete aber da die seltsame, regelmäßige Figur, welche das Mississippi-Delta genannt wird, wegen ihrer Ähnlichkeit mit dem griechischen Buchstaben dieses Namens. Einige Grashalme wehten noch über dem Wasser, bewegt von den Wogen und dem Winde. Endlich hörten auch sie auf. Die Wogen herrschten allein. Und jetzt lag das Land, Nordamerikas großes Festland, hinter mir und vor mir der große mexikanische Meerbusen mit seiner unermesslichen Tiefe, die Südsee mit allen ihren Inseln.

Die dunkle, beinahe schwarzblaue Farbe des Wassers fiel mir auf. Man sagt, sie komme von der großen Tiefe. Der Himmel mit seinen sommerleichten, weißen Wolken lag hellblau über dem dunkelblauen Meer, das sich freudig hob und brauste vor dem frischen, sonnenwarmen Wind. Ach, wie schön war das! Ich trank den Wind und das Leben, ich ruhte aus von Gedanken und Reden und von allem, was nicht zu dem schönen Leben des Augenblicks gehörte. Das Meer! Das Meer hat eine unaussprechlich beruhigende, heilende und wieder gebärende Kraft in sich.

Willst du ein neues Leben in dir und außer dir beginnen, so fahre über das Meer. Lass des Meeres Luft und Leben tage- und wochenlang deine Seele baden. Alles wird neu und frisch auf dem Meer.

So lebte ich den ersten Tag auf dem Meer; so lebte ich auch den zweiten. Aber jetzt erlabte ich mich auch an einem Buch, nämlich an R. Brownings Trauerspiel: die *Rückkehr der Drusen**, einer Dichtung, deren hochsinniger, lebenswarmer Geist in Harmonie stand mit dem schönen, großen Schauspiel umher; in beiden atmete ich das Grenzenlose, Große und Tiefe. Kam dann der eine oder andere Herr und

---

* Robert Browning: *Return of the Druses* (1843) [Anmerkung des Herausgebers]

fragte: »*How do you like America?*«, oder verlangte er ein Autograf, so war dies, als surrte eine Fliege an Ohr und Gedanken vorüber. Es war auch ein Herr an Bord, der mir angenehmer war, als die andern störend.

Das Schiff hatte keine Ähnlichkeit mit den schönen, bequemen Dampfbooten, an die ich in Amerika gewöhnt worden war. Unter dem Verdeck war alles eng und finster; Kajüten, Gänge und Speisesaal. Um allein sein zu können, hatte ich meine Kajüte weit hinten im Hinterteil gewählt, wo die Bewegung des Schiffes am stärksten empfunden wurde; aber dort befand sich auch ein einsames, dreieckiges Zellchen mit einer runden Fensteröffnung nach dem Meer hinaus. Die Seekrankheit fürchtete ich nicht und hier konnte ich allein sein.

Unter den interessanten Passagieren an Bord befand sich einer der reichsten Pflanzer Louisianas, ein älterer Mann, mit seinem einzigen Kind, einem jungen Mädchen. Ihre Mutter war an der Schwindsucht gestorben, und der Vater hatte die Tochter schon seit ihrer Kindheit so zu erziehen gesucht, dass sie vor der gefährlichen Erbschaft bewahrt bleiben sollte. Sie wuchs in großer Freiheit auf dem Lande auf, war viel draußen in der frischen Luft und durfte keinen Schnürleib tragen. So gedieh sie zu einem schönen blühenden Mädchen. So kam sie ins Gesellschaftsleben hinaus. Nachdem sie einen Winter lang sich geschnürt und in den Gesellschaftskreisen von New Orleans getanzt hatte, war die schöne Blume gebrochen. Und die Kennzeichen der Krankheit, welche die Mutter dahingerafft hatte, stellten sich bei der Tochter ein. Der Glanz der Augen, die Röte der abmagernden Wangen, die ganze Haltung der langen, schlanken Gestalt zeugte von der Gefahr.

Es war rührend, den alten Vater zu sehen, wie er dastand und stille die Tochter betrachtete, mit Augen, die von vordringenden Tränen benebelt schienen. Es lag ein so stummer Kummer, ein so starkes Gefühl der Hilflosigkeit in seinem Ausdruck. Sie schaute dann mitunter auf und lächelte ihm freundlich zu wie ein Sonnenschein, aber es war klar, dass die

Wolke da war, dass sie im Zunehmen begriffen war und dass alles Gold des Millionärs das Leben seines einzigen Kindes, seiner einzigen Erbin nicht zu erkaufen vermochte.

Die Reise, welche sie jetzt vorhatten, war jedoch ein Versuch dazu; sie gedachten zuerst nach Cuba, sodann nach Europa zu gehen. Ein schönes, blühendes junges Mädchen, eine Verwandte der Kranken, war ihre Gesellschaft.

Auch einige Schweden waren an Bord, auf dem Weg nach Chagres begriffen, von wo sie nach Californien abgehen wollten. Der eine von ihnen hieß Hörlin und war ein Neffe des Bischofs H. Er hatte ein gutmütiges Gesicht und ein gebildetes Benehmen; er fuhr jetzt zum zweiten Mal nach dem Goldland, wo er sich durch Handel bereits ein nicht unansehnliches Vermögen erworben hatte.

Am Nachmittag des zweiten Tags bewölkte sich der Himmel und der Wind wurde stärker. Ich traute meinen Augen kaum, als ich hoch oben in den Wolken vor uns hohe Berge und Felsenspitzen, nicht unähnlich einer Nebelfestung mit Wällen und Türmen, sah und man mir sagte, dies sei Cuba. Wir konnten gleichwohl erst am folgenden Morgen dahin kommen. So hohe und kühne Berggegenden hatte ich im Westen noch nicht gesehen.

Die Nacht wurde stürmisch, aber es war sehr warm, und um Luft zu bekommen, hatte ich meine Fensterluke geöffnet. Ich sah von meinem Bett aus dicht unter demselben den wolkenvollen Himmel und das stürmische Meer, wenn das Schiff in seinen heftigen Bewegungen bis zur Wasserfläche an meiner Seite herabgebracht wurde. Die Wogen schäumten und tosten dicht vor meinem Fenster. Sie kamen zuletzt in mein Bett herein. Aber das Wasser war so lau, dass ich es im Anfang nicht bemerkte, und dann, als ich nur die Alternative hatte, das Fenster zu schließen und in der erstickenden Luft in der Kajüte zu leben oder die weiche Meeresluft einzuatmen und von Zeit zu Zeit von der salzigen Woge eine Umarmung zu erhalten, da wählte ich das Letztere. Ich wurde tüchtig durchnässt, fühlte mich aber ruhig und glücklich; ich stand auf Du und Du mit der Woge und dem großen

»Da lag die große Stadt Havanna«

Meer. Ich lag darin wie ein Kind in seiner guten Wiege. Es konnte mir kein Leid antun. Am nächsten Morgen lagen wir im Hafen von Havanna.

Die Brandungen hoben sich hoch und brachen sich gewaltsam an der vorspringenden Klippenspitze, wo die Festung Morro mit Wällen und Türmen (worunter einer sehr hoch) emporragt und den schmalen Eingang in den Hafen

Cubas verteidigt. Aber in dem schönen, beinahe zirkelrunden Hafen lagen wir still wie in dem ruhigsten Wasserbecken, und die Sonne begänzte eine Welt von neuen Gegenständen rund um mich her.

Da lag die große Stadt Havanna an der Küste entlang, rechts vom Eingang, mit niedrigen Häusern von allen Farben, blau, gelb, grün, orange, gleich einem ungeheuren

Lager von hübschen Gläsern und Porzellansachen in einem Galanterieladen, und kein Rauch darüber, nicht die geringste Rauchsäule gab die Atmosphäre der Stadt, das Küchen- und Fabrikleben zu erkennen, an das ich bei den amerikanischen Städten gewöhnt gewesen war. Gruppen von Palmen erhoben sich zwischen den Häusern.

Eine Anhöhe links von uns war von einer Menge wunderlicher Pflanzen bedeckt, die hohen, grünen Kandelaber mit vielen Doppelarmen glichen. Zwischen den grünen Höhen rund um den Hafen lagen Gruppen von Landhäusern und Haine von Kokospalmen und andern palmartigen Bäumen, und über all dem ruhte der klarste, wildeste Himmel, atmete man die lieblichste Luft. Das Wasser im Hafen glänzte kristallhell, und überhaupt schienen mir Luft und Farben von der reinsten Klarheit und Zartheit zu sein. Unter den Gegenständen, die ins Auge fielen, waren die Festung, wo die Staatsgefangenen sitzen, ein anderes Gefängnis und ein – Galgen. Aber die schönen wogenden Palmen und die grünen Höhen bezauberten meine Augen.

Kleine halb bedeckte Boote und Ruderer mit spanischen Physiognomien legten am Schiff an, um die Passagiere ans Land zu führen. Aber die Passagiere durften nicht landen. Es verlautete, dass ein gewisser Oberst White, nebst Lopez einer der Anführer bei dem früheren Räuberzug gegen Cuba, sich an Bord des Schiffes befinde, dass die spanischen Behörden auf der Insel einen Wink davon erhalten und den Passagieren samt und sonders das Landen bis aufs Weitere verboten haben. Dies war nicht sehr angenehm. Einige der Herren waren sehr erzürnt und ganz und gar nicht freundlich auf den Oberst White zu sprechen, der, eine lange, hoch aufgeschossene Gestalt mit rotem Gesicht, irischer Nase und unbekümmertem, gleichgültigem Wesen, jetzt seine Erscheinung auf dem Verdeck machte und daselbst auf- und abspazierte, mitten vor ihren zornigen Blicken eine Zigarre rauchend. Er beabsichtigte, sagte man, nach Chagres und von da nach Californien zu gehen.

Sechs Stunden mussten wir im Hafen liegen bleiben. Für

mich waren sie nicht lang. Der Anblick der Ufer und der Gegenstände auf denselben war für mich so bezaubernd, das Wetter war göttlich, und wir hatten große Büschel von schönen goldenen Ananas an Bord bekommen. Artige Herrn traktierten damit und ich frühstückte mit Hochgenuss meine Lieblingsfrucht, für mich ebenso angenehm und wohltuend wie die tropische Luft selbst. Auch Zuckerrohr wurde umher geboten und von Liebhabern ausgesogen. Es war ein echtes tropisches Frühstück im Sonnenschein auf dem Meere.

Endlich kam ein Boot mit der spanischen Flagge und verschiedenen Militärpersonen. Sie stiegen an Bord unseres Schiffes. Oberst White wurde auf die Seite geführt und ihm das Ehrenwort abgefordert, dass er nicht auf der Insel landen, sondern seine Reise nach Chagres fortsetzen wolle ohne hier das Schiff zu verlassen. Ich sah verschiedene von den Offizieren (schöne Leute mit feinen Zügen) dem Räuberhauptmann Blicke zuwerfen, und was für Blicke! Es funkelten spanische Dolche darin.

Die spanischen Herrn fuhren wieder ab und jetzt durften wir unschuldige Passagiere ans Land kommen. Einige freundliche Herrn sorgten für meine Landung, und dies war nötig, denn größere Schwierigkeiten, um ans Land zu kommen, als hier habe ich nirgends gefunden. Ich wurde von einem amerikanischen Wirt, Mr Woolcott, übernommen, der mich und meine Sachen ans Land, sodann nach dem Zollhaus und von da in sein Hotel führte, wo er mich komfortabel zu halten unserem ehrlichen Kapitän des »Philadelphia« versprach. Und bald saß ich in einem freundlichen Saal mit Marmorboden an einer vortrefflich servierten Tafel in großer Gesellschaft, während die schöne Luft und das Licht durch offene Türen und Fenster hereinströmten. Denn auf Cuba hat man keine Furcht vor dem Sonnenlicht.

Ich erfuhr hier, dass Jenny Lind noch in Havanna sei und erst in einigen Tagen abreisen werde. Ich schrieb ihr daher einige Zeilen und schickte sie mit meinem jungen Landsmann Hörlin ab, der mit Vergnügen das Briefträgeramt übernahm. Es war gegen Abend, und ich nahm darauf ein Licht und ein

Glas Wasser und ging die Treppe nach meinem Zimmer hinan, um mich zur Ruhe zu begeben. Aber kaum war ich einige Stufen hinangestiegen, als ich unten jemand meinen Namen nennen hörte. Verwundert schaute ich mich um, und da stand am Fuß der Treppe am Geländer sich haltend eine Dame, die mit freundlich strahlendem Gesicht emporblickte. Es war Jenny Lind. Jenny Lind hier und dieser strahlende, frische, heitere Gesichtsausdruck, unvergesslich für jeden, wer ihn einmal bei ihr gesehen hat! Der ganze schwedische Frühling erblüht darin. Ich war hocherfreut. In einem Augenblick war alles vergessen, was zwischen mir und ihr früher vorgefallen war. Ich musste sogleich hinabgehen, mich über das Geländer hinbeugen und sie küssen. Der angenehme junge Schwede, Max Hjortsberg, war bei ihr. Ich drückte ihm die Hand, aber Jenny Lind nahm ich mit mir auf mein Zimmer. Wir hatten uns nicht getroffen seit Stockholm, wo ich ihr einen europäischen Ruf prophezeite. Jetzt hatte sie ihn gewonnen, und noch in höherem Grad als bis jetzt irgendeine Künstlerin, denn das Lob und die Lorbeeren, die sie überall geerntet hat, gelten nicht bloß ihrem Talent als Sängerin.

Ich verbrachte mit ihr jetzt den größeren Teil der zwei Tage, die sie noch in Havanna blieb, teils daheim bei ihr, teils auf Ausfahrten in den schönen Promenaden ringsumher, teils daheim bei mir, wo ich ihr Profil abzeichnete. Unter den Palmen auf Cuba sprachen wir bloß von Schweden und gemeinschaftlichen Freunden daselbst und weinten zusammen über schmerzliche Verluste.

Wir sprachen viel von alten Freunden und alten Verhältnissen in Schweden, ja eigentlich von nichts anderem, denn alles andere, Ehre, Ruf, Reichtum, was sie außerhalb Schweden gewonnen, scheinen nicht die mindeste Wurzel in ihrer Seele geschlagen zu haben. Ich hätte jetzt gerne etwas darüber gehört, aber sie hatte keinen Sinn dafür und keine Lust, davon zu sprechen. Bloß Schweden, die alten Freunde und Religionsgegenstände standen hoch in ihrer Seele und nur davon wollte sie sprechen.

Ich werde in gewissen Beziehungen nicht ganz klug aus

ihr. Aber eine ungewöhnliche und vielfach überlegene Natur bleibt sie immer und dabei ist sie so frisch schwedisch. Jenny ist mit dem Trollhätta, mit dem Niagara und allen frischen, unmittelbaren Naturmächten verwandt, und die Wirkung, welche sie hervorbringt, ist ungefähr dieselbe wie die Wirkung dieser Naturmächte.

Die Amerikaner sind entzückt über ihre Wohltätigkeit. Ich kann sie hierin nicht bewundern, sondern bloß glücklich schätzen, dass sie dem Drang ihres Herzens folgen darf. Aber dass Jenny Lind bei all der Macht, deren sie sich bewusst ist, bei all der Gewalt, die sie ausgeübt hat, bei all dem Lob und der Verehrung, womit sie überhäuft wird, bei der Menschenmenge, die sie zu ihren Füßen gesehen hat, gleichwohl dabei geblieben ist, zu etwas Höherem über all dem und über sich selbst emporzuschauen, und dass sie diesem Höhern gegenüber sich selbst und alles das als gering betrachtet, dieser Blick, dieser Drang nach dem Heiligen und Höchsten, der unter manchen Veränderungen immer wiedergekehrt ist und sich als ein vorherrschender Zug bei Jenny Lind gezeigt hat, das ist in meinen Augen das Größte, Ungewöhnlichste und Beste an ihr.

Sehr, sehr liebenswürdig und angenehm war sie gegen mich, sodass es mich rührte. Ich hätte nie gedacht, dass wir unter den Palmen des Wendekreises einander so nahe kommen würden.

Bei ihr sah ich über Mittag ihre ganze Reisegesellschaft, Belletti, Mademoiselle Ahrström, Herrn Barnum und seine Tochter usw. Das beste Verhältnis schien zwischen ihr und ihnen vorzuwalten. Sie lobte sie alle und rühmte Barnums Benehmen gegen sie sehr. Sie hatte jetzt aufgehört auf Cuba Konzerte zu geben; sie erlabte sich jetzt an der Ruhe und an der schönen tropischen Natur und Luft. Mir sang sie unaufgefordert (denn ich wollte sie nicht bitten zu singen) das Lindblad'sche Lied: Spreche ich, so hörst du mich usw., und ihre Stimme schien mir so frisch und jugendlich wie früher.

Eines Tags führte sie mich zu Wagen nach dem Garten des Bischofs, einer schönen parkartigen Anlage bei Havanna, wo sie sich's angelegen sein ließ, mir den Brodbaum und andere

»Und sollte ich in Zukunft Jenny Lind nie wieder sehen, so werde ich sie künftig immer so sehen, immer so lieben«

tropische Gewächse zu zeigen, was ihren frischen Natursinn bewies. Abends fuhren wir auf der prachtvollen Promenade *el Passeo de Isabella seconda*, die gewiss eine halbe schwedische Meile weit durch breite Alleen mit Palmen und anderen Tropenbäumen führt, durch viele Blumengruppen, an Marmorstatuen und Springbrunnen hin und eine der schönsten Promenaden ist, die man sich nur denken kann, zumal unter Cubas klarem Himmel. Der Mond war im Zunehmen und schwamm gerade wie ein kleines Boot über dem westlichen Horizont. Jenny Lind machte mich auf seine verschiedene Stellung hier und bei uns, wo der Neumond immer in geneigter Richtung über der Erde steht, aufmerksam. Der ganze Ring des Mondes kam ungewöhnlich klar zum Vorschein.

Dieser beginnende sanfte Mondschein über den grünen, wogenden Feldern mit ihren Palmengruppen war unbeschreiblich schön.

Ich meinte zu finden, dass Jenny Lind ihres Reiselebens

und ihrer Reise als Sängerin müde sei. Sie wünschte offenbar ein Leben von stillerem und tieferem Inhalt. Wir sprachen von Ehe und häuslichem Leben.

Ganz gewiss steht Jenny Lind eine Veränderung dieser Art bevor. Aber wird dieselbe ihre Seele ausfüllen, wird sie ihr genügen? Ich zweifle daran.

Gestern reiste sie in melancholischer und nicht sehr glücklicher Stimmung nach New Orleans ab. Das Schiff, mit welchem sie ging, war überfüllt mit Californienfahrern (man sagte 400 Personen), die nach New Orleans zurückkehren wollten. Und Jenny Lind hatte kurz vorher gerüchteweise erfahren, dass Kapitän West, der sie von England nach Amerika herübergeführt hatte, auf einer unglücklichen Seefahrt umgekommen sei. Alles das bedrückte sie, und meine Zusprüche – ich ging an Bord des Schiffes, um Abschied von ihr zu nehmen, um ihr Glück zu wünschen und ein Rosenbouquet zu schenken – sowie die Zuvorkommenheit des Kapitäns, der ihr seine Kajüte und den Salon anbot, wo sie über dem Verdeck, ungestört von den Californienfahrern unten, leben könnte, vermochten sie nicht aufzumuntern. Sie blieb blass und einsilbig. Sie sah meine armen Rosen kaum an, obwohl sie schön waren, die schönsten, die ich in Havanna bekommen konnte. Aber als ich wieder in meiner kleinen Gondel saß und mich bereits vom Schiff entfernte, da sah ich auf einmal Jenny Lind sich über das Geländer hin gegen mich vorbeugen. Und all die schönen regelmäßigen Gesichter des Westens erblassten vor der strahlenden, lebensvollen Schönheit im Ausdruck des Gesichtes, das ich hier in Tränen gebadet, die Rosen küssend und in seinem leuchtenden Blick einen ganzen Sommer von reichem, entzückendem, innig warmem Leben ausstrahlen sah.

Und sollte ich in Zukunft Jenny Lind nie wieder sehen, so werde ich sie künftig immer so sehen, immer so lieben.

Ich bin jetzt im siebenten Tag in diesem ganz guten, aber sehr teuren Hotel. Ich bezahle fünf Dollars täglich für meine Kost und ein Stübchen, das man sich nicht dürftiger denken kann, und in ein paar Tagen muss ich sechs Dollars bezahlen oder mein Stübchen mit irgendeinem unbekannten Gast teilen. Denn in ein paar Tagen wird ein Dampfschiff mit neuen Gästen aus New Orleans erwartet. Ich habe mich deshalb nach einer neuen Wohnung erkundigt. Inzwischen haben freundliche Menschen, teils Deutsche, teils Engländer und Amerikaner, auch hier sich meiner angenommen, sie denken darauf, es mir angenehm zu machen, und ihrer Sorgsamkeit habe ich's zu verdanken, dass ich morgen auf ein paar Tage in eine ländliche Wohnung ziehen werde, ganz nahe bei dem schönen Garten des Bischofs, wo ich dann frei und ungestört mit den Bäumen und Blumen Cubas Bekanntschaft machen kann. Ist das nicht angenehm? Ist mein kleiner Reisekobold nicht recht artig?

Meinen Tag habe ich bisher folgendermaßen zugebracht: Morgens um halb acht kommt Mrs Mary zu mir mit einer Tasse Kaffee und einem Weizenbrötchen, das ganz appetitlich aussieht. Und Mrs Mary ist eine Irländerin, eine der gemütlichsten, artigsten, sorgsamsten, gutmütigsten und freundlichsten Frauen, die man sich nur denken kann, und sie ist der größte Schatz dieses Hotels, wenigstens für mich. Mrs Marys Gutmütigkeit und freundliche Sorgsamkeit macht, dass ich hier das Gefühl einer Heimat habe und mir unendlich wohl gefallen würde, wenn es nicht so unmenschlich teuer wäre.

Nachdem ich meinen Kaffee getrunken und mein Brot gegessen habe, gehe ich aus, zuerst nach der Plaza de Armas, wo der Gouverneur, der Intendant und der Großadmiral, die drei großen Würdenträger auf der Insel, ihre Paläste haben, welche drei Seiten des Marktes einnehmen, während die vierte aus einer baumbepflanzten Einzäunung besteht, durch deren Eisengitter man eine Marmorbüste auf ihrem Piedestal und hinter ihr eine Kapelle sieht. Dies ist der Platz, wo Columbus zum ersten Mal die katholische Messe auf der Insel lesen ließ. Die Büste ist sein Bild und steht nebst der Kapelle zur Erinnerung an diesen ersten Gottesdienst da. Mitten auf dem Markt steht eine große, weiße Marmorstatue von Carl V., glaube ich, und um sie herum einige hohe, prächtige Königspalmen, wahre Könige unter den Bäumen, und ringsherum liegen kleine Felder mit andern Bäumen und Gebüschen. Unter diesen habe ich Bäume bemerkt, deren Laub und Kronen große Ähnlichkeit mit unsern Linden besitzen, obschon sie nicht groß sind, und feuerfarbige Blumen, nicht unähnlich unsern indianischen Kresseblumen, aber dunkler, sowie Gebüsche, welche dieselbe Art von Blumen haben und auf deren Stämmen kleine, grüne, zierliche Eidechsen umherspringen und mich ganz ruhig anschauen, wenn ich sie anschaue. Hier stehen eine Menge weißer Marmorbänke, auf denen man im Schatten der Palmen sitzt. Aber sie geben keinen großen Schatten und man muss die Zeit und den Ort abwarten, wo ihre stolzen Kronen auf eine kleine Weile Schutz gegen die Sonne gewähren. Aber es ist ein Vergnügen, ihre Zweige sausend im Winde wogen zu sehen; ihre Bewegungen sind so majestätisch und zugleich so graziös.

Später gehe ich auf eine Esplanade oder hohe Terrasse, *la Cortina de Valdez* (der Mittelwall des Valdez) genannt, am Hafen entlang, auf der entgegengesetzten Seite vom Morro. Dies ist ein beschränkter Spaziergang, der aber die schönste Aussicht darbietet. Und hier wandle ich den Seewind trinkend und sehe die Wogen vom Meer her, selbst wenn es ruhig ist, in hohen weiß schäumenden Brandungen am Felsen Morro sich brechen, welcher die Unruhe des Meeres ausschließt und den Hafen ruhig macht; sehe durch die Öffnung des Hafens die weißen Segel über das große blaue Meer hinfliegen, sehe kleine Eidechsen herumspringen oder dasitzen und sich auf der niedrigen Mauer an der Esplanade entlang dem Meere zu sonnen und weiße Tauben herabfliegen und trinken aus einem weißen Marmorbecken unter einem schönen zu Ehren des Valdez errichteten Monument, welches die Promenade abschließt. Ein heller Wasserstrahl springt immer aus der Marmorwand des Monuments in das Bassin.

Um halb zehn gehe ich wieder nach Haus und nehme das zweite Frühstück in großer Gesellschaft in dem hellen Marmorsaal an reich besetzter Tafel ein; aber ich verzehre außer Kaffee bloß meine liebe Carolina-Reisgrütze und ein Ei. So-

dann gehe ich auf mein Zimmer und schreibe Briefe, zeichne oder male bis zum Mittag. Nachmittags kommt der eine
oder andere meiner neuen Freunde her und holt mich in seiner Volante (Kubawagen) zu einer Fahrt außerhalb der
Stadt, auf einer ihrer schönen stattlichen Promenaden.
Abends nach dem Tee gehe ich auf das Dach des Hauses, das
wie alle Häuser hier platt ist, Azoteon genannt wird und von
einer niedrigen Mauer oder einem steinernen Stacket umgeben ist, worauf Urnen von einer grauen Steinart mit grünen,
hohen Verzierungen und vergoldeten, ehernen Flämmchen
stehen. Hier gehe ich allein bis spät in der Nacht, betrachte
den Sternenhimmel über mir und die Stadt unter meinen
Füßen. Das Morrolicht – so nennt man das Licht des hohen
Leuchtturms auf der Morrofestung – wird angezündet und
leuchtet gleich einem großen strahlenden Stern mit dem
klarsten Schein über Meer und Stadt. Die Luft ist lieblich
und still, sie atmet bloß wie ein schlafendes Kind, und um
mich her höre ich mitunter das anmutigste, hellste Gezwitscher, dem unserer Sperlinge ähnlich, aber klarer oder milder
klingend. Man sagt mir, es komme von den kleinen Eidechs-
en, die sich in so großer Menge vorfinden und hier Stimme
bekommen haben.

Die Stadt hat ein höchst eigentümliches Aussehen. Die
Häuser sind niedrig, nie über zwei niedrige Stockwerke hoch,
die Straßen eng, sodass eine Menge Leinwandtücher, welche
Budenschilde vorstellen, von der einen Häuserreihe bis zur
andern herüberhängen. Die Mauern der Häuser, Paläste und
Türme sind blau, gelb, grün, orangefarbig angestrichen und
man sieht oft Freskomalereien. Man fürchtet die weiße Farbe
und den Sonnenschein darauf für die Augen. Man sieht keine
Rauchsäule, keine Schornsteine. Überall platte Dächer mit
steinernen oder eisernen Staketen und Urnen mit ehernen
Flämmchen. Ich begreife nicht, wohin das Feuer und der
Rauch ihren Weg nehmen. Die Atmosphäre der Stadt ist kristallhell. Die engen Straßen sind nicht mit Steinen gepflastert,
und wenn es geregnet hat, wie dies ein paar Tage in Strömen
geschah, so entstehen ungeheure Pfützen und Gruben; wenn

es trocken ist, wiederum viel Staub. Kleine Trottoirs, selten breit genug, dass zwei Personen aneinander vorbeigehen können, ziehen sich an den Häuserreihen entlang.

Auf den Straßen springen und drängen sich nach allen Richtungen eine Art großer Insekten, mit ungeheuren Hinterbeinen und einer langen Nase, auf welcher ein hohes schwarzes Horn oder eine turmartige Erhöhung sitzt. So nämlich kamen mir die cubanischen Equipagen oder Bolauten, welche das einzige Fuhrwerk Havannas ausmachen, zuerst vor. Und willst du sie näher beschauen, so sehen sie aus wie eine Art von Cabriolets, aber die zwei ungeheuren Räder sitzen hinter dem Wagenkorb selbst. Dieser ruht auf Federn zwischen den Rädern und dem Pferd, das ihn zieht. Auf dem Pferd, das ein gutes Stück von dem Wagenkorb entfernt ist, reitet der Kutscher, immer ein Neger, in großen hinausstehenden Reitstiefeln. Er wird Calashero genannt und ist zuweilen, gleich dem Pferd, reich mit Silber behangen, man sagt, manchmal im Wert von mehreren tausend Dollars. Die ganze Equipage ist ungewöhnlich lang und erinnert mit ihrer filigranen Gestalt an eine Schnake.

Wenn die Volante sehr aufgeputzt ist oder auch zu längeren Reisen bespannt wird, so hat sie zwei, auch drei Pferde. Das zweite Pferd befindet sich zur rechten Hand des Calashero und springt ein wenig vor dem Sattelpferd. Du siehst dann zuweilen zwei oder drei Signoren darin sitzen, immer in bloßem Haar, zuweilen mit Blumen darin, mit bloßen Armen und Hälsen, in weißen Florkleidern, wie zum Ball angezogen. Wenn sie zu drei sind, so sitzt die Jüngste in der Mitte, etwas vor den zwei andern. Dies ist ein allerliebstes Bouquet von lebendigen Blumen. Man sieht es oft nachmittags auf den Promenaden oder abends, wenn Musik da und viel Volks versammelt ist. Nur selten sieht man einen Schleier über Kopf und Hals, beinahe niemals einen Hut. Zeigt sich ein solcher, so gehört er einer Ausländerin.

Als ich zum ersten Mal die schwankenden Bewegungen der Volante auf den Straßen sah, da dachte ich: Das muss ein schrecklich unbequemes Fuhrwerk sein. Als ich darin saß, meinte ich auf Wolken zu schaukeln. Ich habe niemals eine weichere Bewegung empfunden.

Die creolischen Damen (die Eingeborenen der Insel) suchen keinen Schutz vor der Sonne oder dem Wind. Sie bedürfen dessen auch nicht. Nach Mittagszeit, wenn die Brise vom Meer her kommt, ist die Luft nicht heiß, auch brennt die Sonne hier nicht wie auf dem Festland. Die Haut der Creolinnen ist blass, aber ohne Kränklichkeit; sie hat eine weiche, helle Olivenfarbe, die ihnen, nebst ihren schönen, dunklen, aber dennoch weichen Augen, etwas sehr Einnehmendes verleiht. – Die Priester in langen Kutten, in großen, kuriosen Hüten, sieht man zu Fuß gehen. Der größere Teil der Bevölkerung auf den Straßen besteht aus Negern und Mulatten; auch in den Buden sieht man Mulatten als Verkäufer, besonders in den Zigarrenläden. Überall sieht man Zigarren rauchen, besonders eine Art kleiner Zigarren oder Zigarillos. Die farbige Bevölkerung scheint sich im Tabakrauch zu berauschen. Oft sehe ich Neger und Mulatten halb schlafend mit der Zigarre im Mund vor der Bude sitzen. Der Cashero steigt, wenn er vor einem Hause warten muss, ab, setzt sich in der Nähe des Fuhrwerks, raucht und schlummert ein wenig im Sonnenschein. Aber wohin nimmt all der Rauch seinen Weg? Man sieht ihn nicht. Er muss von der Seeluft absorbiert werden.

Aber ich muss meinen Tag schließen. Nachdem ich bis gegen Mitternacht auf dem Azoteon gewandelt oder gesessen und die Luft, die mir hier ein eigentümliches, heilkräftiges, wohltätiges Leben zu haben scheint so wie eine Ananas, denen eine ähnliche Kraft innewohnt, genossen habe, begebe ich mich auf mein Zimmer und lege mich zur Ruhe in mein Zeltbett, das beinahe keine Tücher hat, wo ich aber vortrefflich ruhe und schlafe beim Säuseln des Windes, der durch das eiserne Gitter mit Türen und Fenstern, die weder durch Glas noch durch Läden verschlossen sind, hereinspielt.

Mein Zimmer hat, nebst einer Reihe anderer Zimmer, einen Ausgang auf das Dach, was mir sehr angenehm ist, da ich jeden Augenblick da Luft schöpfen kann, und von meinem Dach aus habe ich nur noch eine kleine Treppe bis hinauf zu dem eigentlichen Azoteon. Das Azoteon ist der vornehmste Versammlungsplatz der cubanischen Familien, wenn sie am Abend den Seewind genießen wollen.

Ich muss dir jetzt einiges von den Familien erzählen, die sich in Güte meiner annehmen. Es sind dies vor allem eine Familie Tolme, ein hoch geachtetes Handelshaus in der Stadt, und ein junges Paar, Herr und Frau Schaffenberg, Tochtermann und Tochter von Herrn und Frau Tolme. Herr Tolme ist ein Engländer und war auf Cuba Agent des Roth-schild'schen Hauses in London, hat aber jetzt das Geschäft auf seinen Tochtermann, Herrn Schaffenberg, einen Deutschen, übertragen. Er ist ein alter, aber noch jugendlicher Mann, sein Gesicht und sein ganzes Wesen verkünden Wohlwollen und gute Laune; er ist ein heiterer und munterer Gesellschafter. Seine Frau stammt von dänischen Eltern; sie ist auf der dänischen Insel St. Croix geboren, war früher eine große Schönheit und ist noch jetzt mit ungefähr 50 Jahren ein ganz hübsches Weib, mit seinen Zügen und einem Ausdruck von Güte, der mich bezaubert. Das Haus ist voll von schönen Kindern, vier Söhnen und fünf Töchtern. Besonders sind die Töchter schön, und die zwei ältesten, die verheiratet sind, haben etwas unendlich Anmutiges. Sie können wegen der feinen Schönheit ihrer Züge und der Anmut ihrer Gestalten mit Fanny und Charlotte Franzen verglichen werden; die jüngste von ihnen ist hellfarbig und hübsch, wie eine nordische Jungfrau. Der älteste Sohn des Hauses hat aus England eine junge Schönheit heimgeführt, blühend, wie nur Europas Töchter es sind; und das ganze Haus ist voll von Schönheit und Liebe und Freude; Neuvermählte und Neu-verlobte, Liebesgezwitscher und Liebesblicke in jeder Ecke. Die Familie hat überdies einen heitern Gesellschaftskreis, wo muntere Herren aus Europa, Deutsche, Engländer, Schotten und Franzosen, musizieren und sich tüchtig lustig machen.

Vorgestern führte mich die gute Frau Tolme in ihrer Volante auf Schaffenbergs Villa in einem Dorf, ein paar Meilen von Havanna. Es war eine schöne Gesellschaft versammelt;

sie war nicht eingeladen, sondern nur gekommen, weil dies der Empfangsabend im Hause war. Man hatte lebende Bilder, Musik und Tanz. Die ausgezeichnet schönen Damen, die in den Kostümen der Gemälde wahrhaft entzückend waren, die artigen, muntern Herren, die gute Musik (die jungen Schwestern Tolme singen hübsch), der cubanische Kontretanz und seine so eigentümliche Musik, so treu bezeichnend für den Charakter und das Leben der Creolen, ein weiches, spielendes, genussreiches und doch wehmütiges Leben, worin mir die Hauche des Seewinds, die Zweige der Palmen zu säuseln und zu schwanken schienen, der heitere freie Umgangston, die vielen Sprachen, die gesprochen wurden, der schöne Abend, die sanften Nachtwinde, die da wehten, und die Sterne, welche in der finstern Nacht durch geöffnete Türen und Fenster hereinblickten, alles das machte diesen Abend zu einem der schönsten und vollkommensten Feste, denen ich angewohnt habe. Da war keine Mühe und kein Zwang; man ruhte, genoss und belustigte sich auf einmal.

Ich habe ein paar Mal der Morgenmesse in der Domkirche dahier angewohnt und habe recht großes Priesterspektakel und die Priesterherrlichkeit in vollem Flor gesehen. Man glaubt sich hier um zwei oder drei Jahrhunderte zurückversetzt. Betende sah ich beinahe gar keine in der Kirche. Die Priester schritten in Prozession einher, räucherten, zündeten Lichter an und beschäftigten sich mit vielen kirchlichen Zeremonien, aber augenscheinlich ohne Andacht. Aber die Musik betete; die Musik war schön und voll von inniger Andacht. Ein frommer und inspirierter Geist hatte seine Seele ihr eingehaucht und ich betete mit ihr. Die Domkirche ist schön und hell, obschon nicht groß. Es sind einige Gemälde da, die mir Vergnügen machen. Eines von ihnen stellt die Geister im Fegefeuer dar; über den Flammen schwebt die Madonna mit dem Kind, erbarmungsvoll herabblickend. Einige Seelen bemerken sie, werden von ihrer Schönheit ergriffen, und während sie zu ihr emporschauen und unwillkürlich anbeten, erheben sie sich aus den Flammen ohne es selbst zu bemerken.

Ein anderes Gemälde zeigt die Heilige Jungfrau, die auf der Erdkugel steht. Ihr Blick ist im Himmel, ihr Gebet, ihre ganze Seele lebt da, und ohne daran zu denken tritt sie auf die Schlange, die über die Erde hinschleicht. Diese Gemälde sind offenbar aus einer Zeit von tiefem geistlichem Leben.

Die Gebeine des Columbus ruhen in der Domkirche; eine weiße Marmortafel in der Wand neben dem Chor zeigt den Platz. Sie enthält auch seinen Kopf in Basrelief; unter demselben sind einige Symbole von sehr gewöhnlichem Schlag, und unter diesem eine Inschrift matt, platt und schlecht zusammengesetzt, des Inhalts, dass sein Staub hier ruhe, dass aber sein Ruf durch mehrere Jahrhunderte leben werde.

Ich besuchte eines Tags die Kirche mit Mr Vassar und wurde dahin von einem Jüngling geleitet, der zu den jungen Priestern der Kirche zu gehören schien. Als er hörte, dass Mr Vassar in Jerusalem gewesen, wurde er ganz vergnügt, hörte so angelegentlich seine Erzählungen von dem Heiligen Grab und den heiligen Orten in der Nähe der Stadt und zeigte uns mit solchem Eifer alles Merkwürdige in der Kirche, dass es eine wahre Freude war, ihm zuzusehen. Dieser Jüngling hatte offenbar noch ein unverdorbenes Gemüt und einen festen Glauben.

Gestern, während einer großen Prozession in der Kirche und eines großen Handkusses bei dem Bischof, der ein schöner Prälat mit fetten, weißen, blitzenden Juwelen bedeckten Händen war, sah ich einen der vornehmen Herrn (ich glaube, dass es der Admiral war) lachen, während er vor dem Heiligen Vater niederkniete und Miene machte, seine Hand zu küssen; aber es ist wahr, dass der Bischof ebenfalls lächelte. Beide wussten, dass es ein Spektakel war. Die Kostüme der priesterlichen und der Beamtenkorporation, die in Lehnstühlen einander gegenüber in der Kirche saßen, waren pittoresk und so imposant und kleidsam, als sie in gegenwärtiger Zeit nur sein können. Und ich bin weit entfernt mich aller Einwirkung davon erwehren zu können, solange ich wenigstens nicht gesehen habe, dass es bloß betrügerische Masken sind.

Ich höre viel über die Regierung auf der Insel, über Monopole, Ungerechtigkeiten und offizielle Räubereien nach allen Seiten, verübt von Beamten und Advokaten, klagen. Man sagt, dass sie buchstäblich den Anteil der Erben und Waisen verschlucken. Ich habe beinahe unglaubliche Geschichten davon gehört. Jetzt hofft man Gutes von dem neuen Gouverneur, General Concha, der vor zwei Monaten aus Spanien hierher gesandt wurde und ein braver, ehrenhafter Mann sein soll. Der in der letzten Zeit abgesetzte Gouverneur zeichnete sich durch Erpressungen aus, die ihn zu einem reichen Manne machten. Die Priester werden als ganz unpriesterlich geschildert und sollen größtenteils in offenem Streit mit ihren Gelübden leben; die Religion ist so viel wie tot. Der Sklavenhandel wird noch immer betrieben, obschon im Geheimen. Die Regierung weiß davon, aber sie bekommt 30 oder 40 Pesos (Dollars) für jeden Sklaven, der aus Afrika eingeführt wird, und da drückt sie die Augen zu, ja sie soll den Handel sogar begünstigen.

Ach, dass dieses irdische Paradies so von der alten Schlange vergiftet sein muss!

Matanzas, den 23. Februar 1851

Wie schön ist es hier, meine Agatha, wie gut ist es, hier sein! In dieser herrlichen Luft, voll von balsamischen Hauchen, in dieser freundlichen, guten, auf alle Arten gemütlichen und komfortablen Wohnung, im Hause von Mr und Mrs Baley, wo ich jetzt weile, da fühle ich mich ganz neu belebt. Ich habe nunmehr eine ganze Woche hier gelebt und sie ist wie ein einziger, klarer, schöner Tag dahingegangen.

Es tat mir wohl, als ich früh am Montag, den 16., das heiße staubige Havanna verließ. Und ich ließ da auch mein Kopfweh zurück. Ich verlor es am vorhergehenden Abend, als ich zu Bette ging, und ich konnte gut schlafen. Die freundliche, herzliche gute Frau Tolme war am andern Morgen schon um fünf Uhr auf und verschaffte mir und sich Kaffee aus einer

Restauration, da sie ihre Sklavinnen nicht so früh wecken wollte; dann setzte ich mich nach einem herzlichen Abschied von ihr und ihrem Manne in ihre Volante, begleitet von einem der jungen Söhne des Hauses und meinem Liebling unter ihnen, Frank Tolme; der Calashero ließ seine Peitsche knallen und schnell schwankten wir dahin nach der Eisenbahnstation. Ich war froh, als ich mithilfe meines jungen Begleiters endlich glücklich durch alle Schwierigkeiten und Umstände an der Eisenbahn hindurchgekommen war und ruhig in dem geräumigen Wagen saß. Er war nach amerikanischer Art gebaut, denn Amerikaner haben die Eisenbahn auf Cuba angelegt und ihre Wagen gebaut. Alle Fenster waren herabgelassen, damit die herrliche Morgenluft hereinströmen konnte, und obschon alle Herren, die im Wagen saßen, 40 bis 50 an der Zahl, Zigarren oder Zigarillos rauchten, so spürte man doch keine Rauchluft und sah kaum einigen Rauch. Cubas Luft schien die Kraft zu haben, den Rauch zu vernichten. Ich war das einzige reisende Frauenzimmer im Wagen und saß allein auf meinem Sofa und beinahe allein in diesem Teil des Wagens. Umso freier konnte ich mich umschauen, und – ach dieser Morgen, wo ich über die neue paradiesisch schöne Erde in paradiesischer Luft dahinflog und Szenen und Gegenstände sah, die alle neu und bezaubernd waren! Nur durch innige Dankbarkeit kann so großer Genuss geheiligt werden.

Es hatte bei Nacht geregnet und schöne Wolken wölbten sich massenweise am Horizont entlang und klumpten sich in bizarren Draperien über die blauen Berge, um die aufsteigende Sonne heranzuführen. Sie bildeten einen prächtigen Hafen mit goldenem Rahmen, und durch ihn hindurch leuchtete ein Meer von mildem, rosenfarbigem Licht; es blitzte bis über die Wipfel der Berge hin und die Sonne stieg auf. Die kleinen phantastischen blauen und gelben Villen mit ihren prächtigen Baumgärten, die von herrlichen Blumen und wunderlichen Pflanzen wuchern, die palmbedeckten Hütten auf den Feldern, die hohen grünen Palmen über ihrem graugelben Dach, die Haine von Mangopflanzen,

Orangen und Kokosbäumen, die grünen Hecken und Felder, alles glänzte so frisch und schön in dem feuchten, milden, von der Sonne bestrahlten Morgen. Überall am Weg begegneten mir neue schöne Gegenstände an Blumen, Pflanzen, Gärten und Wohnungen und wünschten mir im Vorbeifliegen guten Morgen. Aber einen Kartoffelacker und ein großes Kohlfeld begrüßte ich als Landsleute und gute Freunde. Das ganze Land sah aus wie ein ungeheurer Garten, schöne Palmen standen auf allen Seiten, ihre Kronen wiegend im Morgenwind, und am Horizont entlang erhob sich eine Kette von dunkelblauen Berghügeln.

Es war mir wohl zu Mute, kein Mensch konnte sich wohler fühlen, Seele und Körper hatten Schwingen! Und ich flog dahin über das schöne prangende Land.

Allmählich verschwanden die Villen, und Pflanzungen mit Zuckerrohr und anderen Gewächsen, die ich nicht kenne, nahmen überhand. Wir fuhren durch ganze Wälder von gepflanzten Bananenbäumen. Später wurde der Boden wilder und Schmarotzerpflanzen zeigten sich an den Bäumen und auf der Erde. Bald nahmen sie überhand und schienen die Vegetation zu ersticken. Mehrere Baumkronen trugen ganze Gärten von Luftpflanzen, Orchideen und Aloen auf ihren Zweigen. Dies sieht sonderbar, aber nicht schön aus, obschon verschiedene von diesen Schmarotzern recht hübsche Blumen haben. Das hat einen erzwungenen und unnatürlichen Charakter. Auf einem Feld, nicht weit vom Weg, sah ich einen hohen, halb toten Ceibabaum, um dessen gigantischen Stamm die Schmarotzerpflanze Yaguay Embra, ein weiblicher Feigenbaum, ihre hundertfachen, schlangenartigen Arme in abscheulicher Umarmung geschlungen hat, ihn von der Wurzel bis zum Wipfel umwickelnd, bis sie beinahe das Leben des Baumes erstickt hat. Diesen Todeskampf zwischen dem Ceibabaum und der Schmarotzerin, welche heranwächst und sich von seinem Leben ernährt, bis sie es zuletzt zerstört, bekommt man auf Cuba oft zu sehen, und es ist ein höchst merkwürdiges und wirklich schreckliches Schauspiel. Es liegt eine ganze Tragödie in einem Bild, das an Hercules und Dejanira, an König Agne und Aslög erinnert.

Der erste Teil des Tages und der Reise war voll von Genüssen, unter welche ich ein paar vortreffliche Butterbrötchen mit einer Art von Sardellensauce und Käse, womit die gute Frau Tolme mich versehen hatte, und einige Bananas rechnen muss. Dabei erfreute mich der Gedanke an sie, die so mütterlich, so gut, so sorgsam für mich und alle, die ihrer bedürfen, ist. Dankbarkeit und Freude über Menschen ist die beste Nahrung der Seele. Später wurde der Tag zu warm und der Boden gar zu sehr verdeckt von Schlingpflanzen. Dies schläferte mich ein und bedrückte mich. Auf einer Eisenbahnstation kamen einige Frauenzimmer mit spanischen Physiognomien in den Wagen herein. Sie schienen der ländlichen Bevölkerung anzugehören, waren aber gut gekleidet und barhäuptig. Einige von ihnen waren sehr schöne, üppige, stolze Gestalten und behandelten mit ausgezeichnetem Stolz und auffallender Ungnade einige Hofmacher, die ihnen gefolgt waren, und sie im letzten Augenblick mit Blumensträußen und Mienen umgaben, welche nicht verzweifelt, sondern eher schalkhaft aussahen, als sie sich zurückzogen, ohne einen Blick von den stolzen Schönen zu erhaschen. Dies erweckte mich ein wenig. Und ganz hellwach wurde ich, als wir nachmittags aus der buschreichen Gegend hervorkamen und die Aussicht sich groß und plötzlich öffnete über die Stadt Matanzas, ihren herrlichen Meerbusen, jetzt vom allerhellsten Blau, und im Hintergrund den schönen Bergrücken »Pfanne von Matanzas«, so genannt von seiner Form, nebst der Öffnung des Yumori-Tales.

Die frischesten, lieblichsten Windhauche umgaben mich hier. Und an der Eisenbahnstation kamen zwei Herren mit sanften, angenehmen Gesichtern und hießen mich willkommen. Es war mein junger Landsmann Franke aus Gothenburg, in Matanzas ansässig als erster Komtorist in einem großen Handelshaus, und Mr F. Baley, der mich in seiner Volante nach seinem Haus abholte. Dort wurde ich heiter und freundlich empfangen von seiner schönen jungen Frau, einer

Creolin, aber von so nordisch heller und frischer Miene, dass sie nur eines Helmes auf dem Kopf bedürfte, um als Modell für das Bild einer Walkyre zu dienen.

Mit diesen schönen jungen Eheleuten habe ich ein angenehmes Stillleben geführt und mich an Seele und Leib erfrischt, teils in ihrer angenehmen Wohnung – meine junge Wirtin ist die Tochter einer Angloamerikanerin, und alles im Haus trägt das Gepräge der Reinlichkeit, Ordnung und Annehmlichkeit, das die Hausmütter dieses Stammes auszeichnet –, teils durch einsame Spaziergänge in der Gegend um die Stadt, obschon es ganz ungewöhnlich ist, dass ein Frauenzimmer, zumal mit einem Hut auf dem Kopf, ihre eigenen Spazierhölzer statt des Pferdes und der Volante zu einer Wanderung außer dem Haus benützt, sodass kleine Negerknaben und -mädchen mir mit Geschrei und Lachen nachspringen, große Leute stehen bleiben und gaffen, Pferde und Ochsen zuweilen scheu werden. Doch hat man sich allmählich daran gewöhnt, mich so ausgehen zu sehen. Und man müsste mir viel bieten, um mich von meinen einsamen Entdeckungsreisen abzubringen.

Willst du mir auf einer von ihnen folgen, und zwar auf der ersten und entzückendsten, die ich gemacht habe, als ich früh am Morgen ganz allein das Yumori-Tal besuchte? Dass der Morgen schön war, begreifst du, aber wie schön, das kann niemand begreifen, der nicht die frühe Morgenstunde, die Liebkosung des Meergeistes aus der Bucht von Matanzas genossen hat. Das Yumori-Tal liegt ungefähr 200 Schritte von Matanzas hinweg. Du siehst eine Öffnung zwischen zwei hohen Klippen und durch die Öffnung ein helles, klares Flüsschen, das zwischen den grünenden Ufern dahingeht, um sich mit dem Meer zu vereinen. Ich sage nicht, dass es sich hineinwirft, denn dazu ist es zu still. Es ist spiegelklar und ruhig. Lass uns diesem Flüsschen durch Bergtore hindurch folgen. Außen vor demselben ist das freie Feld und der breite, blaue Meerbusen von Matanzas, angefüllt mit Schiffen aus allen Ländern der Welt, die aus weiter Ferne einhergesegelt kommen oder vor Anker liegen.

256

Wir gehen am Yumori-Fluss entlang durch die Bergtore, und darinnen öffnet sich ein wunderschönes Tal voll von Palmen und grünen Büschen auf grünenden Fluren, auf beiden Seiten von hohen Bergrücken eingeschlossen. Der Schatten vom Berge liegt kühl und düster über demjenigen Teil des Tales, durch welchen unser Weg führt. Wie schön ist es hier in dem kühlen Schatten! Links ist der spiegelklare Fluss, der sich in einem niederen Wald von Mangrovenbüschen unsern Blicken zu entziehen anfängt; dies ist eine Art Buschwerk, das im Wasser wächst und sich dadurch vermehrt, dass es seine Zweige in die Tiefe hinabsendet, wo sie Wurzel schlagen und zu neuen grünen Büschen emporwachsen. Auf der andern Seite des Flusses erhebt sich mit steilen Wänden, aber weich wogenden Höhen die »Pfanne von Matanzas«; auf unserer Seite, am Weg entlang und etwas abhängiger sind die Höhen von Combre. Die Felsen zeigen in der Höhe kühne Colonnaden, andere öffnen Tore zu ihren Grotten, geheimnisvolle Säulenhallen und Gewölbe, welche bloß die Vögel unter dem Himmel besuchen dürfen. Palmen krönen die wogenden Höhen, und buschige Ranken von mir unbekannten Schlingpflanzen hängen über sie herab. Weiter unten zu ihren Füßen wird die Vegetation üppig. Das ist ein schwellendes Bett von schönen Bäumen, Buschpflanzen und Blumen, unter denen ich mich in Entzücken und Unwissenheit verliere. Aber einige davon kenne ich doch bei ihren Volksnamen. Da glüht die *Fiederblume* in Gold und Feuer in unbeschreiblicher Pracht; da ist die wilde *Heliotrope*, üppig an Wachstum, aber bescheiden an Farbe und Formen wie unsere nordische Treibhaussonnenwende; da ist des *Mangrov* schöne, schneeweiße Blume mit ihrem lieblich duftenden Kelch, halb von Winde und halb von Lilie; und da, am Weg entlang zu unsern Füßen, siehst du das kleine Gebüsch voll von zierlich roten Blümchen mit hunderten von kleinen Munden oder Schnäbeln, die auf ihren Stielen sitzen und in die Welt hinausschauen, aufwärts, solang sie jung sind, und später abwärts zur Erde, auf welche sie zuletzt, noch ganz rot und frisch, herabfallen, wenn sie älter geworden sind; und

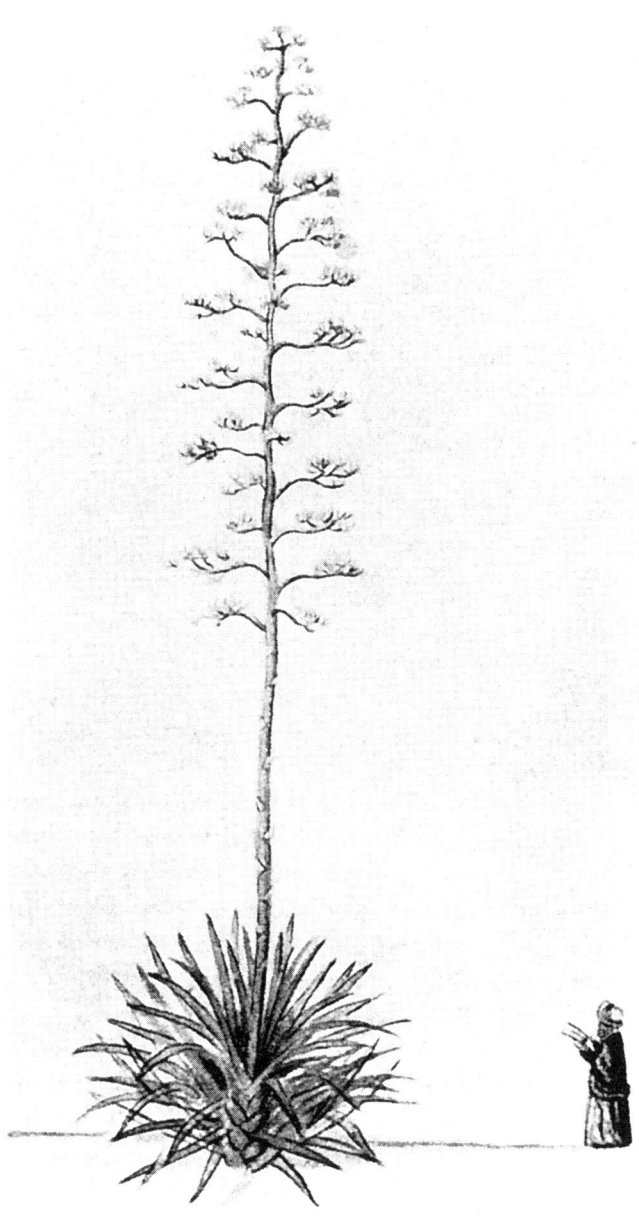

»Ich habe ein paar merkwürdige Bäume abgezeichnet«

sieh, wie kleine, samtgrüne Colibris um sie herumflattern, als wären sie darein verliebt; wie sie uns gar nicht fürchten, wie sie auf ihren Schwingen schwebend ihre langen Schnäbel in die offenen Schnäbel der Blumen tauchen – das Tierleben und das Pflanzenleben küssen sich hier, das sieht allerliebst aus. Cupidos Tränen (*lacrimas Cupido*) wird die Pflanze mit den roten, abfallenden Blumen genannt. Aber *lacrimas Cupido* ist keine Träne des bleichen Schmerzes. Es sind glühende Tränen aus einem liebevollen glückseligen Herzen. Das Herz der Natur weint sie und beschwingte Liebhaber fangen ihren Saft.

Noch liegt das Tal in seiner Tiefe verborgen vor uns. Die Biegungen der Bergrücken versperren uns die Aussicht. Aber auf einmal zieht sich der Weg plötzlich rechts und jetzt öffnet sich das Tal. Vor uns zur Rechten im Schoße des Berges liegt im schönsten Palmenhain ein kleiner Hof – eine cubanische Farm mit palmlaubbedecktem Dach, und unser Weg führt durch Gruppen von Kokospalmen, die auf beiden Seiten des Weges reich mit Früchten behangen sind. Hier geht es ein wenig bergab, und auf der Seite der Anhöhe rechts, ein kleines Stück vom Weg, sind die Trümmer einer Steinmauer an einem Brunnen. Rundum wachsen in pittoresker Unordnung Kokospalmen, Sapotas, Mammai und Mangobäume sowie die Zypresse von Ceylon nebst mehreren mir fremden Baumarten. Aber wir wollen noch nicht ruhen. Wir müssen noch etwas mehr von dem Tal sehen. Wir wandern die kleine Höhe hinab und gegen den Hof oben im Gebirge; aber unter demselben biegt der Weg links um und geht jetzt gerade ins Tal hinein. Dieses öffnet sich für uns als ein schönes großes Palmenland, umgeben von dem dicht geschlossenen elliptischen Rahmen der Berghöhen. Wir gehen noch ein Stück weiter auf dem Weg; das Tal wird breiter mit sanft wogendem Boden, und wohin wir blicken, sehen wir nur Palmen, Palmen und Palmen – unter solchen Bäumen, in solchen Hainen sollten schöne, unsterbliche Wesen wandeln.

Da liegt ein kleiner Hof mit palmbedecktem Haus und Reiserhütten nicht weit vom Wege; ein großer blühender

Oleanderbusch glänzt unter ihnen. Wir gehen hin, um uns umzuschauen; wir wollen einen Schluck Wasser begehren. Die *Fermiera*, ein mageres, dürres, braunäugiges Weib, sieht aus, als wolle sie uns alles geben, was sie besitzt, aber sie versteht uns nicht und wir verstehen sie nicht. Gleichwohl bekommen wir Wasser und überdies große Bouquets von blühendem Oleander, die sie uns abbricht. Die Sonne beginnt heiß zu werden. Lass uns umkehren; wir wollen ein andermal hierher zurückkommen, denn das Yumori-Tal muss ich genau kennen lernen. Da kommen *Monteros* mit schwer beladenen Pferden, alles Gepäck quer über den Rücken des Pferdes gelegt. Sie grüßen freundlich mit melodischen Stimmen, bleiben stehen und fragen gutmütig, woher die Sennora komme und wohin sie wolle. Die Sennora sagt, dass sie aus Schweden sei. Die *Monteros* sehen unklar die Sennora und einander an. Sie kennen den Ort Schweden nicht und verstehen die Wanderin nicht. Sie sagt ihnen also, dass sie aus »*un pais soto la estrella del norte*« (einem Land unter dem Nordstern) sei. Und jetzt glauben sie, sie sage, dass sie aus dem Nordstern komme, und jetzt sagen sie Ah!, und sehen einander mit bedeutungsvollem Lächeln an und rühren an ihre Stirne; jetzt haben sie eingesehen, dass es bei der Sennora unter der Haube nicht richtig ist, und mit mitleidigem Kopfschütteln treiben sie ihre Pferde weiter. Ich kann dir gar nicht sagen, wie sanft und gutmütig sie aussehen. Wir gehen langsam hinter ihnen zurück auf dem Weg nach Matanzas. Noch wirft die hohe Bergwand ihren Schatten über den Kokoshain am Brunnen. Wir setzen uns auf die steinerne Mauer und frühstücken Bananas, die wir mitgenommen haben. Ein tadelloses Frühstück in der lieblichen Morgenluft in dem wunderschönen Tal. Milde und glückliche Menschen müssen auf dem Hof unter den Palmen droben auf dem Berge wohnen. Unter so schönen, lieblichen Gegenständen, in dieser bezaubernden Luft muss der Mensch mild und gut werden. Die Sonne steigt über dem Berge auf, und es wird zwar warm, bis wir nach Matanzas zurückkommen, aber wir haben dafür auch einen schönen Morgen im Yumori-Tal durchlebt.

St. Amelia Inhegno (St. Amalienhaag), den 15. März

Eine große Zuckerpflanzung! Ich sitze im Rauch, der von der Zuckermühle her durch die offenen Fenster in mein Zimmer dringt, ein großes, angenehmes Zimmer mit wirklichen Glasfenstern, von wo ich eine freie Aussicht auf die Hügel der Camerioca-Kette sowie auf die Palmenhaine und die Plantagen zu ihren Füßen habe. Ich habe alles gut hier, nur zu viel von der Zuckerfabrik, die meinem einen Fenster gegenüberliegt und hier in weit größerem Maßstab angelegt ist als auf der Ariadne-Plantage. Ist es nicht sonderbar, dass das Wort *inhegno*, das hier einen umzäunten unangebauten Platz bedeutet und allgemein zur Bezeichnung von Plantagen gebraucht wird, an Laut und Bedeutung unserem schwedischen Wort *inhägnad* (Gehege) so gleichkommt?

Meine Wirtin, Frau von Coninck, ist eine lebhafte und angenehme Amerikanerin, Witwe mit vier Kindern, wovon drei in den Vereinigten Staaten leben und bloß eines (ein hübsches sechzehnjähriges Mädchen) hier bei ihr. Sie lebt hier bei ihrem Vater, einem alten Militär von heiterem Charakter, aber schwach auf den Beinen und die meiste Zeit an seinen Lehnstuhl gefesselt. Ein junger Mr W., ein amerikanischer Creole auf Cuba, dessen Pflanzung neben dieser liegt, kommt täglich ins Haus und ist ein angenehmer Gesellschafter. Er besitzt wie mein Wirt das Talent einer heitern und leichten Konversation, hinter welcher ein ernster und prunkloser Grund liegt. Zur täglichen Gesellschaft beim Mittagessen und an den Abenden gehört ein junger Mann, der unter dem alten Herrn Vorsteher der Plantage war. Er ist für mich von großem Wert durch die Offenheit und Freimütigkeit, womit er alle Aufschlüsse erteilt, die ich nur wünschen kann.

Diese Pflanzung ist weit größer als diejenige, die ich vor einer Woche in Limonar besuchte, und ein großer Teil der Sklaven – ein paar hundert an Zahl – sind neuerdings erst aus Afrika gekommen und sehen weit wilder aus als diejenigen, die ich bei demselben Ausflug auf Ariadne gesehen hatte. Sie werden hier auch weit strenger zur Arbeit getrieben, denn hier haben sie auf 24 Stunden nur $4\frac{1}{2}$ zum Ausruhen, d. h.

»Eine große Zuckerpflanzung!«

zum Essen und Schlafen, und zwar sechs bis sieben Monate lang im Jahr. Den übrigen Teil des Jahres, die tote Jahreszeit genannt, dürfen die Sklaven die ganze Nacht hindurch schlafen. Doch es ist wahr, auch jetzt haben sie auf dieser Pflanzung eine Nacht in der Woche zum Ausschlafen, und jeden andern Sonntag sollen sie vormittags einige Stunden haben, um auszuruhen. Sonderbar, dass das Volk ein solches Leben aushalten kann. Und gleichwohl sehe ich hier kräftige Neger, die 20, ja 30 Jahre lang auf der Plantage waren. Wenn die Neger sich einmal an die Arbeit und das Leben auf der Plantage gewöhnt haben, so scheinen sie sich darein zu finden. Aber in den ersten Jahren, wenn sie frei und wild aus Afrika herüberkommen, fällt es ihnen schwer und viele suchen sich dann durch Selbstmord der Sklaverei zu entziehen. Dies geschieht oft unter den Luccomees, die einer der edelsten Stämme Afrikas zu sein scheinen, und vor nicht langer Zeit fand man elf Luccomees an den Ästen eines Guasima, eines Baumes mit langen, horizontal ausgestreckten Zweigen, hängen. Sie hatten alle ihr Frühstück in einem Gürtel um den Leib gebunden, denn die Neger glauben, dass derjenige Afrikaner, der hier sterbe, in seinem Vaterland sogleich zu neuem Leben auferstehe. Manche Sklavin legt deshalb auf die Leiche des Selbstmörders dasjenige Hals- oder Kopftuch, das ihr am teuersten ist; denn sie glaubt, dass es auf diese Art ihren Angehörigen im Mutterlande zukommen und einen Gruß von ihr überbringen werde. Man hat Leichname von Sklaven mit 100 solchen Tüchlein bedeckt gesehen.

Man sagt mir hier, dass nur Strenge bei der Behandlung der Sklaven etwas tauge; dass sie immer die Peitsche über sich sehen müssen; dass sie ein undankbares Volk seien; dass beim Aufruhr im Jahr 1846 die gütigsten Herren zuerst samt ihren Familien niedergemetzelt, die strengeren dagegen von ihren Sklaven in die Wälder getragen worden seien, um vor den Aufrührern verborgen zu werden; man sagt mir, dass man, um von den Sklaven geliebt zu werden, gefürchtet werden müsse. Ich glaube es nicht. Dies liegt nicht in der Menschennatur. Aber es ist ein Unterschied zwischen Furcht und Furcht. Es gibt eine Furcht, welche die Liebe nicht ausschließt, und eine andere, welche Hass und Aufruhr erzeugt.

Die Sklaven hier haben im Allgemeinen ein finsteres und düsteres Aussehen und gehen schläfrig und verdrossen an ihre Arbeit auf den Zuckerrohrfeldern. Wenn sie mit den Ochsenwagen hinfahren, sehe ich sie oft am Zuckerrohr saugen, das sie sehr lieben und, wie es scheint, hier frei genießen dürfen. Das ist doch wenigstens eine Erquickung. Sie werden hier nicht mit Reis genährt, sondern hauptsächlich mit einer Art von Wurzel, genannt Malanga, welche sie lieben sollen, die aber mir nicht schmackhaft erscheint. Sie ist gelb und kartoffelähnlich, hat aber einen faden, etwas bitteren Geschmack. Jeder Sklave bekommt zum Mittagessen eine Portion solcher gekochter Wurzeln und verzehrt sie mit seinem gesalzenen Fleisch. Zum Frühstück bekommen sie gekochten Mais, welchen sie zerstoßen und mit wilden Tomatos, Platanenfrüchten oder Gemüsen vermischen. Denn sie haben auf einem Strich der Pflanzung einiges Ackerland, wo sie säen und ernten dürfen. Jede Familie hat auch hier ein Schwein, das sie jährlich schlachten oder verkaufen darf.

Sonntag, den 17. März

Es ist Sonntag und Vormittag; aber die Zuckermühle geht und das Klatschen der Peitsche tönt arbeitgebietend. Die Sklaven müssen den ganzen Tag arbeiten wie am Werktag. Der nächste Sonntag, heißt es, sei derjenige, an welchem die Sklaven einige Stunden ausruhen und, wenn sie wollen, auch tanzen dürfen. Aber – sie sehen so müde aus.

Es gibt auf Cuba Plantagen, wo die Sklaven 21 Stunden des Tags zur Arbeit getrieben werden; Plantagen, wo man nur Männer hat, die wie Ochsen getrieben werden, aber noch weit härter als Ochsen. Der Pflanzer rechnet aus, dass er etwas gewinne, wenn er seine Sklaven so zur Arbeit treibt, dass sie binnen sieben Jahren sterben, in welcher Zeit er die Plantage mit frischen Sklaven besetzt, die von Afrika eingeführt werden und die er für 200 bis 300 Dollars das Stück kaufen kann. Der fortwährende Sklavenhandel auf Cuba macht, dass die Sklaven zu gutem Preise verkauft werden. Ich habe von Zügen von 600 männlichen Sklaven gehört, die wie Sträflinge behandelt und bei Nacht eingesperrt werden – dies auf den Plantagen auf der Südseite der Insel.

Unter solchen Verhältnissen kann man sich in den idealen Staat des Sozialismus verlieben, und Menschen wie Alcott erscheinen als Heilige und Oberpriester der Erde. Wie schön erscheinen nicht die Brüderversammlungen auf Erden, auch in ihren liebevollen Übertreibungen, neben diesen Staaten, wo die Menschenkraft so schrecklich missbraucht und das Menschenrecht mit Füßen getreten wird! Hier werde ich wärmer als je für die Gesellschaftslehren, die sich in den freien Staaten Nordamerikas Bahn zu brechen bestrebt sind, und wenn ich dahin zurückkehre, so werde ich mit ihnen und ihren Führern bekannter zu werden, beiden mehr Gerechtigkeit widerfahren zu lassen suchen.

Aber auch hier habe ich Trost für den Zustand der Sklaven, wenigstens auf dieser Plantage, dadurch geschöpft, dass ich ihre Bohea besuchte, hier ein sehr großes, viereckiges, niedriges Gefängnis, wo die Sklaven wie auf der Ariadneplantage wohnen und über Nacht unter Schloss und Riegel eingesperrt werden. Ich habe sie oft in den Essensstunden besucht, und es war mir immer eine Erquickung, ihr frisches Leben und ihre Munterkeit zu sehen – doch habe ich auch hier Gesichter gesehen mit einer Düsterheit, welche aller tropische Sonnenschein nicht erheitern zu können scheint; so hoffnungslos, finster, stumm – entsetzlich! … Ich habe diesen Ausdruck auf den Gesichtern von Weibern gesehen …

Unter den Männern muss ich oft herkulische Gestalten und energische Gesichter bewundern, wo eine wilde Kraft mit mannhafter Gutmütigkeit vermählt zu sein scheint; diese Letztere drückt sich besonders in ihrer Behandlung der Kinder aus und in der Art, wie sie dieselben ansehen.

Diese Kleinen sind nicht munter wie auf den Pflanzungen in Amerika. Sie strecken ihre Händchen nicht zu freundlichem Gruß aus. Sie betrachten die Weißen mit argwöhnischen Blicken; sie sind scheu. Aber die ganz kleinen, die Bambinos, die ganz nackt, fett und üppig sind, dabei glänzen wie schwarze oder schwarzbraune Seide, tanzen auf ihrer Mütter Schöße, gewöhnlich mit einem blauen oder roten Perlband um die Lenden geschlungen und einem dito um den Hals, und sind dann allerliebst anzuschauen; und auch die Mütter

*»Ein älterer Congoneger namens Carlo Congo, ein Mann
von herculischer Brustbildung«*

mit ihren Perlbändern um den Hals und ihren bunten, tur-
banartig um den Kopf geschlungenen Tüchlein sehen ganz
gut aus, wenn sie, mit entzückten Blicken und perlweißen
Zähnen, lachend mit ihren üppigen Jungen herumtanzen.
Eine solche junge Mutter mit ihrem kleinen Kind unter
einem Bananas- oder Tamarindenbaum wäre ein würdiger
Gegenstand für den Pinsel eines guten Malers.

In den dunklen kleinen Stuben, die große Ähnlichkeit mit
denen auf der Ariadnepflanzung hatten, sah ich mehr als
einen Sklaven während seiner kurzen Ruhezeit damit beschäftigt, kleine Körbe und Hüte aus Palmblättern zu flechten, und einer hatte sich aus bunten Lappen und Hahnenfedern einen prunkenden Kopfputz zusammengesetzt.

Die Sklaven leben übrigens in der Bohea beinahe wie das
liebe Vieh. Männer und Weiber verbinden und trennen sich

nach Gutdünken und Laune. Wenn ein Paar eine Zeit lang zusammengelebt hat und gegenseitiger Überdruss eingetreten ist, so gibt ein Teil dem andern irgendeine Veranlassung zu Missvergnügen, und dann trennen sie sich. Entsteht irgendeine lärmende Uneinigkeit, so ist der Aufseher mit der Peitsche bei der Hand, um Frieden zu stiften.

»Gibt es hier keine Paare, die beständig wie in der Ehe zusammenleben, keinen Mann und kein Weib, die sich innig genug lieben, um einander treu zu bleiben wie Gatten?«, fragte ich eines Tags meinen aufrichtigen jungen Begleiter.

»Doch«, antwortete er, »es gibt hier wirklich einige solche Paare, die immer beisammengeblieben sind, solange sie auf dieser Pflanzung waren.«

»Führen Sie mich zu einem dieser Paare«, sagte ich.

Es war just Mittagszeit. Mein Begleiter führte mich in eine der Stuben in der Mauer. Die Tür stand wie gewöhnlich offen, um Luft und Licht hereinzulassen. Der Mann war außen und in der Stube saß bloß ein Weib von ungefähr 50 Jahren, mit einer Arbeit beschäftigt. Sie hatte ein rundes, gesundes Gesicht ohne Schönheit, aber von sehr gutem und friedfertigem Ausdruck.

Ich fragte sie durch meinen Dolmetscher, ob sie ihren Mann liebe.

Sie antwortete sicher und freundlich: »Ja, er ist ein guter Mann.«

Ich fragte, ob sie ihn schon in Afrika lieb gehabt habe.

»Ja, in Afrika.«

Ich fragte, wie viele Jahre sie mit ihrem Mann verbunden sei.

Diese Frage schien sie zu verwirren, sie lächelte und antwortete endlich, sie habe ihn immer gehabt.

Immer! Sie wusste nicht, wie groß und tief dies Wort in ihrem Munde war. Mir ging es zu Herzen. Wochen, Monate, Jahreszeiten, Jahre, Jugend, Kraft, manche Schicksalswechsel waren unberechnet, unbemerkt dahingegangen; Weltteil war gegen Weltteil, die Freiheit gegen die Sklaverei, die Palmhütte gegen die Bohea, das Freiheitsleben gegen das

267

Arbeitsleben vertauscht worden – alles hatte gewechselt, aber eines hatte festgestanden, eines war sich gleich geblieben – ihre Liebe, ihre Treue. Sie hatte ihn immer gehabt, den Mann, den sie liebte; er hatte sie immer gehabt. Von allem Wandelbaren und Vergänglichen wusste sie nichts, sie konnte nicht rechnen – sie wusste von der Zeit bloß, was in ihr ewig war. Sie hatte ihren Gatten immer gehabt und sie wollte ihn immer haben. Das stand deutlich geschrieben in ihrer ruhigen Miene und in ihrer Stimme. Es konnte nicht anders sein.

»Die Liebe bedarf der Rückenlehne der Pflicht«, sagte Geijer einmal, als er von der Ehe sprach. Es ist so. Aber schön ist's, diese natürliche Ehe zwischen zwei verwandten Seelen, rein und stark bloß durch das Gesetz der Liebe, inmitten der wilden Regellosigkeit der Bohea zu sehen. Und dies zwischen zwei schwarzen Menschen, zwei wilden Kindern der Wüste! ...

Dichter und Philosophen haben von Seelen gesprochen, die zu Gatten prädestiniert seien. Hier fand ich zwei solche. Sie hatten einander immer gehört. In der Tiefe von Gottes Wesen hatten sie einander angehört und sollten einander in aller Zeit angehören, d. h. in Ewigkeit.

Der Mann kam herein, solang ich noch in der Stube war. Er schien von demselben Alter zu sein wie das Weib; er hatte denselben Ausdruck von Gutmütigkeit wie sie, und in seinem Lächeln lag ein gebundener Sonnenschein, ein heiterer Lichtstrahl, der sich gern hätte Bahn brechen und von Herzens Grund leuchten mögen. Man bemerkt diesen gebundenen Sonnenstrahl häufig in den Gesichtern dieser Kinder des Gefängnisses. Sie haben ihn an sich als Mitgift aus ihrem sommerwarmen Mutterland und ihrem ersten Freiheitsleben.

Von diesem Ehepaar ging ich in die Gefängniszelle, wohin die Sklaven, Männer sowohl als Weiber, nachdem sie eine Strafe erlitten haben, gebracht werden, solange ihr Gemüt noch gärt nach dem erlittenen Schmerz. Sie werden da in Eisen an einen hölzernen Tisch festgemacht und sitzen so an Händen und Füßen gefesselt, Männer sowohl als Weiber, bis sie wieder ruhig werden. Man sagt, sie werden fett, solange sie hier seien. Das Gelass war jetzt leer und nur von Scharen von Flöhen bewohnt.

Wie muss ich mich wundern, dass der Selbstmord unter diesem Volke nicht häufiger vorkommt! Wie stark und zähe muss nicht der Lebensinstinkt sein! ...

Die Zuckermühle hier bietet ein in seiner Art interessantes und pittoreskes Schauspiel dar. Die athletischen Gestalten der halb nackten Afrikaner, die an den Öfen oder an den sieden- den Zuckerkesseln in den großen dunklen Sälen stehen oder verschiedene Geschäfte verrichtend hin- und hergehen, ge- währen einen seltsamen Anblick. Und ich kann nicht ohne Bewunderung und Vergnügen die wilde, aber ruhige Majes- tät in ihrer Haltung und ihren Bewegungen wie auch die düs- tere Energie in ihren Gesichtern sehen. Bildhauer müssten die afrikanischen Büsten und Schultern sehen und abbilden. Sie scheinen gemacht, um den Atlas zu tragen. Und obschon der Atlas der Sklaverei auf ihnen ruht, sind sie gleichwohl noch stark, entsetzlich stark, wenn die Stunde der Rache schlägt. Jetzt sind sie schweigsam und düster. Spanische Aufseher in weißen Blusen und mit Peitschen oder kurzen vierkantigen Stöcken in den Händen stehen oder sitzen da und dort auf den hohen Plätzen in den Sälen, um die Arbeit zu überwa- chen, und morgens trinken sie dabei ihren Kaffee mit Weißbrot. Sie scheinen mir von Gestalt und Aussehen gerin- ger und unbedeutender zu sein als viele der schwarzen Skla- ven. In den Sklavenstaaten Amerikas bekommt man keinen Begriff von der eigentümlichen Schönheit der afrikanischen Negergestalt, besonders bei gewissen Volksstämmen. Die ein- geborenen Sklaven daselbst sind ein schwächeres und sanfte- res Geschlecht. Der wilde Körper ist zahm geworden.

Mehrere der Sklaven, die nach Cuba kommen, sind auch Fürsten und Häuptlinge in ihren Stämmen, und ihre Stam- mesgenossen, die ihnen in die Sklaverei auf den Plantagen folgen, widmen ihnen fortwährend tiefe Verehrung und un- bedingten Gehorsam. Ein ganz junger Prinz des Lucco- meerstammes, den man nebst zehn andern Luccomeern auf eine Plantage gebracht hatte, wurde verurteilt gestraft zu werden, und die andern sollten dem Brauche gemäß bei der Strafe zusehen. Als der junge Prinz auf den Boden gelegt wurde, um gepeitscht zu werden, legten sich alle seine Begleiter gleichfalls auf die Erde und verlangten seine Strafe zu teilen. Dieser rührende Beweis von Loyalität entlockte den groben Henkersknechten nur das rohe Versprechen, dass ihnen ihr voller Anteil an der Peitsche nicht entgehen solle, sobald sich Gelegenheit dazu finde. Dies geschah nicht auf dieser Plantage.

Die Maschinerie macht bei dieser Zuckermühle mehr Arbeit als auf Ariadne. Statt einer stehenden Rinne, in welcher das Zuckerrohr von Menschenhänden zu und von den Mühlsteinen geführt wird, ist hier eine bewegliche Rinne, die von einer Menge Räder in einer langen Reihe, eines ums andere, von einer Tür der Zuckermühle zur andern gerollt wird, und sie führt dann die Rohre mit sich, die bloß an der Eingangstür von Menschenhänden dahin abgeladen werden. Und jetzt kannst du genug haben von der Zuckermühle. Aber bevor ich die Bohea verlasse, will ich noch ein paar Worte über die Regierung dieser Bevölkerung sagen. Sie besteht außer dem Herrn in einem Oberaufseher, der *Mayoral* genannt wird und einen *Contramayoral* unter sich hat, der zuweilen ein Neger ist. Auf größeren Pflanzungen, wie auf dieser, hat man mehrere weiße Untermayorale. Auf der Tüchtigkeit, Klugheit und Menschlichkeit der Mayorale beruht großenteils der Zustand der Sklaven und ihre Stimmung auf den Plantagen. Aber nicht selten ist auf Cuba die grausame Ermordung von Mayoralen Zeuge gewesen von ihrem despotischen Verfahren und von der Raserei, zu welcher gewaltsamer Druck das von Natur geduldige und leicht darniedergebeugte Negervolk treiben kann.

So hart die Sklaverei für die Bevölkerung der Bohea ist, und obschon die Pflanzer ganz naiv die meisten der für die Freiheit der Sklaven günstigen Gesetze Spaniens ignorieren, obschon auch hier das Recht des Gesetzes erdrückt wird unter dem Recht der Willkür, so können doch die Windhau-

270

che des Freiheitslebens nicht ganz von der Bohea ausgeschlossen werden. Der Sklave weiß, dass er sich loskaufen kann, und er weiß Mittel, um Geld zu erwerben. Die Lotterie ist auf Cuba eines der hauptsächlichsten Mittel dazu für die Negersklaven, und viele verstehen dies mit Klugheit zu benützen. So zum Beispiel treten die Mitglieder einer gewissen Nation zusammen, um eine ganze Menge von Nummern zu kaufen, die unmittelbar hintereinander kommen. Von zehn oder 20 Nummern in *einer* Reihe kommen bei jeder Ziehung gewöhnlich eine oder zwei heraus; der Gewinn fällt dann der Nation zu und wird unter die Mitglieder derselben verteilt. So wird erzählt, dass die Nation der Luccomeer in Havanna neulich 11.000 Pesos in der Lotterie gewonnen habe, und sie soll einen Teil davon zum Loskauf mehrerer Sklaven ihrer Nation anwenden. Wenn ich mich nicht täusche, so ist auch ein Luccomeeneger auf dieser Pflanzung mit Zustimmung des Eigentümers neulich für 200 bis 300 Dollars losgekauft worden. Ja – einige werden frei, aber viele, viele werden es nie.

Was mein eigenes Leben hier betrifft, so ist es so frei und behaglich, wie ich es nur wünschen kann. Frau von Coninck ist eine äußerst angenehme und aimable Gesellschafterin, sie lässt mir alle Freiheit, die ich wünsche, und ist unendlich liebenswürdig gegen mich. Morgens gehe ich allein aus, besuche die Bohea der Sklaven oder streife auf der Pflanzung umher; ich genieße die Luft, zeichne Bäume und Blumen. Mit der armleuchterartigen Pflanze, von der ich weiter oben gesprochen, habe ich hier nähere Bekanntschaft gemacht. Sie ist ein Blumenstängel auf einem Busch der Aloëfamilie, der Peta genannt wird; sie schießt alle drei Jahre aus ihrer Wurzelpflanze (einem Busch mit steifen dornigen Blättern) auf und trägt auf ihren Armen Büschel von graugelben Blumen, welche Früchte bringen. Sie schießt fünf bis sechs Ellen hoch auf, treibt binnen zwei Monaten Blüten und Früchte und dann vertrocknet sie. Sie sieht seltsam und recht zierlich aus. Ich habe sie abgezeichnet. Hier sind auch ein paar merkwürdige Ceibabäume, der eine merkwürdig durch seine

Schönheit, der andere durch seine Abscheulichkeit, seinen tragischen Kampf mit der Schmarotzerpflanze. An den Zuckerrohrfeldern entlang sind hohe wilde Hecken mit sauren Orangen und mehreren tropischen Baumarten.

Während der heißesten Vormittagszeit bleibe ich still in meinem freundlichen, gemütlichen Stübchen und schreibe oder male. Kurz vor dem Mittagessen gehe ich zuweilen aus, sehe mich in der Bohea um oder stelle mich unter einen Mangobaum an einem Kreuzweg, um da im Schatten einige Windhauche aufzufangen. Nachmittags fahre ich meistens mit Frau von Coninck in ihrer Volante aus; ihre junge Tochter und Mr W. begleiten uns zu Pferde. In der offenen Volante in dieser himmlisch milden Luft über die Erde hinzuschaukeln ist der ruhigste, lieblichste Genuss, den man sich denken kann.

Abends ist die Familie beisammen. Ich spiele dann amerikanische Märsche, auch Tänze und andere muntere Stücke nebst dem *Yankee doodle* für den alten Herrn, der sich dabei an die Taten seiner Jugend erinnert und neues Leben in seinen erlahmten Beinen verspürt. Noch später gehe ich auf die Piazza, sehe die Sterne funkeln in der schwarzen Nacht und trinke Lufthauche, die hier nicht so lebensvoll wie in Matanzas, aber immerhin voll von Lieblichkeit sind.

Zu meinen Vergnügungen gehört auch die Beobachtung der Colibris in dem Gärtchen. Morgens und gleich nach Mittag kann man mit Gewissheit darauf rechnen, dass sie kommen und die Blumen, vorzugsweise die roten, umschweben. Im Garten hier sind ein paar Büsche mit sehr zierlich roten Blumen – man nennt den Busch *la coquette* –, über welchen sich immer kleine Colibris halten, deren Brüste selbst zierlich rot sind wie Feuerblümchen. Sie sind die zierlichsten Geschöpfe, die man sich denken kann, und fett wie Domherrn. Sie sitzen gleichsam in der Luft, indem sie auf ihren Flügeln eine gute Weile über der roten Blume schweben, in welche sie dann ihre Schnäbel tauchen; wie graziös dies ist, lässt sich nicht beschreiben. Die Coquette und ihr beflügelter Liebhaber sind ein bezaubernder Anblick. Ich habe hier drei Arten von Colibris gesehen. Den mit den Farben der Morgenröte, von dem ich jetzt gesprochen habe; einen kleinen smaragdgrünen Colibri von feinem Körperbau und einen grünen mit einer Haube und gelben Striemen auf dem Kopf. Mitunter setzen sie sich auf einen Zweig, und wenn sie dann auffliegen, lassen sie ein leises, feines Gezwitscher vernehmen. Sie sind bösartig gegeneinander und verfolgen sich gegenseitig wie kleine Pfeile in der Luft, wenn sie sich mitunter als Rivale einer und derselben Blume nähern.

Außer diesen unaussprechlich niedlichen Geschöpfen sehe ich hier eine Art schwarzer Vögel, ungefähr so groß wie Dohlen. Sie gleichen den amerikanischen Amseln und heißen Mazitos oder Solibios (oder Solivios, denn man lässt hier sehr häufig v in b und b in v übergehen, so sagt und schreibt man auch ebenso oft Havanna als Habanna). Ich sehe sie oft auf den Zweigen der armleuchterartigen Peta sitzen. Diese eigentümlichen Vögel sollen eine Art von Kommunisten sein, in Gesellschaft leben, ihre Eier zusammenlegen, zusammen ausbrüten, und ebenso auch die Jungen äßen, ohne zwischen Mein und Dein zu unterscheiden.

Die Colibris haben augenscheinlich ein ganz anderes Temperament und sind heftige Antikommunisten.

Jetzt naht der Frühling in Schweden heran, und ich hoffe, dass du zu guter Zeit Anstalten triffst, um nach Marstrand zu kommen, und dass du wenigstens ein paar Monate dort verweilst. Geht alles so, wie ich hoffe und es zu veranstalten suche, so komme ich im August nach Hause. Ach, wenn ich dann wie vor zwei Jahren dein liebes freundliches Gesichtchen, deine blauen Augen am Ufer sehen könnte, wie lieb wäre das! Und wie wollten wir dann zusammen nach Hause gehen und unsere Mama umarmen, und wie schrecklich viel wollten wir zusammen denken und plaudern!

Die Hitze beginnt jetzt hier stark zu werden, und ich fühle sie so ermüdend, dass ich glaube, ich werde schon am 8. April von Cuba abreisen statt am 28., wie ich anfangs im Sinn hatte. Ich reise von hier nach Charleston und Savannah, besuche ein paar Pflanzungen auf der Küste von Georgien, gehe

273

dann nach Virginien – *the old dominion* –, das ich kennen lernen muss, und gedenke da den Monat Mai zuzubringen. Hierauf reise ich nach Philadelphia und von da nach New York in meine liebe Heimat *Rosenhütte* zurück; von da in die weißen Berge in New Hampshire; ich besuche Maine und Vermont; hierauf ziehe ich im Anfang Juli nach meiner ersten schönen Heimat am Ufer des Hudson, sodann nach England und dann – nach Hause.

Jetzt fahre ich in einigen Tagen nach Cardinas, einem Städtchen am Meeresufer, komme aber dann hierher zurück. Die gefällige Frau von Coninck leiht mir ihre Volante.

Cardinas, den 19. März 1851

In Cardinas war es, wo im vorigen Jahr die erste kopflose Räuberexpedition von amerikanischer Seite her gegen Cuba unter Anführung von Lopez ans Land stieg und durch die Tapferkeit der spanischen Krieger zurückgetrieben wurde. Man zeigt hier noch die Löcher von den Kugeln in den Mauern. Und man lebt jetzt hier in täglicher Erwartung und Befürchtung eines neuen Angriffes unter demselben Führer; Gerüchte davon sind beständig im Umlauf und man ist wohl auf seiner Hut in der Stadt. Cardinas ist ein Städtchen von derselben Bauart wie Havanna und treibt starken Handel mit Zucker und Sirup. Es liegt am Meer, aber so niedrig, dass es wenig von dem Meer sieht; sein Hafen ist sehr seicht und somit für größere Schiffe unzugänglich. Ich wohne in einem kleinen Hotel, das einer Mrs W. gehört, welche die Witwe eines Portugiesen ist und fünf Töchter hat; d. h. beinahe vier zu viel. In den Vereinigten Staaten wäre mir nicht bange, wenn ich zehn Töchter hätte, ich wüsste, dass sie alle, selbst wenn sie arm wären, ihre vollkommen menschliche Entwicklung gewinnen und sich durch ihr eigenes Verdienst Ansehen und ein gutes Auskommen verschaffen könnten. Aber auf Cuba – was soll man da mit fünf Töchtern machen? Die Ehe ist für sie der einzige Weg zu Ansehen und guter Unterkunft, aber auf Cuba geht es mit dem Heiraten nicht so leicht, denn es ist da nicht einfach, sich auf eine ehrliche Art fortzubringen. Zwei von diesen jungen Mädchen sind sehr schön; die älteste, eine vollständige Blondine, hat das allerschönste Profil. Sie ist mit einem jungen Militär verlobt. Aber auf Liebe und Verlobung folgt hier häufig die Ehe nicht.

Unter den Personen, die mich hier interessiert haben, ist ein junger spanischer Advokat, ein außerordentlich angenehmer und offener Gesellschafter. Von ihm habe ich viele Aufschlüsse erhalten über die Gesetzgebung auf der Insel und das Verhältnis der Sklaven, worüber ich ein andermal mehr sagen werde. Cardinas scheint mir übrigens ein uninteressantes Städtchen zu sein. Aber freundliche Menschen haben mich hier in der Nähe der Stadt Dinge sehen lassen, die von großem Interesse für mich sind. Dazu gehörte eine Kaffeepflanzung in voller Blüte. Die Kaffeepflanze blüht nämlich auf der Plantage einmal im Monat und dann auf der ganzen Plantage an einem und demselben Tag. Die Blätter schlagen morgens vollkommen aus und verwelken am Abend. Die erste Blüte ist im Februar, die letzte des Jahrs im November. Die Blumen, die in dicken weißen Kränzen und Büscheln auf den Zweigen sitzen, setzen kleine Fruchtknospen ab, die zuerst grün, hernach rot, endlich dunkelbraun sind und dann erst abgepflückt werden. Sie enthalten die Kaffeebohne. Die Ernte währt drei bis vier Monate im Jahr beständig fort.

Die Kaffeepflanzung, die ich besuchte, stand in vollster Blüte. Sie sah aus wie Schnee auf grünen Büschen. Der Kaffeebusch hat schöne, saftgrüne, glatte, lorbeerartige Blätter; die Blumen gleichen denen der einfachen weißen Hyazinthe und haben einen feinen, lieblichen, angenehmen Geruch. Diese Kaffeepflanzung war auch im Übrigen ausgezeichnet schön, sie hatte schöne Alleen, die mit Orangenbäumen und Sagopalmen abwechselten, Land mit Ananas, Alleen und Haine mit Bananas. Die Bäume standen voll von Blüten und Früchten. Die Personen, die hier wohnten, hatten niemals auf die eigentümliche Blüte des Bananasbaumes Acht gegeben. Man lebt hier mitten unter den reichsten Schätzen der

Natur, ohne sie zu beachten. Unter den schönen Gegenständen auf der Pflanzung muss man ihre Besitzerin und namentlich ihre schöne junge Tochter nennen. Sie beschenkten mich mit Früchten und Blumen, und ich habe einen blühenden Zweig des Kaffeebusches für Mama abgezeichnet.

Ein anderes für mich interessantes Schauspiel war ein kleines zoologisches Museum, d. h. eine Sammlung von Vögeln und andern Tieren Cubas, die ein Deutscher in der Nähe von Cardinas angelegt hat. Unter den letzteren Tieren waren ein Krokodil und ein Alligator, die in einem steinernen Bassin zusammen waren. Sie hatten so große Ähnlichkeit miteinander, dass sie meinen unwissenschaftlichen Augen ganz gleich schienen. Aber man machte mich auf gewisse unterschiedliche Merkmale aufmerksam. Ihr Eigentümer hatte vergebliche Versuche gemacht, sie zu zähmen. Sie schienen die seelenlosesten aller Tiere zu sein, wie sie auch von Aussehen die garstigsten sind. Alligatoren und Krokodile finden sich in den Flüssen Cubas nicht vor. Diese hier waren als Kuriositäten aus Amerika und Afrika eingeführt worden.

Kaffeetal la Concordia, den 27. April
Seit ich das letzte Mal schrieb, habe ich alle möglichen kleinen Unruhen und Abenteuer gehabt, die sich aber alle zum Besten kehrten, und jetzt lebe ich und schreibe dir in der allerschönsten Ruhe und Annehmlichkeit auf Madame Carreras schöner Kaffeeplantage und in ihrer Familie. In San Antonio musste ich neulich den Tag ganz allein in meiner kleinen Posada zubringen. Aber mein Zimmer war, wenn auch kahl, doch sauber, und der Diener im Hause, Raymundo, war sehr ehrerbietig und freundlich und begann allmählich, aus lauter gutem Willen, wie ich glaubte, mich zu verstehen, und wäre ich nicht in dieser Posada auf einige Zeit allein gelassen worden, hätte ich nicht diese kleinen Widerwärtigkeiten gehabt, so hätte ich auch nicht die Bekannt-

schaft mit San Antonio de los Bannos machen können, wie ich jetzt tat, und das wäre sehr schade gewesen.

Nachdem ich mein Mittagessen, bestehend aus gut gekochtem Ochsenfleisch und Yamswurzeln, verzehrt hatte, und als der Tag kühler zu werden anfing, begab ich mich auf einen einsamen Streifzug, schon längst abgehärtet gegen die verwunderten Blicke der schreienden und springenden Negerjungen, die mir im Anfang folgen, wenn ich allein ausgehe.

Einige palmenbedeckte Hütten in den Palmenhainen verlockten mich ein Stück weit von der Posada hinweg, denn ich vermutete da Wohnungen freier Neger. Und ich täuschte mich nicht. Ich befand mich bald in einem unregelmäßigen Städtchen und wandelte durch Straßen mit Baumrinden- und Reisighütten in kleinen Gärten voll von den schönen Bäumen und Pflanzen des Landes. Kokospalmen und Bananas standen überall. Unter ihnen sah man auch überall splitternackte Negerjungen, die umhersprangen und spielten. Negerweiber arbeiteten oder standen an den Türen der Hütten. Ich befand mich offenbar auf afrikanischem Gebiet.

»Bonjour Madame!«, scholl es mir aus einer der Hütten entgegen, und in der Tür stand eine dicke, wohlgekleidete Negerin, die wie eine personifizierte Einladung aussah. Ich nahm sie an und trat ein, froh, dass ich mit jemand von dem Volk reden konnte. Ich fand hier in der geräumigen Hütte das allerfreundlichste und heiterste alte Negerpaar, das man sich denken kann. Sauber und wohl geordnet war alles um sie her, im Wohnzimmer, in der Schlafstube, in der Küche und im Garten, und die Alte führte mich überall herum und lachte aus vollem Hals bei jeder Frage oder Bemerkung, die ich machte. Sie war auf St. Domingo geboren und hatte vor der Revolution auf der Insel in einem französischen Haus gedient. Sie drückte sich sehr unvollkommen französisch aus, gab mir aber doch manchen Aufschluss über den Zustand der freien Neger in dem Städtchen. Sie schienen zufrieden und glücklich zu sein, nährten sich von ihren kleinen Erdanteilen, von ihrem bisschen Vieh sowie von verschiedenen Arbeiten für die weiße Bevölkerung in der Stadt. Sie selbst besorgt feine Wäsche und war mit ihrer Welt zufrieden. Für den Augenblick genoss sie ein *dolce farniente*, und dies tat auch ihr Mann, der bloß Spanisch konnte, deshalb sich bei unserem Gespräch nicht beteiligte, sondern nur mit einem Ausdruck der herzlichsten Zufriedenheit dasaß und seine Zigarre rauchte. Als ich einige Bananenbäume in ihrem Garten sah, der nicht außerordentlich gut besorgt war, fragte ich sie, ob sie Bananas zum Frühstück esse. Dies fand sie unbegreiflich lustig, und beinahe atemlos vor Lachen sagte sie, sie müsse gebratenen Speck und Kaffee zum Frühstück haben, aber ihr Mann esse gebratene Bananas.

Ich wünschte dem glücklichen alten Paar langes Leben in ihrer Hütte und wanderte auf gut Glück weiter, und bei jedem Schritt steigerte sich mein Vergnügen über das regelmäßige, aber poetische und pittoreske Gemälde, welches San Antonio de los Bannos vor meinen Blicken darstellte.

Denke dir einmal Folgendes: Ruinen von alten hohen Mauern und Säulenhallen mit Frescogemälden zwischen zwei weißen oder hübsch bemalten cubanischen Häusern und palmenbedeckten Rindenhütten, alles untereinander; einen tiefen, aber schmalen kristallhellen Strom mit buschigen baumbewachsenen Ufern; an diesem Strom Rindenhütten mit Palmdächern; über ihnen, von den abschüssigen Ufern herabgeneigt, wogende Bananas- und Bambusbäume; zwischen diesen Gebüsche mit roten und gelben Blumen; im Strom badend und sich tummelnd Jünglinge und Knaben; über dem Strom alte Stein- und Holzbrücken mit angestrichenen Säulen und Staketen; über den Brücken reitende Mayorale in weißen Blusen auf weißen Pferden mit Pistolenhalftern am Sattel und Schwertern mit silbernem Gefäß an der Seite; und da und dort auf den grünen Ufern des Stroms oder unter Kokos- und Bambusbäumen, in den Gärten mit den alten Säulenhallen und verfallenen Mauern Gruppen von olivenfarbigen oder weißen Weibern, meistens jung und schön, einige von ihnen Zigarillos rauchend, andere mit weißen Blumen im Haar, freundlich den Gruß des Vorübergehenden mit einem anmutsvollen Kopfnicken und einem melodischen *buena tardi sennora* beantwortend; dazwischen hinein Gruppen von halb nackten, aber gesund aussehenden Negern und Negerinnen und ganz nackten Negerkindern, die sich wie echte kleine Wilde gebaren; weiße Männer auf Steinmauern sitzend oder gemächlich mit Zigarren im Mund herumflanierend – über all dem den milden Tropenhimmel, diesen lieblichen Wind, ein halb schlummerndes, genießendes *Farniente*-Leben – und du siehst das Panorama, das ich betrachtete, in dem ich hin und her wanderte, bis die Schatten kamen und die Sterne auf der Bühne erschienen.

In meine Fonda zurückgekehrt richtete ich mich für die Nacht ein. Ich hatte ein kleines, sauberes Zeltbett, ein reines Leintuch und eine saubere leichte Decke erhalten. Ich bekam eine Tasse Tee mit Brot und eine Nachtlampe. Mein Freund Raymundo sorgte mit gravitätischer Artigkeit für mich. Und so blieb ich allein recht vergnügt mit meinem Schicksal, und zu mir herüber schollen die Töne einer Gitarre nebst einem tremulierenden, einförmigen, aber anmutigen melancholischen Gesang mit dem Charakter der spanischen Seguidillas. Beim Klang dieser Töne entschlummerte ich in einem kühlen Bett und hatte eine vortreffliche Nacht, ungestört von den einzigen blutdürstigen Räubern, die ich fürchtete, den Mücken und Flöhen.

Als ich erwachte, erblickte ich meines Freundes Raymundo ehrfurchtsvolles Gesicht vor meinem Fenster gegen den Hof zu, mit der Anfrage, ob ich etwas befehle. Ich befahl Kaffee und *huevos* (Eier).

Während ich frühstückte, wurde La Miranda auf eine Art angemeldet, welche bewies, dass er hier am Ort als eine Macht ersten Ranges galt.

Und bald ließ Don Ildefonso Miranda seinen Besuch anmelden, den ich in einem an das meinige stoßenden Zimmer von derselben anspruchslosen Beschaffenheit entgegennahm.

Don Ildefonso Miranda pfiff den Leuten in der Posada, und sie flogen herbei, um seine Befehle zu empfangen; er winkte, und sie flogen nach allen Seiten, um sie auszuführen.

La Miranda, wirklich ein vollendeter Caballero, war gegen

mich unendlich artig in Ton und Manieren; er stellte mir seine Volante und seinen Calashero zur Verfügung, um mich zu Madame Carrera zu führen, er frühstückte mit mir, sorgte für alles, was ich wünschte, und als ich abreisen wollte und meine Rechnung in der Posada verlangte, da hatte La Miranda bereits alles bezahlt. Dagegen zu protestieren war nicht der Mühe wert und hätte hier auch nicht gepasst; ich nahm also die Sache als etwas Unbedeutendes hin und dankte mit einem Kompliment über die Artigkeit der Spanier. Diese ist wirklich groß gegen Frauenzimmer und Fremde, und sie dürfte ihre Ursache in einem gewissen Nationalstolz haben, welcher im Grunde edel und schön ist.

In Don Ildefonsos Volante und einem tropisch heißen Wind, der allen roten Staub auf dem Weg in Wirbeln aufrührte, fuhr ich hierher nach Madame Carreras Wohnsitz »Kaffeetal la Concordia«. Nur in fliegender Eile und durch Wolken von feuerrotem Staub sah ich die schönen Kaffeetaler Palmen und glänzende Blumen über die Steinmauern winken, welche sie auf beiden Seiten des Weges umgaben.

Madame Carrera war nicht zu Hause in ihrem Kaffeetal. Sie befand sich am Meeresufer auf der Südseite der Insel, um nebst ihren Söhnen und Enkeln zu baden, und sie konnte meinen und ihres Sohnes Brief erst diesen Morgen erhalten haben. Aber der Verwalter der Plantage, Don Felix, ein artiger, älterer Herr, empfängt mit spanischer Courtoisie und sagt: »*Toute la maison est à votre disposition. Vous êtes chez vous. Disposez de tout. La maison est à vous. Ce n'est pas un compliment!* (Das ganze Haus steht zu Ihrer Verfügung. Sie sind daheim. Verfügen Sie über alles. Das Haus gehört Ihnen. Dies ist kein bloßes Kompliment!)«

Wir essen miteinander zu Mittag, der artige alte Herr und ich. Don Felix spricht von Madame Carrera mit einem Ausdruck von Verehrung. »*Ah c'est une dame, une dame comme il y en a peu!* (Oh, sie ist eine Dame, wie es nicht viele gibt!)«

Trinidad, eine freundliche Negerin mit schönen Augen, die ein wenig Französisch spricht, ist meine *femme de chambre*, und ich bleibe über Nacht da. Am nächsten Morgen ein Brief von Madame Carrera mit der Einladung, zu ihr an die *playa* (Meeresküste) zu kommen, Anstalten, um mich dahin zu bringen, und ein Begleiter in der Person eines allerliebsten, schönen und anmutsvollen Jungen, Adolfo Sauval, zwölf Jahre alt, ältester Enkel der Madame Carrera.

Wir begeben uns hinweg. Beschwerliche Fahrt, zuerst in der Volante durch die Wildnis über Stock und Stein, sodann in einem von Männern gezogenen Boot in einer schmalen mit Schilf und verschiedenen Wasserpflanzen beinahe überwachsenen Rinne. Es geht schrecklich langsam und es ist schrecklich heiß. Mein dunkeläugiger kleiner Caballero, der holde Junge, ermuntert und tröstet: »Jetzt wird es bald besser; jetzt haben wir nicht mehr so weit … in einer kleinen Weile kommen wir in freieres Wasser.« Der liebenswürdige Junge war für mich eine wahre Erquickung bei der Fahrt, die drei unendliche Stunden währte, ehe die Rinne sich zu einem kleinen Fluss erweiterte und wir von einem sanften Meereswind etwas verspürten. Hier an der Mündung des kleinen Flusses ins Meer liegen auf kahlem Grasboden einige kleine Rindenhütten, wahre Fischerbaracken. Hier wohnt die aristokratische Familie und führt auf einige Wochen ein wahres Feldleben um der guten Bäder willen.

Madame Carrera kam just aus dem Bade. Wie anmutsvoll sie mir erschien, als sie mir in ihrem langen weißen Kleid entgegentrat, mit ihrem milden bleichen Gesicht, ihrer edlen Haltung, ihrem einnehmenden Wesen. Sie mochte zwischen 50 und 60 Jahren stehen, und die edelste Weiblichkeit drückte sich in Physiognomie und Gestalt aus.

Um die schöne Frau her erblickte ich zwei hoch gewachsene schöne junge Männer, ihre beiden jüngsten Söhne, Alfred und Sidney Sauval, eine schöne Spanierin, die Frau des ältesten, und ihre sechs Kinder, vier Knaben und zwei Mädchen, sämtlich schön, sodann Neger, Negerinnen und Hunde.

Eine Hütte auf der andern Seite des Flüsschens schräg gegenüber der Hütte Madame Carreras ist für mich in Bereitschaft gesetzt. Ich kann da ganz allein schalten und walten.

Die gute Frau bringt, so gut es sich machen lässt, ein Bett, einen Stuhl und einen Tisch für mich in Ordnung. Der Wind bläst durch die geflochtene Reisigwand, welche der Meerseite zugekehrt ist; aber es ist Cubas Wind. Ringsumher keine Bäume, bloß sumpfiger, niedriger Boden, und da draußen das große Meer ohne Grenzen und Klippen. Wir befinden uns hier auf der Südseite der Insel; es ist eine öde Gegend, bloß von armen Fischern bewohnt, für welche Madame Carreras Aufenthalt die fröhlichsten Tage der süßen Brote im ganzen Jahr sind. Das Ganze hat den Reiz der Neuheit und kann ein paar Tage wohl angehen. Es tut mir Leid, dass ich hierher gekommen bin, weil ich sehe, dass ich unwillkürlich der badenden Familie eine ganze Menge von Beschwerlichkeiten gemacht habe. Aber sie sind zu artig, um mich etwas merken zu lassen, und ich beschließe, in den Tag hineinzuleben und mit allem zufrieden zu sein. Und in dieser Luft ist das nicht schwer. Wir soupieren reichlich und gut an kleinen Tischchen auf der Piazza, die zu Madame Carreras Palmenhütte gehört, und später am Abend plaudern wir beim Licht der Sterne draußen in dem milden Seewind, wie ich schon lange nicht mehr geplaudert habe, von interessanten Perioden in der Geschichte, auch in Schwedens Geschichte, die der seelenvollen denkenden Dame und ihren gut erzogenen Söhnen in ihren größeren Zügen wohl bekannt ist. Es ist beinahe Mitternacht, wenn ich mithilfe eines alten treuen Dieners über den schwachen schwankenden Steg, der über das Brücklein führt, voltigiere. Es bläst stark vom Meer her und die Wogen brausen gewaltig. Das südliche Kreuz mit seiner Glorie von den Sternen des Zentaurs und der prächtige Stern Canopus in dem Schiff Argo stehen klar über dem Meer am südlichen Himmel. Ich grüße sie und krieche in meine Hütte hinein. Das Licht wird vom Wind ausgeblasen. Aber die Sterne gucken durch die Fensteröffnung gegen das Meer zu herein. Die Bettvorhänge wehen und flattern im Winde. Aber es ist Cubas Wind. Ich lege mich von ihm umsaust ins Bett, kann nicht viel schlafen, genieße aber ein unnennbares Wohlbehagen, fühle mich gleichsam auf den Fittichen des

»Das südliche Kreuz mit seiner Glorie von den Sternen
des Zentaurs« (am 4. April 1851)

Windes getragen von dem frischen weichen Geiste des Meeres. Es ist mir, als ob ich keinen Leib hätte.

Am nächsten Morgen sieht es bedenklich aus. Der Himmel ist klar. Aber der Nachtwind hat das Meer am Ufer aufgejagt und dauert fortwährend mit derselben Stärke an, der Strom schwillt und überschwemmt den Boden rund um unsere Hütten. Pfütze an Pfütze entsteht und die Pfützen laufen zu kleinen Seen zusammen. Man kann nicht mehr von der einen Hütte zu der andern gehen. Wir platschen wie Enten im Wasser. Die Familie gerät in Angst. »Wenn dieser Wind anhält, so sind wir morgen rings umflutet.«

Der Wind währt fort. Man kann sich jetzt nur noch im Boot zwischen den Hütten hin bewegen. Das Wasser kommt bis zu Madame Carreras Piazza herauf. Man kann nicht mehr ausgehen. »Das wird unausstehlich.« Und man fasst einen schnellen Beschluss, am nächsten Morgen die Playa dem Meer zu überlassen und samt und sonders nach der »Concordia« zurückzureisen.

Der älteste der Söhne und alle Kinder sind unwohl; die andern von der Familie und ich bleiben beisammen und plaudern lebhaft und kurzweilig genug bis abends halb elf Uhr, wo ich im Wind und in der Dunkelheit teils platschend, teils voltigierend nach meiner Hütte mich zurückbegebe und allda umsaust vom Sturm und unter Regenschauern dennoch eine ausnehmend gute Nacht zubringe.

Am nächsten Morgen Aufbruch des Lagers und Rückreise nach Kaffeetal auf demselben Bach, der uns nach der Playa geführt hat. Gedränge, Sonnenhitze, Unbequemlichkeiten aller Art – stille Verzweiflung meinerseits darüber, dass ich durch meine Person die Unbequemlichkeit noch vermehre, und fortwährende Bewunderung für die liebenswürdige alte Dame, die, obschon selbst sehr unwohl, dennoch so viele ihrer Enkel, als sie nur kann, unter ihrem Schirm vor der Sonnenhitze zu schützen und zu gleicher Zeit meine Beine vor denen der Kleinen zu bewahren bemüht ist. Der jüngste Bambino schreit die halbe Fahrt hindurch aus vollem Hals.

Endlich Ankunft in Kaffeetal in abgemattetem und ziemlich betrübtem Zustand.

Aber wir erholen uns. Und am Abend sitzen wir auf der schönen Piazza, sehen Cucullos leuchtend sich in der Luft schwingen und lauschen spanischen Seguidillas, welche der romantisch schöne Alfredo Sauval mit einnehmender Stimme und höchst musikalischem Vortrag, sodass es in der Seele wohl tut, ihn zu hören, zur Gitarre singt. Welch ein Unterschied ist nicht zwischen Gesang und Gesang, zwischen dem seelenvollen Gesang und dem Gesang ohne Seele? Diese spanischen Seguidillas, Spaniens eigentliche Volkslieder, haben auch die eigentümliche Volksseele, die eine unbeschreibliche Frische und Natürlichkeit atmet. Man hört in ihren Tönen die Eingebungen eines jugendlichen, ursprünglichen Lebens. Dies haben sie mit unsern Volksliedern gemein, sosehr sie auch an Charakter von ihnen verschieden sind. Unsere Melodien sind tiefer und reicher, aber in den ihrigen ist mehr Sonne, ein freudigeres, wärmeres Leben.

Havanna, am Morgen des 8. Mai

Ich habe meine letzte große Aussicht über Cuba vom Azoteon auf Alfredo Sauvals Hause genossen. Es war gestern Abend bei Sonnenuntergang. Zum letzten Mal habe ich seine schönen Palmenhaine, seine zierlichen, glitzernden Häuser, seinen milden Himmel, sein hellblaues Meer in dieser Beleuchtung, in dieser entzückenden, bezaubernden Abendluft gesehen. Heute Nachmittag gehe ich an Bord der »Isabel« und sage dann Cubas Palmen und Ceibas, Cucullos und Contretänzern, Guadarajahs und Sternbildern, afrikanischen Trommeln, Gesängen und Tänzen, seiner glücklichen und unglücklichen Bevölkerung, seinen Höllen und seinen Paradiesen auf immer Lebewohl.

Ich habe Abschied genommen von guten Freunden, habe das Columbusdenkmal auf der *Plaza de armas* abgezeichnet, habe heute früh zum letzten Male meine liebe Cortina de Valdez besucht und die Brandung um Morros Klippe sich brechen gesehen. Auf dem Rückweg nach Hause ging ich in eine Restauration und verlangte *dos libras de dulces* (zwei Pfund Zuckerwerk), um es ein paar kleinen Mädchen zu schenken. Als ich das Konfekt bezahlen wollte, gab mir der junge Herr, der hinter dem Ladentische stand, das Geld mit einem verbindlichen »Kostet nichts, Sennora« zurück. Ich glaubte, dass er mich oder ich ihn nicht verstanden habe, reichte daher mein Geld von neuem hin, erhielt es aber mit denselben Worten wiederum zurück. Jetzt erinnerte ich mich an das, was ich von der spanischen und cubanischen Galanterie gehört hatte, ich sah mich um, und als ich am andern Ende des Zimmers neben der Tür Herrn Sauval entdeckte, da war mir die Sache klar. »Ei, das sind wieder Ihre spanischen Schwänke«, sagte ich zu ihm; er lächelte, wollte aber offenbar keinen Dank annehmen. Eines Tags lobte ich zufällig ein Körbchen, das seine Frau in der Hand hielt. Sogleich musste ich es als Geschenk annehmen. All mein Protestieren half nichts. Ich könnte hier eine wahre Angst davor bekommen, etwas zu loben.

Wenn ich dir das nächste Mal schreibe, geschieht es von den Vereinigten Staaten aus. Ich habe neues Leben auf Cuba getrunken, aber ich könnte da nicht leben; das kann ich bloß, wo das Freiheitsleben vorwaltet und überhand nimmt.

Monroesee (Florida), den 20. Mai

Ich schreibe dir jetzt aus dem Innern des blühenden Florida, ruhend auf einem seiner spiegelklaren Binnenseen, mit grunzenden Alligatoren, die um unsere kleine schwimmende Wohnung (ein sehr schwaches Dampfboot mit Namen »Sarah Spalding«) herumschwimmen. Ein Kranz von dunkelgrüner Waldung, ähnlich einem Myrtenkranz, umgibt den stillen See, denn die Orangen- und Palmettohaine sowie die Zypressenwälder lassen sich in dieser Entfernung nicht unter-

»Habe das Columbusdenkmal auf der Plaza de armas
abgezeichnet«

scheiden. Das ganze Ufer ist niedrig, der See spiegelruhig und alles rundumher sehr still. Keine Städte und Türme, keine Dampfboote und Flotten, keine Menschen außer uns Floridafahrern. Hier ist junges Land, ja beinahe noch wildes

Land. Aber wie froh bin ich nicht, dass ich mich jetzt mitten in Floridas poetischen Wildnissen befinde, dass ich von seiner reichen wunderbaren Naturpoesie etwas gesehen habe.

St. Matthäus erwies sich uns als ein guter Apostel, und am 18. nachmittags nahm er uns gestrandete arme Sünder, die jedoch von keiner Not wussten und weiter nichts zu klagen hatten, als dass es verdrießlich war, in einem Dampfboot auf einer Landzunge mitten im heißen Sonnenschein stille zu liegen, samt und sonders in seinem Schoß auf. Unser Kapitän dagegen war wirklich zu beklagen und ebenso die Mannschaft, von welcher mehrere sich bereits unwohl befanden. Unser Erlöser St. Matthäus kam uns nicht sehr nahe, sondern ließ uns im Boote abholen. Vier Neger ruderten uns. Mir schien es, als gehe die Fahrt sicher und gut. Unsere herrschsüchtige Dame aber, die durch ihre Philanthropie gegen weiße Sünder bekannt ist, sah den Schwarzen scharf auf die Finger und sagte jeden Augenblick mit strenger Stimme: »Warum rudert ihr nicht stärker?«

Und sie fügte, gegen mich gewandt, hinzu: »Man kann es an ihrer Brust und ihrem Atem sehen, ob sie sich nach Kräften anstrengen.«

Die philanthropische weiße Dame saß also da und beobachtete die Atemzüge der Negersklaven, den Blick auf ihre nackte Brust gerichtet, um zu erforschen, ob sie sich bis zum Äußersten anstrengen, um ihr und uns zu dienen. Ich muss hinzufügen, dass diese Dame aus einem der Staaten Neuenglands war. Solcher Art ist die Philanthropie mancher Amerikaner.

Unsere herrschsüchtige Dame gewann indes nichts mit ihren Bemerkungen und Ermahnungen. Die Neger ruderten ruhig, aber gleichmäßig und gut das schwer belastete Boot, und wir kamen glücklich an Bord des St. Matthäus. Und bald rollten wir zu unserer großen Befriedigung auf dem Altamahafluss dahin, dessen Wasser hier in der Nähe des Meeres salzig war und in der Abenddämmerung wie ein Strom von hell rinnendem Silber voll von funkelnden Diamanten erschien.

Der St. Matthäus hatte bereits eine Masse von Leuten an

Bord. Unter diesen befanden sich drei Paar Turteltauben von der menschlichen Rasse. Ein Pärchen, das physisch schön war, aber in Bezug auf Bildung und Manieren der zweiten Sorte von Menschen angehörte, war so verliebt und zeigte es so ungezwungen, dass es abgeschmackt war. Der junge Mann, der eine große Nadel von falschen Diamanten an seiner Halskrause trug, vertraute einem Bekannten in der Gesellschaft, dass er die Überzeugung hege, das vollkommenste Weib auf Erden geheiratet zu haben. Aber ihre vollkommene schöne Gestalt sah nicht aus, als ob sie viel Seele in sich beherbergte.

Die Turteltauben Nr. 2 waren von feinerem Schrot und Korn, anmutsvolle Leutchen, und liebende Seelen leuchteten aus den dunklen, schönen Augen; die junge Frau war von sehr schwacher Gesundheit, nachdem sie sich erst ein Jahr verheiratet hatte; er zeigte sich sehr besorgt um sie.

Die Turteltauben Nr. 3 waren weder jung noch schön mehr, aber von den drei Paaren das interessanteste und vielleicht das glücklichste. Es war eine Lust, sie anzusehen und ihre Geschichte zu hören.

Sie gehörten der ärmeren, weißen Volksklasse in Carolina oder Georgia an, die gewöhnlich dort Sandhügelvolk genannt wird, weil sie in den sandigsten und magersten Teilen des Landes lebt und ihre Felder bestellt, ohne Schulen oder irgend andere Mittel zur Bildung zu haben. Die Frau hatte ihren Mann gegen den Willen ihrer Angehörigen genommen. Und als sie einige Zeit nach ihrer Verheiratung durch die Schuld des Mannes in große Not geriet, da gaben sie ihr zwar eine Freistätte, verstießen aber den Mann und verboten ihr, ihn zu sehen. Der erbitterte Mann schwor, dass sie ihn nicht wieder sehen sollten, bis er komme, um seine Frau in ein eigenes Haus abzuholen. Er blieb sieben Jahre aus und ließ nichts von sich hören. Sie hielt sich mit ihren Kindern, zwei Jungen und einem Mädchen (der jüngste Knabe war kaum erst geboren, als der Vater sie verließ), bei den Eltern auf und verlor allmählich beinahe alle Hoffnung, ihren Gatten wieder zu sehen, den sie jedoch innig liebte. Aber eines Tags rief der älteste Knabe: »Da kommt Papa!« Sie wollte ihm nicht glauben. Sie hatte so manches Jahr vergebens auf Nachrichten von ihm gewartet. Sie ging jedoch jetzt aus dem Haus, um den Ankommenden zu sehen, und als sie noch in der Entfernung ihren Mann erkannte, da fiel sie ohnmächtig nieder. Es war ihm nach beharrlichen Anstrengungen gelungen, sich ein sicheres Brot zu verschaffen; er hatte sich in dem schönen Florida eine Hütte erbaut, und nach dieser Heimat in diesem Lande ewigen Sommers wollte er jetzt seine Frau und seine Kinder führen. Sie waren auf der Reise dahin begriffen. Am Ufer des Monroesees lag die neue Wohnung; dort sollten die beiden Gatten ein neues Leben beginnen. In dem mondhellen Abend küssten sie sich und ruhten aneinander mit der innigsten Liebe und Freude. Er sah gut und mannhaft aus. Sie hatte feine Züge und war offenbar schön gewesen, schien aber durch Kummer und harte Arbeit gelitten zu haben. Sie konnte nicht viel über 30 Jahre sein; er schien einige Jahre jünger. Sie saßen beständig nebeneinander. Sie lehnte mit einem Ausdruck inniger Zuversicht und Ruhe ihren Kopf an seine Schulter. Sie sollte nicht mehr allein, getrennt von dem Manne, umgeben von Verwandten, die ihn missachteten und hassten, für Haus und Kinder arbeiten. Er war bei ihr; sie hatte ihn wiederbekommen, und was noch mehr war, sie hatte wieder Achtung gewonnen vor ihm als Mann und Gatten. Er konnte, er musste fortan sie und die Kinder versorgen, er führte sie weit, weit hinweg von den Sandhügeln, wo sie so viel Böses ausgestanden hatte, nach dem blühenden Florida, wo Orangenbäume ihre Wohnung am Ufer des Sees umschatten und Floridas Sommerwinde neue Blumen auf ihre Wangen rufen sollten. All diese lieblichen Gefühle und Gedanken waren ganz deutlich im Ausdruck und im Wesen der beiden Gatten zu lesen. Sie schienen mir die glücklichsten Menschen zu sein, mich selbst ausgenommen, die ich sie sah und von Gott die Gabe empfangen habe mich am Glück anderer Menschen sehr zu erfreuen.

Der jüngste Knabe war ein außerordentlich hübscher freimütiger Junge und von der Zärtlichkeit der Mutter mit einem zierlichen Käppchen ausgestattet, das ihn allerliebst ließ; der älteste Knabe, der 15 Jahre zählte, war weniger hübsch, und die einzige Tochter des Hauses, die vierzehnjährige Polly, war ein schwarzer Strich im Roman der Eltern, denn obschon nicht hässlich, obschon sie die Gutmütigkeit des Vaters in ihrem runden Gesicht hatte, war sie doch eine echte Tochter des Sandhügels, bei einer alten Großmutter aufgewachsen, wie der Tannenbusch im Sande, ohne mehr Kultur oder Bildung zu erhalten als diese. Unsere herrschsüchtige Dame nahm den verwilderten Menschenstoff unter ihren Schutz, und ihre Versuche, die junge Novize mit ihren Sandhügelmanieren zu kultivieren, gaben uns Stoff zu manchem herzlichem Lachen.

Die erste Nacht auf dem St. Matthäus war heiß und schwül in dem voll gedrängten engen Salon. Der Boden war mit daliegenden Frauenzimmern übersät. Einige von ihnen waren schön, zwei ganz jung und wahrhaft klassisch schön in ihrem Schlaf und ihrer ruhenden Haltung. Und da ich nicht schlafen konnte, machte ich mir die Unterhaltung, sie mit Künstleraugen von meinem hohen Bette herab zu betrachten.

Am Abend waren wir aus dem Altamahafluss heraus und nach mehrstündiger Fahrt in den St. John hineingekommen, nachdem wir glücklich über eine gefährliche Sandbank an seiner Mündung hinweggefahren, ohne etwas anderes als einen starken Stoß zu erleiden, welchen der Schwall der Meereswogen uns gegen die Bank zu versetzte und der den alten St. Matthäus in allen Fugen krachen machte. Aber er zerfuhr nicht in Stücke, wie dies leicht hätte geschehen können (und wobei wir alle unfehlbar zu Grunde gegangen wären), sondern er hielt fest zusammen, und so hatten wir nichts dagegen zu sagen. Mehrere Passagiere verließen das Schiff bei den Kolonien oder Pflanzungen unterwegs; alles wurde freier und angenehmer, und ich fand einen unbeschreiblichen Genuss an dem herrlichen Morgen und der Flussfahrt.

Der St. John (auf Indianisch Welaka oder der Binnenseenfluss) ist eine Kette von größeren oder kleineren Binnenseen, die durch enge, aber tiefe Sunde verbunden sind, welche sich in unzähligen Buchten und Windungen zwischen den Ufern hinschlingen, deren wunderbares Aussehen man sich kaum denken kann, wenn man noch nichts Ähnliches gesehen hat. Hier ist wieder der Urwald, so wie ich ihn auf dem Savannah sah, aber noch reicher in seinen Erzeugnissen, denn der Welaka fließt zum größten Teil unter tropischen lauen Winden dahin, unterhalb der Region, welcher die Kälte naht. Hier sind dichte Haine und Gruppen von Palmettos, hier sind wilde Orangenhaine mit glänzenden Früchten belastet, die keine Hand abpflückt; Massen von Schlingpflanzen, Vanille, wilde Weinrebe, Convolvulus usw. bedecken die Ufer in unbeschreiblicher Üppigkeit und bilden, indem sie über die Bäume, Stämme, Gebüsche und das so genannte Knie der Zypressen hinwachsen, Pyramiden, Altäre, ganze Tempel mit Pfeilern, Gewölben, Säulenhallen, dunklen, tiefen Gängen sowie die schönsten, zierlichsten Blumengewinde an dem klaren Fluss entlang und über demselben. Aus den Massen des Laubwerks strecken die Fächerpalmen ihre schönen Kronen frei und phantastisch hervor; die Magnolie steht voll von schneeweißen Blumen, und hoch über dieser Republik von Pflanzen, Blumen und mannigfaltigen Bäumen stehen die hohen Zypressen gleich schützenden, bärtigen Patriarchen, horizontal ihre hellgrünen Kronen mit langen flatternden Moosen, die von ihren starken Zweigen herabhängen, hinausstreckend.

Hier ist das Naturleben in all seiner Üppigkeit. Aber es ist dies des alten heidnischen Naturgottes, des alten Panus Reich und Herrschaft, welche das Gute und das Böse, das Leben und den Tod mit gleicher Liebe umfasst und kein Gesetz, keine Ordnung kennt außer denen der Erzeugung und der Zerstörung. Unter diesen grünen Laubgewölben, die das Wasser beschatten, liegt die friedliche Schildkröte, aber auch der grimmige Alligator, der auf Raub lauert. Das Elentier wohnt in diesen Naturtempeln, aber auch der Panther, der Tiger und der schwarze Bär. Rings um diese Säulen von Laub und Blumen windet sich die Klapperschlange und die giftige

Moccasine, und der schöne, romantische Wald ist voll von kleinen, giftigen, schädlichen Tieren. Gefährlicher als sie alle ist hier jedoch die liebliche Luft, welche im Sommer, beladen mit den Miasmen des Urwaldes und der Flüsse, den Kolonisten Fieber und andere langsam zehrende Krankheiten bringt, woher es kommt, dass diesen wunderschönen Ufern noch die Menschen fehlen. Kleine, da und dort am Fluss angefangene Kolonien sind nach einigen Jahren verlassen und dem Verfall preisgegeben worden.

Aber just dieses Urleben in der Wildnis, diese regellose üppige Schönheit, welche der Menschenkraft Trotz bietet und durch ihren Reichtum stark ist, ist mir hier von unaussprechlichem Interesse und bereitet mir ein unaufhörliches Fest, das ich genieße, ohne die mindeste Beschwerde dabei zu haben. Und die Luft ist so lieblich und die Magnolie so voll von Blumen, der Fluss so voll von Reben, Alligatoren, platschenden Fischen, großen, schönen Wasservögeln, alles so üppig, so wunderbar reich, mild und schön – ein unaufhörliches Feenschauspiel, besonders an den Abenden, wenn der Mond aufgeht und seine mystischen Halblichter und Schatten in die Gewölbe und Pfeilerreihen der wunderbaren Naturkirche hereinwirft. Ich sitze schweigend außen auf der Piazza und sehe mit Andacht und Entzücken zu, während bei jeder Wendung des Flusses neue frappante Szenen hervortreten; ich bin glücklich, wenn ich allein dasitzen kann oder an der Seite meiner guten Mrs Howland, wo ich mich immer wohl befinde. Aber es fehlt uns nicht an allerlei kleinen Störungen. Am ersten Morgen unserer Fahrt auf dem Welaka verlor St. Matthäus aus Unachtsamkeit sein Steuerruder in einem Gebüsch, und das gab unserer herrschenden Dame viel zu herrschen und zu bestellen, und wir mussten eine ganze Stunde stillliegen, um unsern Schaden wieder zu ersetzen. Die Sandhügel-Polly war uns beständig im Weg, und wenn wir zufällig ihr im Wege standen, so konnte man sich auf einen tüchtigen Puff gefasst halten. Das Erziehungssystem unserer herrschenden Dame wurde immer strenger, aber wir begannen alle Hoffnung auf die Macht der Bildung über diese Tochter der Wildnis zu verlieren. Wir hatten auch allerlei komische Auftritte, und die heitere Miss Mac-Intosh belustigte sowohl sich selbst als uns mit ihren Bemerkungen über Polly und ihre Bildung.

Die Turteltauben Nr. 1 und 2 wurden bei der kleinen Kolonie Pulatky ans Land gesetzt, die mitten im heißen Sande liegt und vielleicht deshalb gesunder ist als andere von üppiger Vegetation umgebene Orte. Die Turteltauben Nr. 3 sollten uns bis an den Monroesee begleiten. In Pulatky erfrischen wir uns mit großer Waschung und guter Milch. In Pulatky befinden wir uns unterhalb der Region, wo die Kälte Macht hat; sie kann sich hier zwar von Zeit zu Zeit fühlbar machen, aber sie kann nichts zerstören. Etwas mehr im Norden hat sie vor einigen Jahren die herrlichen Haine von süßen Orangen, die in der Gegend von St. Augustin der einzige Reichtum von mehreren tausend Personen waren, von Grund aus zerstört. Aber in Pulatky spüre ich wieder die balsamische Luft und die sanften Winde, die auf Cuba wehten. Dieser Wind kann bloß dahin kommen, wohin der Frost nicht kommen kann.

In dieser bezaubernden Luft lag in Pulatky, weit getrennt von Familien und Freunden, ein Jüngling sterbend an der Lungenschwindsucht darnieder. Er war von Philadelphia und hatte die Reise nach Florida unternommen, um Gesundheit zu trinken; aber die Krankheit war übermächtig geworden. Floridas balsamische Winde spielten durch die Fenster herein, ein treuer Neger saß da und fächelte den Kranken mit einem Sonnenfächer – aber vergebens. Das Fieber verzehrte ihn und er konnte nicht mehr viele Tage zu leben haben. Er war schön, hatte große blaue Augen und helle Haare. Seine Großmutter war eine Schwedin und er führte ihren Namen, nämlich Rudolph. Schwach, wie er war, schien es ihm gleichwohl Vergnügen zu machen, die aus weiter Ferne gekommene Landsmännin zu sehen. Er war jetzt auf dem Rückweg nach Philadelphia begriffen und glaubte diese Stadt erreichen zu können, aber . . . Miss D., die sich immer der Kranken annimmt, schrieb sich die Adresse des kranken Jünglings in

*»Massen von Grün, die Mauern, Säulenhallen, Pyramiden
und die phantastischsten, massiven Gestalten bildeten«*

Philadelphia auf, um seine Verwandten von seiner Gefahr zu unterrichten.

In Pulatky wurden wir von St. Matthäus dem kleinen, elenden Dampfboot »Sarah Spalding« überlassen, das mich an diesem Abend beinahe dazu brachte, dass ich mein Unternehmen bereute, besonders um meiner Freunde willen. Denn alles sah höchst unfreundlich und dürftig aus, und unsere Kajüten wimmelten von Schnaken. Aber selten habe ich mehr und herzlicher gelacht als an diesem Abend. Miss Mac-Intosh geriet in eine Art von lustiger Raserei gegen unsere Friedensstörer und verfolgte sie mit so komischer Wut, und Mrs H. war, wie das prächtige junge Mädchen, so geneigt, alle unsere Beschwerden auf die lustige Seite zu nehmen, dass alles für uns Stoff zu Vergnügen wurde. Die Mondscheinnacht war herrlich während der Flussfahrt, und wir saßen bis spät auf der kleinen dreieckigen Piazza im Hinterteil des Schiffes; ein paar junge Schwestern mit lieblichen Stimmen sangen den holden Mai und andere anziehende Negerlieder, das Schauspiel an den Ufern nahm einen immer tropischeren Charakter an. Sodann schliefen wir ein wenig, und ich für meinen Teil gut, trotz der Schnaken. Aber unsere herrschsüchtige Dame glaubte über unser Wohl wachen zu müssen; sie war sehr unruhig in dieser Nacht und machte wegen einiger kleinen Insekten Lärm, als ob sie es mit grimmigen Tigern zu tun hätte.

Am nächsten Morgen in der Frühe fuhren wir ans Land, um Holz zu holen. Ich ging ans Ufer, um mich nach der unfreundlichen Nacht zu erfrischen. Die Gegend schien ganz unangebaut und wild. Aber ein Fußsteig bog sich in den Wald hinein, und ich ging von da auf gut Glück aus, um eine Entdeckungsreise zu machen. Und als ich allein durch die Wildnis wandelte, kamen meine Flügel und meine Freude wieder über mich. Aber der Morgen und die Wildnis waren auch so unaussprechlich schön. Die Lebenseichen standen prächtig da mit ihren hängenden Moosen; durch ihre Arkaden drang die aufgehende Sonne. Auf dem Laub der Ambrabäume, auf unzähligen kleinen Pflanzen und Büschen am

Fußsteig entlang lag der Morgentau frisch und glänzend. Die Erde duftete. Ich küsste den Tau von den Blättern; ich legte sie auf meine Augen, an meine Stirne, die morgenfrischen Blätter der jungen neuen Erde; ich wollte mich neu baden in diesem Urdarbrunnen; ich weinte halb vor Wehmut, halb vor unaussprechlicher Dankbarkeit und Freude. Leicht wie ein Vogel ging ich vorwärts und stimmte in die Hymnen der Vögel ein, denn ich hatte ja hier den Labetrank zu kosten bekommen, nach welchem ich während einer langen, langen Wüstenfahrt gedürstet; ich hatte getrunken, ich trank noch immer des Lebens Fülle aus den Brunnen von Gottes Reichtum und getragen allein von seiner Kraft und den Flügeln, die er mir verliehen hat. Wer war freier, wer war reicher als ich! Was sind die gewöhnlichen Vergnügungen und Genüsse des Lebens, nach denen ich in meiner Kindheit oft gedürstet, im Vergleich mit denjenigen, die mir jetzt zuteil wurden, und nicht bloß mir, sondern in Zukunft auch noch vielen, denn noch viele werden lernen, dass Gott ihnen Flügel gegeben hat, und werden sie benützen lernen.

So wanderte ich voll von glücklichen Gefühlen und Gedanken, bis ich an einen offenen Platz im Walde kam, wo man gelichtet und wo vermutlich früher irgendeine Kolonie gestanden hatte. Jetzt war der Ort verlassen. Der schöne Wald umgab still den offenen öden Platz. Weder Menschen noch Tiere zeigten sich. Es war tiefe, wilde Einsamkeit. Ich hatte mich so sehr an dem Morgenspaziergang erlabt, dass ich mir Mrs Howland wünschte, um diesen Genuss zu teilen, und ich kehrte also zurück, um sie zu suchen. Ich traf sie am Ufer, am Fuße einiger Zypressen sitzend. Sie war jetzt nicht zum Spazierengehen aufgelegt, deshalb setzte ich mich zu ihr und betrachtete weiße Blümchen, die umgeben von einem Blätterkranz wie kleine Blumeninseln auf dem Wasser schwammen. Ich kannte ihren Namen nicht, hatte sie aber schon früher während unserer Flussfahrt bemerkt. Da sie auch dicht am Ufer im Wasser wuchsen, so untersuchte ich sie und fand, dass die ganze kleine Pflanze bloß mit einer einzigen fadenschmalen Wurzel an der Erde festhing. Diese Wurzel wird leicht von Wogen und Wind abgerissen, und die Pflanze mit ihrer weißen Blume mitten im Blätterkreis begibt sich jetzt, dem Spiel der Wogen und Winde folgend, auf auswärtige Reisen.

Der Zustand an Bord der »Sarah Spalding« war diesen Morgen etwas unruhig. Ein paar ganz junge und recht schöne Mädchen, die ohne Mutter oder ältere Freunde an Bord waren, hatten durch Unachtsamkeit und Gedankenlosigkeit einigen Herrn Veranlassung zu einer minder feinen Art von Hofmacherei gegeben und dadurch einen unpassenden Auftritt verursacht, den unsere herrschsüchtige Dame vielleicht zum Besten der fehlenden Mädchen, wenn auch nicht gerade zu ihrem Behagen vergrößerte. Die jungen Mädchen erhielten von einigen der älteren Damen, die ihnen jedoch fremd waren, passende Ermahnungen. Und einer der fehlenden Herrn wurde öffentlich vom Kapitän des Dampfschiffes zurechtgewiesen. Er war ein älterer Mann und hatte einen so gutmütigen Ausdruck im Gesicht, dass ich kaum glaube, dass er einen so strengen Verweis verdiente, der ihn auch so angriff, dass er krank wurde.

Mit aufrichtigem Vergnügen hörte ich die würdige und wahrhaft mütterliche Zurechtweisung an, welche Mrs Howland dem schönsten und, wie es schien, leichtsinnigsten Mädchen erteilte, und mit ebenso großem Vergnügen sah ich die Art und Weise, wie das junge Mädchen sie annahm. Sie stand still vor der älteren Dame, welche sie zu sich berufen hatte, und lauschte ihr ehrerbietig und achtungsvoll; nicht ein Wort, nicht eine Miene verriet Verdruss oder Ungeduld, sie sah aus, als wollte sie recht in der Tiefe ihres Herzens die guten und klugen Worte bewahren, die gleich einem guten Samen für die Zukunft in ihre junge Seele ausgestreut wurden. Ich war die Einzige von den älteren Frauenzimmern, die den jungen Mädchen keine Predigt hielt. Aufrichtig gestanden, ich hatte mehr Lust, mich schwesterlich an das junge Mädchen anzuschließen, welches die mütterliche Zurechtweisung so gut aufnahm. Vielleicht ahnte sie mein Wohlwollen; so viel ist gewiss, dass sie mir den Tag über das Ihrige durch verschiedene angenehme kleine Dienste beweisen zu wollen schien, und als wir uns abends trennten, nahm sie auf eine solche Art von mir Abschied, dass ich mich gedrungen sah ihr ein herzliches *God bless you* (Gott segne Sie) mit auf den Weg zu geben. Warum schickt man solche junge Lämmer auf eigene Faust mitten unter Wölfen und Eulen ohne einen beratenden oder leitenden Freund in die Wildnis hinaus? Das ist nicht recht und gut. Mein Glaube an das Gute und Reine bei jungen Mädchen ist groß und wird auch durch dieses kleine Ereignis bestärkt. Aber man sollte doch junge Kinder nicht behandeln, als ob sie bereits die Weisheitszähne hätten.

Die Flussfahrt war bezaubernd schön den ganzen Tag über; aus den schmalen geschlängelten Pässen kamen wir in große helle Binnenseen hinaus, die von üppig grünenden Ufern umgeben waren. Der Reichtum des Pflanzen- und Tierlebens schien mit jeder Stunde zuzunehmen, die Flora und die Luft des Wendekreises schienen sich zu nähern; und wir fuhren ein in die Heimat des ewigen Sommers. Das wilde Zuckerrohr wuchs jungfräulich an den Ufern entlang und bewies, dass der Boden sich zum Zuckerbau wohl eignete. Die Naturtempel wurden immer reicher. Schöne, strahlende Blumen, rot und blau auf hohen Stängeln, weiße Lilien und riesige Wasserpflanzen, unter welchen die hohe *Alisma plantago*, glänzten wie Leuchter unter den dunkelgrünen Gewölben; Schwärme von kleinen grünen Papageien flogen zwitschernd über die wilden Zuckerrohre und in die Palmettohaine hinein; wilde Truthähne, größer als unsere zahmen, zeigten sich an den Ufern. Schöne, schlanke Wasservögel flatterten furchtlos ringsumher, und ebenso furchtlos, aber nicht schön, schwammen Dutzende von Alligatoren vor und neben dem Schiff, und die Fische hüpften und plätscherten, als wären sie außer sich, ich weiß nicht, ob aus Schrecken oder aus Vergnügen; es war ein großes Spektakel auf dem ganzen Weg.

Wir hatten es auch ganz angenehm an Bord, denn unsere kleine Koterie war jetzt beinahe allein auf »Sarah Spalding«, und zu ihr hatte sich ein fein gebildeter, angenehmer französischer Creole aus Cuba gesellt, Herr Bellechasse, der nebst einem Freund auf einer Entdeckungsreise nach Florida begriffen war, um die Brauchbarkeit der Erde für den Zuckerbau zu untersuchen. Seine Gesellschaft war ein Vergnügen und eine Zierde für die unsrige. Der Kapitän war ein artiger und gutmütiger Mann, und die Neger, welche die ganze Mannschaft bildeten, schienen die Sache ungefähr treiben zu dürfen, wie sie wollten. Aber sie wollten das Rechte, sie waren gefällig und heiter. Der Koch, ein junger Mann, der sein Geschäft sehr gut verstand, war ein Witzkopf, der allerlei Späße sagte und machte. Aber die Perle der schwarzen Mannschaft war unser kleiner Aufwärter, der Negerjunge Sam, flink, verständig und willig; er richtete alle unsere Geschäfte aus, er bediente uns bei Tisch, er wurde mit allem fertig und war stets munter. Wir hatten keine Aufwärterin an Bord und fanden hier, dass dies ein Gewinn war, denn diese Damen sind auf amerikanischen Dampfbooten selten Vorbilder für ihr Geschlecht, mögen sie nun weiß, schwarz, braun oder gelb aussehen. Auf St. Matthäus hatten wir jedoch eine Wirtin, eine ausgezeichnet gefällige und schöne junge Negerin, die ein freies Weib und mit einem freien Neger verheiratet war.

Die einzige Plage für mich unterwegs war die Mordlust, wovon besonders einer der Passagiere besessen war, der nicht bloß Alligatoren rechts und links von uns zusammenschoss, sondern auch die schönen Wasservögel, von denen er doch keinen Vorteil haben konnte und denen ich mit Schmerz zusah, wie sie verwundet da und dort ins Schilf herabfielen. Ich nahm mir die Freiheit, ihm meine Vorstellungen über dieses unnötige Schießen zu machen. Er lächelte, gab mir Recht und – fuhr fort zu schießen. Ich wünschte ihm im Stillen schlechte Verdauung.

Was die Alligatoren betrifft, so kann ich kein Mitleid mit ihnen hegen. Sie sind so garstig anzusehen und dabei grausame Tiere, denn obschon sie sich, wenn sie nicht angegriffen werden, nicht an große Leute wagen, so verschlingen sie doch kleine Negerkinder ohne viele Umstände. Sie schwimmen mit dem oberen Teil des Körpers über die Wasserfläche, sodass es nicht schwer ist, sie mit einer Kugel zwischen den Bauch und die Vorderbeine zu treffen. Hierauf tauchen sie unter oder wenden sie sich, wenn sie schwer verwundet sind, auf die Seite; oft sieht man sie wie eine Masse von lebendigem Schlamm sich ans Ufer hinwälzen, um sich in den Wasserpflanzen daselbst zu verbergen. Ihre Menge und Dreistigkeit ist hier zum Erstaunen. Vor einigen Jahren sollen sie so zahlreich da gewesen sein, dass die Boote Mühe hatten, ans Land zu kommen. Sie geben ein grunzendes oder brüllendes Getöne von sich und sollen im Frühling, wenn sie ihre Paarungszeit haben, einen abscheulichen Lärm machen.

Ich verbrachte den ganzen Tag auf der Piazza, indem ich meine Zeit bald den Naturszenen, bald dem Tagbuch des Columbus widmete, welches er während seiner ersten Entdeckungsreise unter den bezaubernden Inseln der Neuen Welt geführt hatte. Die Sandhügel-Polly war den ganzen Tag lästig, obschon sie von unserer herrschsüchtigen Dame so viel als möglich in Zucht erhalten wurde. Nachmittags fuhren wir an mehreren wilden Orangenhainen vorbei.

Gestern Abend kamen wir an den Monroesee, das Ziel unserer Reise. Denn über diesen Punkt hinaus gehen weder Dampfschiffe noch fahrbare Wege. Herr Bellechasse verließ uns hier, um zu Pferd seine Entdeckungsreise in der Wildnis fortzusetzen.

Wir landeten bei Enterprize, einer Kolonie mit einem Krankenhaus, in der Nähe des Fort Melün, das ebenfalls nahe beim See liegt und zum Schutz gegen die Indianer erbaut ist. Die Häuser in Enterprize lagen in tiefem Sand; die Zimmer schienen so wenig Angenehmes zu bieten und die Bevölkerung sah so kränklich aus, dass wir beschlossen, die Nacht draußen auf dem See in unserer kleinen schwimmenden Wohnung zuzubringen, mit welcher wir jetzt beinahe gut Freund geworden waren. Wir fuhren daher von der äußerst gefährlichen und gebrechlichen Brücke an dem misslungenen Enterprize ab, steuerten näher gegen das Fort Melün hin und warfen ein Stück davon Anker.

Nicht weit davon am Ufer hatte das Turteltaubenpaar Nr. 3 seinen neuen Wohnsitz und es sollte jetzt das Dampfboot verlassen. Es sah hübsch aus, wie eine Weile vorher Mann und Frau sich auf ihr Gepäck setzten, in stiller, aber froher Erwartung des Bootes, welches sie ans Land führen sollte. Es sah auch hübsch aus, wie sie in dem kleinen Boot mit ihren Kindern und Effecten nach dem grünen Ufer abfuhren und uns ein freundliches Lebewohl zuwinkten. Wäre nur die Tochter Polly etwas bezaubernder gewesen! Die letzte Plage und die letzte Erinnerung an sie war, dass sie mich an der Schulter nahm, ungefähr wie man einen Zaunstock nimmt, um an mir vorbei auf eine Bank zu klettern, als ihr Vater sie ins Boot hinabrief. Nun, nun, in Floridas Sommer dürfte sie noch zu einer Rose aufblühen und vielleicht den Kommandanten des Forts Melün oder irgendeinen Gutsbesitzer von Enterprize heiraten.

Als die Kolonistenfamilie sich dem Ufer näherte, verloren wir sie aus dem Auge, aber bald darauf schimmerte ein helles Licht in einer Wohnung unweit des Platzes, wo sie ans Land gestiegen war. Es war jetzt Dämmerung, und die Dunkelheit nahm schnell zu, obschon der Himmel ganz klar war. Lange saß ich oben auf dem Verdeck und erfreute mich an der stillen Szene. Das dunkle, niedrige Ufer lag wie ein großer Myrtenkranz um den spiegelklaren See. Feuerfliegen funkelten da und dort darüber hin, und Fische, große und kleine, schlugen unaufhörlich ihre Ringe. Der Abendvogel *Whip poor Will* flötete seine lieblichen Töne vom Ufer her und der Alligator grunzte den Bass dazu. Die Neger auf unserem kleinen Schiff begannen auf Geigen und Flageoletten recht artig und lebhaft Duette zu spielen und gaben mit vortrefflichem Takt und Rhythmus lauter heitere, scherzhafte Melodien zum Besten. So trieben sie es bis gegen Mitternacht. Nur von drei Orten an den Ufern glänzten Lichter. Das eine kam aus einer Orangenpflanzung, die einer Witwe gehörte, das andere von Enterprize, das dritte brannte in dem Kolonistenhaus bei dem Turteltaubenpaar Nr. 3, und es glänzte so ausnehmend hell an dem dunklen Abend. Die ganze Gegend war flach, kein

Gegenstand ragte bedeutend hervor. Einige Wolken schwammen oder lagen vielmehr wie kleine Inseln am westlichen Horizont und verflossen allmählich in der hinsterbenden Abendröte. Ich versuchte vergebens unter ihnen einige symbolisch poetische Figuren zu entdecken; das Höchste, auf was ich kam, war eine auf einem Haus sitzende Frau mit einem Quäkerhut. Sie und alle Wolken verwandelten sich endlich in einen Haufen kleiner Spanferkel und so verschwanden sie. Das Licht bei der Witwe in dem Orangenhain und das Licht in Enterprize waren erloschen. Jeder Windhauch hatte sich schlafen gelegt. Alles im Raume war still, alles am Ufer war dunkel. Nur das Licht in dem Kolonistenhaus brannte noch, aber dunkler; endlich erlosch auch es. Aber ich sah es doch im Hause brennen. Gegen Mitternacht verstummte auch die Musik der Neger; aber der Alligator und der *Whip poor Will* setzten ihr Duett die ganze Nacht fort.

Ich konnte nur wenig schlafen, obschon ich mich vollkommen wohl befand. Aber die Geister der Luft riefen mich, und wieder und immer wieder musste ich auf unsere kleine Piazza im Hinterteil des Schiffes hinausgehen, wozu die Türen vom Salon aus offen standen, und musste da bloß in meinen weißen Kleidern immer und immer wieder das stille Schauspiel betrachten. Noch in der Morgendämmerung, als die Sterne erloschen und nur der Morgenstern klar stand über dem spiegelklaren See, währte das Duett zwischen dem Vogel und dem Alligator fort. Als die Sonne aufging, schwieg der Erstere, und andere Vögel begannen zu singen und die Fische zu tanzen. Und die Untiere des Flusses schwammen und schwimmen noch rings um uns her, sie scheinen es offenbar auf unser Schiff und seine Esswaren abgesehen zu haben. Der grausame Jäger ist nicht mehr hier. Und wir auf »Sarah Spalding« leben mit aller Welt im Frieden und denken gleich den Krokodilen nur auf ein Frühstück.

303

Guten Morgen, mein Schwesterchen, in dieser schönen Morgenstunde in Virginiens Hauptstadt! Ich komme soeben von einem Spaziergang im Park um das Capitol her zurück, von wo ich den schönen St. Jamesfluss (auf Indianisch Powhatan) mit schäumendem Fall und ruhigen silberklaren Wellen in zahlreichen Biegungen durch grüne Ebenen und an schönen Hügeln entlang durch das Land ziehen sah. Eine herrliche Aussicht von diesem stattlichen Capitol aus! Ich wünschte, die geistige Aussicht vom Hauptsitze des Staates aus entspräche ihr. Aber Virginien ist Sklavenstaat, und seine Aussichten öffnen sich, sein Lebensstrom fließt, wie dies in allen Sklavenstaaten der Fall ist, bloß für die Hälfte seiner Bevölkerung. Man wird gleich an den Toren des capitolinischen Parkes daran erinnert. Denn an den Pfeilern der Tore ist eine Bekanntmachung angeschlagen, die in großen Buchstaben verkündet, dass jeder Sklave, der sich in diese Tore wage, 39 Peitschenhiebe empfange. In den Sklavenstaaten kann man nie etwas genießen oder bewundern, ohne durch diese Peitschenhiebe gestört zu werden.

Aber in materieller Beziehung wie schön durchwässert ist nicht Nordamerika! Überall in allen seinen Staaten diese schönen schiffbaren Flüsse, die gleich großen Pulsadern unzählige kleinere Ströme und Bäche in sich aufnehmen und allerwärts das Leben und die Früchte der Kultur verbreiten. Ich kann diese schönen Flüsse nicht betrachten ohne mich der Hoffnung hinzugeben, dass sie für die edelsten der Früchte der Kultur den Weg bereiten werden.

Von meiner guten Mrs Howland, die mir wie eine Schwester lieb geworden, und ihrer Familie trennte ich mich mit einem Schmerz, dem ich kein Gehör zu schenken bemüht war. Denn es musste geschehen.

Es war am Nachmittag des 12. Juni, als ich Charleston und Südcarolina, wo ich so manches Gute genossen hatte, verließ. Die See war rau und das Schiff so überfüllt mit Menschen, dass ich es im Stillen bereute, dass ich mich von meinem Wunsch, bei Mrs Holbrook zu sein, hatte verleiten lassen die-

»... in Virginiens Hauptstadt!«

ses Schiff zu wählen, statt meine Abreise noch einige Tage
hinauszuschieben. Denn ich fürchtete jetzt, andere zu belä-
stigen und selbst belästigt zu werden. Aber Mrs H. wurde
mein Trost und meine Hilfe. Sie kannte die Negerin, die im
Damensalon aufwartete, und bestimmte die gute Alte, uns
auf weichen Sitzen an den Fenstern zu betten, denn alle Kajüten im Schiff waren bereits in Anspruch genommen. Dadurch entgingen wir den heißen Kajüten und genossen die
Nacht hindurch frische Luft von den Salonfenstern her.

   Als es sich zur Nacht zeigte, wurde die See immer unru-
higer, die Wolken wurden sturmschwanger, die Luft war
drückend heiß; die Fahrt gehörte zu den gefährlichsten und
das Dampfschiff stand nicht im besten Ruf.

   Aber sich tröstete mich und dachte: Wenn der Mond aufgeht ...! Denn ich habe den einbildischen Glauben, dass der
Mond mein Freund sei. Schon in meinen Kinderjahren zog er
meinen Blick an sich, und ehe ich irgendein anderes Wort sagte,
ehe ich Vater und Mutter sagen konnte, sagte ich: Mond.
Meine ersten Verse waren dem Mond gewidmet. Sie waren
schlecht genug, aber der himmlische Körper, den ich als glück-

selig und als Tröster der Unglücklichen begrüßte, ist mir gleichwohl stets hold gewesen, und noch nie auf meinen Seereisen hat er ermangelt, durch seinen Aufgang die Wolken zu zerstreuen und unruhige Wogen und Winde zu beschwichtigen. Ich habe deshalb meine Seereisen immer so einzurichten gesucht, dass sie von dem Mond beschienen werden konnten. So hatte ich's auch bei dieser ausgerechnet, für deren Annehmlichkeiten ich mich auf Mrs Holbrook und den Mond verließ. Weder die eine noch der andere täuschte mich.

Mrs H. war als seekrank und im Gedränge auf dem Dampfschiff dieselbe liebenswürdige, vollkommene Lady wie im Salon und in den Myrtenhainen von Belmont; und der Mond war, sobald er über dem Meer aufstieg, derselbe liebenswürdige schützende Planet, als welcher er sich mir schon früher erwiesen hatte. Die Wolken verschwanden zwar nicht, aber sie standen gleichsam still da oder zogen sich in pittoresken Gruppen zurück. Die Wogen wallten zwar, aber sie waren nicht stürmisch; es blitzte unaufhörlich gar hübsch in den Wolken, aber ohne Donner. Es war, als hätte das klare Angesicht des Mondes die Wildheit der Elemente zurückgehalten. Sie wagten es vor ihm nicht, loszubrechen. Ich betrachtete den Mond und erfreute mich an dem hübschen, aufgeregten, aber nicht beunruhigenden Leben am Himmel und im Meer während der Nacht. Denn ich befand mich wohl, obschon alle anderen Passagiere mehr oder weniger an der Seekrankheit litten, und ich ging oft hinauf, um mich an dem schönen Schauspiel zu weiden. Dazwischen hinein schlummerte ich, lieblich gefächelt von den Seewinden durch die offenen Fenster her.

Am folgenden Tage gingen wir ans Land und fuhren auf der Eisenbahn durch Nordcarolina, das sich als eine fortlaufende Strecke von Tannenwäldern mit einigen offenen Plätzen zur Anpflanzung von Baumwolle und Mais erwies – ein plattes, einförmiges und armes Land, mit Ausnahme des Saftes der Tannenwälder, woher es auch seinen Volksnamen »alter Teer und Terpentin« *(Old tar and turpentine)* erhalten hat. Die nordwestlichen Teile des Staates sind bergig und haben viele Naturschönheiten. Mrs H. sagte, der »alte Teer und Terpentin« sei durch nichts anderes berühmt als durch seine Ehrlichkeit und seine einfachen Sitten. Als andere Staaten in der Union sich weigerten, ihren Anteil an der Schuld gegen England zu bezahlen, welche sie gemeinschaftlich eingegangen hatten (ein verunglücktes Anlehen), gab der »alte Teer und Terpentin« ein Beispiel von Treue und Pünktlichkeit im Worthalten und bezahlte seinen Teil an der Schuld ohne alle Umstände. Nordcarolina ist, obschon Sklavenstaat, einer der Hauptsitze der Quäker in Amerika gewesen und war stets durch sein patriarchalisches Leben und seine patriarchalischen Sitten bekannt.

An einigen Orten, wo wir unterwegs anhielten, war Laubwald, und dieser war wie gewöhnlich in den südlichen Staaten reich an mancherlei Baumarten. Ich zählte ihrer mehr als 14 in einem Walde. Mrs H. war für mich unterwegs wie immer eine Quelle der Erquickung und des Vergnügens. Ich habe nie jemand, weder Mann noch Frau, getroffen, der im Gespräch eine so anregende, ich möchte fast sagen, so entwickelnde Wirkung ausübte. Wir folgen uns wie zwei Vögel, die zwischen Himmel und Erde, von Stern zu Stern, von Land zu Land, von Baum zu Baum, von Blume zu Blume auf- und abfliegen. Ich lerne viel bei ihr. Mit ihrem Mann, dem hoch geachteten Naturforscher Holbrook, ihrer Schwester Miss Lucas und ihrer alten schönen Mutter führt sie ein schönes und reiches Familienleben.

Gegen Abend dieses Tages kamen wir an das Dörfchen Weldon auf der Grenze zwischen Nordcarolina und Virginien, wo der wilde schäumende Fluss Roanoke seine Wellen rollt und die beiden Staaten trennt.

In der Abenddämmerung ging ich an den Fall hinab und sah ihn schäumen und tosen. Die Feuerfliegen tanzten funkelnd unter den düsteren Gewölben der Bäume. Die Natur war hier romantisch wild und schön, die Gegend aber so öde und still, als wäre sie ohne Menschheit.

Wir hatten eine gute Nachtherberge, und obschon ich von einer Migräne heimgesucht wurde, so konnte ich doch zu meiner Freude am folgenden Tag die Reise auf einem langsamen Eisenbahnzug fortsetzen, der uns ganz gemächlich und gemütlich durch Virginiens Wälder nach Virginiens Hauptstadt Richmond führte, welche 30.000 Einwohner (die Hälfte davon farbig) zählt und eine romantische Lage auf den Höhen und in den Tälern am St. James-Flusse hat. Und da bin ich jetzt. Von meinen Reisegesellschaftern musste ich schon gestern Abend Abschied nehmen. Sie setzten heute früh ihre Reise nach Saratoga fort, wo sie den Brunnen trinken und baden wollen.

Richmond, den 3. Juli

Mit einem ehrlichen deutschen Herrn, der in Richmond ansässig ist, habe ich heute einige *negrojails* oder die Gefängnisse besucht, wo man die Neger teils abstraft, teils bis zum Verkauf eingeschlossen hält. In einem dieser Jails sah ich einen großen, starkgliedrigen Neger still und düster dasitzen, die rechte Hand mit einem Tuch umwunden. Ich fragte ihn, ob er krank sei. »Nein«, antwortete der gesprächige Aufseher, »aber er ist ein ganz böser Halunke. Sein Herr, der weiter oben am Flusse wohnt, hat ihn zur Strafe von Weib und Kind getrennt, um ihn nach dem Süden zu verkaufen, und nun hat sich der Schurke aus Rachsucht und damit sein Herr keinen hohen Preis für ihn bekomme, die Finger an der rechten Hand abgehauen. Der Gauner bat mich um eine Axt, damit er Nägel in seine Schuhe schlagen könne; ich gab sie ihm ohne allen Argwohn und nun hat er sich auf immer verstümmelt.«

Ich ging zu dem Neger, der allerdings kein gutmütiges Gesicht hatte, und fragte ihn, ob er ein Christ sei. Er antwortete kurz: »Nein.« Ob er von Christo gehört habe? Er antwortete wieder: »Nein.« Ich sagte zu dem Sklaven, dass er, wenn er ihn gekannt hätte, diese Tat nicht verübt haben würde usw., aber dass er sich auch jetzt noch nicht verlassen glauben dürfe, denn derjenige, der gesagt habe: »Kommet her zu mir, alle die ihr mühselig und beladen seid«, habe auch zu ihm gesprochen und könne auch ihn trösten und erquicken.

Er hörte mich anfangs mit düsterer Miene an, allmählich aber erheiterte sich sein Gesicht, und endlich sah er ganz weich aus. Diese verbitterte Seele war offenbar noch zugänglich und offen. Die Sonne glänzte auf den Hof des Gefängnisses herein, wo er mit seiner verstümmelten Hand und mit schweren Ketten an den Füßen saß, aber kein Christ kam hierher, um ihm das Evangelium der Gnade zu predigen.

Die Tür des Gefängnisses wurde von einem Neger geöffnet, der gleichfalls schwere Ketten am Fuß hatte. Dieser Mann sah so gutmütig und so gefällig aus, dass ich mit einiger Verwunderung fragte:

»Aber dieser da, was hat er denn getan, um so gefesselt zu werden?«

»Oh«, antwortete der Aufseher lächelnd, »just nichts; aber sein Herr hatte ihn ausgeliehen, um in den Kohlengruben zu arbeiten, und dort geschah etwas Unangenehmes. Seitdem wollte der Bursche nicht mehr dort arbeiten und weigerte sich hinzugehen. Zur Strafe will ihn sein Herr jetzt verkaufen und hat ihn zu fesseln befohlen, bloß um ihn zu demütigen.«

Dies war vollkommen gelungen. Der arme Neger war so verlegen und so beschämt, dass er nicht zu wissen schien, wohin er seine Augen wenden sollte, während der Aufseher seine Geschichte erzählte; dabei sah der starke Mann so gutmütig und so weich aus, dass man wohl bemerkte, dass er leichter eine Ungerechtigkeit erlitt als sich zu Trotz und Rache reizen ließ wie der andere Neger. Er war offenbar ein guter Mensch und hätte einen bessern Herrn verdient.

In einem andern Gefängnis saß ein schöner kleiner weißer Junge von sieben Jahren zwischen großen Negermädchen. Der Junge hatte helle Haare, die schönsten hellbraunen Augen und Rosen auf seinen Wangen; er war jedoch von einer farbigen Mutter, einer Sklavin da, und sollte verkauft werden. Sein Preis war 350 Dollars. Die Negermädchen schienen den weißen Jungen sehr zu lieben und er war ihrer

Pflege übergeben; ob zu seinem Besten, möchte ich kaum glauben. Kein mütterliches, christliches Weib besuchte den unschuldigen gefangenen Knaben oder die jungen Mädchen. Sie waren dem heidnischen Leben und den Finsternissen des Gefängnisses preisgegeben.

In einem andern Jail wurden so genannte *Fancy girls* (Lustdirnen) für geneigte Käufer gehalten. Sie waren schöne, helle Mulattinnen oder beinahe weiße Mädchen.

In einem Jail sahen wir das Zimmer, wo die Sklaven (Weiber sowohl als Männer) gepeitscht werden. Sie werden dort mit eisernen Ringen, die im Boden befestigt sind, festgehalten und an Händen und Füßen gefesselt, nachdem man sie niedergelegt hat.

Ich sah an dem Kuhhautriemen das Stück Holz, womit sie gepeitscht werden, und ich bemerkte: »Schläge von diesem Ding da können doch nicht sehr wehtun?«

»Oh doch«, antwortete der Aufseher grinsend und mit bedeutungsvoller Miene. »Das Ding kann so große Schmerzen machen wie irgendein anderes Instrument, denn man kann mit diesem Riemen viel schlagen, ohne dass es äußere Spuren hinterlässt; es schneidet nicht ins Fleisch ein.«

Die Sklaven können mehrere Monate in diesen Gefängnissen sitzen, bevor sie verkauft werden.

Die südlichen Staaten sollen sich, sagt man, durch Religiosität auszeichnen; die Leute gehen in die Kirche, schicken Missionare nach China und nach Afrika. Aber die unschuldig gebundenen Sklaven in ihren eigenen Gefängnissen lassen sie ohne Unterricht und Trost.

Noch einmal – was könnten, was sollten nicht die Frauen hier tun!

Ich habe schöne junge Mädchen erklären gehört, sie seien stolz darauf, Amerikanerinnen und ganz hauptsächlich Virginierinnen zu sein. Ich hätte sie in diese Jails führen und sehen mögen, ob sie angesichts derselben auf ihre Eigenschaft als Virginierinnen und auf die Institutionen Virginiens stolz sein könnten.

Burlington am Champlainsee (Vermont), den 19. August

Ich schreibe dir jetzt aus einem schönen Hause am Ufer des Champlainsees mit einer der herrlichsten Aussichten über das Wasser und die Gebirgsgegenden, so wie ich sie seit dem Genfersee in der Schweiz nicht gesehen habe. Die Natur ist da grandioser, und zu den Scheiteln der Alpen können die Aderondacksberge im westlichen New York oder die grünen Berge in Vermont nicht hinanreichen, aber sie haben pittoreske Formen und etwas Großes und Mutiges darin, und über der heitern großen Gegend leuchtet jetzt eine schöne Augustsonne im Untergang und färbt die Wolken in unbeschreiblich goldner Pracht. Der Berg, welcher »der schlafende Löwe« heißt, scheint in der herrlichen Beleuchtung Leben zu bekommen und, eine prächtige Riesengestalt, sich emporzurichten. Man sieht von da aus manche Berge mit markierten symbolischen Gestalten.

Wir (Mrs Gilsbee und ich) sind hier im Hause des Exakademiepräsidenten Wheeler, wohin ich von Vater und Töchtern freundlich eingeladen worden bin. Es ist eine edle und schöne Familie, in welcher häusliche Andacht gehalten wird und nur eine Mutter fehlt. Diese ist vor einigen Jahren gestorben und wird noch immer zärtlich betrauert von den Kindern, drei Söhnen und drei Töchtern, angenehmen und auch begabten Leutchen.

Der Familienvater, ein stattlicher, älterer Herr und strenger Puritaner, vier Ellen hoch, glaube ich, an dessen Arm ich bei den Spaziergängen wie eine Schaukel an einem Baum hänge, hat ein charakterstarkes Gesicht, scharfe, aber warme Augen, ist ein entschiedener Whig und nicht gut auf die Demokraten zu sprechen, im Übrigen ein sehr gefälliger und angenehmer Gentleman, dessen Unterhaltung mich sehr anzieht wegen seiner vollkommenen Kenntnis der kirchlichen Zustände des Landes, wegen des Systematischen in seinen Ansichten, die ich jedoch nicht in allen Stücken teilen kann, und wegen seiner angenehmen Art, sich mitzuteilen. Das Haus ist eine Villa in der Nähe der Stadt und hat alle Annehmlichkeiten und Komforts der angloamerikanischen Wohnungen.

Gestern machten wir eine Vergnügungspartie auf dem schönen Binnensee nach dem Aderondacksberg am Ufer New Yorks. Der Tag war schön, die Fahrt gleichfalls, die Naturschauspiele an dem reißenden, aber seichten Flüsschen *Au Sable* entlang, wo die Natur aus Bergen regelmäßige, unübersteigliche Festungswälle erbaut hat, höchst merkwürdig, und ich würde mich noch mehr daran erfreut haben, wenn ich nicht so viele gedankenlose Fragen zu beantworten gehabt hätte. Da war besonders ein Frauenzimmer mit scharfer, zischender Stimme, das mich beständig mit einem Examen von folgender Art quälte: »Wohin gedenken Sie von hier aus zu reisen? – Von wo kommen Sie hierher? – Von wo kamen Sie dorthin? – Bei wem wohnten Sie da? – Wen sahen Sie im Hause dieser Leute?« usw. Ach, dass die Menschen doch etwas mehr den Naturgegenständen glichen, dass sie sich mit einem positiven Inhalt einander näherten und ihre Freude daran fänden, durch stille Mitteilung desselben aufeinander zu wirken, wie unendlich mehr würden sie uns entlocken, wie unendlich mehr würden sie von uns zu wissen bekommen als durch solche gedankenlose, oberflächliche Fragen, welche übrigens auch die Denkenden hier im Lande missbilligen und worüber sie sich ebenso lustig machen wie nur je Ausländer. Übrigens fehlte es bei diesem Picknick auch nicht an solchen Personen, wie ich sie soeben wünschte. Da war besonders eine liebenswürdige junge Frau, seelenvoll und frisch wie der singende Strom, wie der wehende Baum. Bei ihr zu sitzen, sie anzusehen, ihren seelenvollen Mitteilungen zu lauschen war mir eine liebliche Erquickung. Aber kaum waren wir recht in unserem *tête-à-tête*, als die fragende Dame mit der scharfen Stimme wiederkam, sich vor uns setzte und ihr Examen neu begann.

Wenn ein Frauenzimmer mir gefällt und wir uns zueinander hingezogen fühlen, so ergibt es sich gewöhnlich von selbst, dass ich bald irgendein Stück von ihrer Biografie bekomme. In der Lebensgeschichte dieser jungen Frau frappierte mich folgender Zug: Von einem großen und zermalmenden Kummer getroffen, fühlte sie, dass sie unter demselben erliegen oder aber ihm, ihren Gedanken, sich selbst durch eine Reise sich entziehen müsste. Ohne einen andern Plan oder Zweck, als nur zu reisen, setzte sie sich auf einen Eisenbahnwagen und ließ sich vom Zug in die weite Welt hinausführen. Die Bäume wehten und winkten ihr zu draußen in der Welt, die Wolken segelten vor ihr her, und je mehr sie ihnen folgte, je mehr die Gegenstände wechselten und immer neuen Platz machten, umso leichter und besser wurde es ihr zu Mute. Sie konnte freier denken, das Leben und alle Dinge erschienen ihr in einem helleren Licht. Nach einem Ausflug von bloß etlichen Tagen konnte sie mit wieder gewonnener Fassung und Seelenruhe nach Hause zu ihren Eltern zurückkehren. Und jetzt, ein paar Jahre später, war sie erstaunt über die Fülle des Glückes, das sie genießen konnte.

»Die Zeit der stillen Seufzer ist vorbei«, sagte Geijer einmal. Ach, dazu fehlt noch viel, aber gewiss ist, dass die Leichtigkeit, womit man sich von einem Ort an den andern versetzen und neue Eindrücke bekommen kann, so wie die raschen Kommunikationsmittel aller Art, welche es gestatten, diese Zeit näher rücken. In einem Land, das nach allen Richtungen von Eisenbahnen und Dampfschiffen durchkreuzt wird, die dem Menschen gestatten durch die Welt zu fliegen, braucht er nicht durch Stillesitzen zu verschimmeln oder zu versauern.

Den 20. August

Schade, dass diese Ruhetage in diesem schönen Hause, unter seinen freundlichen Einwohnern sich ihrem Ende nähern. Ich habe mich herzlich erlabt an den herrlichen Aussichten und der Pracht beim Sonnenuntergang, den ich von meinen Fenstern aus sehe. Diese Binnenseegegenden sind bekannt durch ihre prächtigen Sonnenuntergänge. Und ich habe nirgends so malerische Wolken und so hübsche Farbenbrechungen gesehen; es ist eine Glut und ein Farbenspiel, wogegen das Weiche und Milde am südlichen Himmel sehr absticht. Auch die besonderen Formationen der Berge fesseln mich und der schlafende Löwe wird mit jedem Tag lebendiger für mich. Der Champlainsee hat seinen Namen von dem tapferen und klugen Franzosen Champlain, der diese Gegend zuerst entdeckte und anbaute. Maine, New Hampshire und Vermont wurden im Anfang von Frankreich bevölkert und haben ihren ersten Anbau französischen Missionaren und Kolonisten zu verdanken. Von diesem geschichtlichen Verlauf sind nicht mehr viele Spuren vorhanden außer den Namen von Orten und Flüssen sowie einigen katholischen Kirchen und Seminaren. Große Wälder, Binnenseen und Berge sind die Hauptzüge dieser Staaten; Landbau, Viehzucht und Zimmerwerk sind ihre vornehmste Nahrung. Ein schönes Nebengewerbe ist die Fabrikation von Ahornzucker, die hier auf ziemlich großem Fuß betrieben wird. Man zapft den Saft der Bäume ab, wie wir es mit der Birke machen, wenn wir Birkensaft bekommen wollen. Der Zucker wird in kleinen Kuchen formiert; er ist braun von Farbe und ganz süß.

Gestern Abend sah ich einen Teil von Burlingtons Gesellschaftskreis hier im Hause versammelt. Unter den jungen Leuten waren viele heitere und hübsche Gesichter zu schauen. In der Gesellschaft befand sich eine allgemein geachtete und beliebte Schullehrerin, die schon von ihrer Jugend an allein für sich und ihre Familie hatte arbeiten müssen. Sie hatte dies mit dem Erfolg getan, dass sie mehrere junge Geschwister auferzog, die Schulden der Familie bezahlte, ihre alte Mutter versorgte und ihr zuletzt noch ein Haus baute. Nachdem sie alles das ausgeführt, stand sie jetzt mit 30 Jahren im Begriff, einen Mann zu heiraten, an den sie sich schon lange gebunden hatte. Sie konnte jetzt an ein eigenes Glück, an eine eigene Heimat, an einen eigenen Herd denken. Die allgemeine Teilnahme und die Freude, womit ich mehrere Leute darüber sprechen hörte, ist ein gutes Zeugnis für den Geist in einer Gesellschaft, wo das schöne Leben eines einzelnen geringen Geschöpfes so hoch geschätzt wird.

314

New York, den 4. September

Ach, mein liebes Kind, welche Windmühle von wechselnden Szenen, Beschäftigungen und Verhältnissen ist nicht diese letzte Zeit gewesen! Ich habe kaum zur Besinnung und Sammlung, noch weit weniger zur Feder kommen können, und auch jetzt schreibe ich auf fliegendem Fuß, wie Mercurius, wenn ich so sagen darf, bereit, jeden Augenblick von den Anforderungen des neuen Augenblicks oder von guten Freunden entführt zu werden.

Aber einen kleinen Bericht musst du in Hast und Kürze über meine Unternehmungen erhalten.

Von Burlington reisten wir über Saratoga nach Lennox in Massachusetts, wo ich verabredetermaßen mit meinen vortrefflichen Freunden Osgoods von Boston zusammentraf. Hier verabschiedete ich mich von meiner angenehmen Gesellschafterin Mrs Gilsbee und ihrem Mann, welcher die Freundlichkeit gehabt hatte, uns entgegenzukommen.

Die Gegend um Lennox ist romantisch schön; sie bietet einen anmutigen Wechsel von waldbewachsenen Höhen und den zierlichsten kleinen Binnenseen. In dieser Gegend haben Miss C. Sedgewick und R. Hawthorne ihre ländlichen Wohnungen. Ich war zu beiden eingeladen und wollte beide gerne sehen. Bei der vortrefflichen, liebenswürdigen Miss Sedgewick und ihrer Familie verbrachte ich einen Tag und erfreute mich an ihrer Gesellschaft sowie an dem Umgang mit mehreren andern angenehmen Frauenzimmern. Herren waren nicht zu sehen und sie sollen im Allgemeinen in den Gesellschaftskreisen dieser Gegend selten sein. Aber sie werden hier im Umgangsleben weniger vermisst als gewöhnlich, denn die Frauenzimmer in diesem Kreis besitzen eine ungewöhnliche intellektuelle Bildung, einige sind mit Genie und Talenten begabt. Fanny Kemble hat hier ihre Wohnung, wenn sie sich in Amerika aufhält, aber sie ist jetzt in England. Die Natur ist schön, die Frauenzimmer erfreuen sich an ihr und aneinander, und die meisten genießen das Leben in vollen Zügen.

Im Allgemeinen fällt mir die Menge von Frauenzimmern

und der Mangel an Herrn in den kleinen Städten der östlichen Staaten auf. Die Herren ziehen nach den großen Städten oder nach dem großen Westen, um Handel zu treiben, Eisenbahnen zu bauen, Geld zu verdienen. In den östlichen Staaten finden sich viele einsame Frauenzimmer, denen es weder an Liebreiz noch an Seelengaben fehlt und die dennoch unverheiratet altern. Mehrere von ihnen habe ich den Wunsch nach einer freieren Tätigkeit, nach Gelegenheiten zu einem lebhafteren und allgemeiner nützlichen Leben aussprechen gehört. Alte Klagen über die Windstille und Schwere des Lebens, wie ich sie in Europa gehört habe, kehren hier wieder. Sie sollten hier in der jungen Welt nicht zum Vorschein kommen.

Mit Miss Sedgewick verbrachte ich einen unendlich angenehmen Tag und mit Hawthorne einen Abend unter allerlei Versuchen, in ein Gespräch zu kommen. Aber war es nun seine oder meine Schuld, es wollte nicht gehen; ich musste immer allein sprechen und es wurde mir zuletzt ganz unheimlich und wunderlich zu Mute. Hawthorne war doch offenbar freundlich und wollte mir wohl, aber aus dem Gespräch wurde nichts. Gleichwohl machte es mir Vergnügen, diesen schönen, bedeutenden, aber nicht vollkommen harmonischen Kopf zu sehen. Die Stirne ist groß und klar wie das Himmelsgewölbe, und schön kräuselt sich um sie her ein Wald von leichten, dunkelbraunen Locken; die schönen tiefen Augen blicken unter den fein gewölbten Brauen hervor wie die düsteren, aber klaren Seen der Gegend aus dem dunkeln Schoße der Berge und Wälder. Die Nase ist fein und regelmäßig; das Lächeln des Mundes gleicht dem Lächeln der Sonne über den Sommerhain hinab; es kann auch einen bitteren Zug haben. Der ganze obere Teil des Gesichtes ist klassisch schön; der untere entspricht dagegen nicht recht und es fehlt ihm an einem bestimmten Charakter.

Unmittelbar vor Hawthornes Haus liegt einer der kleinen, klaren Binnenseen in düsterem Waldrahmen, welche diese Gegend charakterisieren, und Hawthorne schien an der Aussicht über ihn und das wilde Waldland Freude zu finden.

Seine liebenswürdige Frau ist unaussprechlich glücklich darüber, dass sie ihn hier glücklich sieht. Sein Lächeln, ein Wort von ihm sagt ihr mehr als lange Reden von andern. Sie liest in seiner Seele und – »er ist der beste Gatte«. Rose Hawthorne, ihr jüngstes Kind, lag noch an der Mutterbrust. Hawthornes Wohnung ist eine glückliche, stille, kleine Stätte, die ein schönes Familienleben umschließt. In dem ländlichen Wirtshaus, wo ich mit Osgoods wohnte, hielten sich mehrere junge Mädchen als Gäste auf, um die Landluft und das Landleben zu genießen. Es war auch eine schöne, noch jugendliche Mutter mit fünf schönen Töchtern da. Ich fragte eines Morgens jede von ihnen nach dem Lebenszweck, den sie sich wünsche. Jede nannte mir als Antwort ziemlich gleichgültige Beschäftigungen und Lebensverhältnisse. Ich warf ihnen vor, dass sie nicht aufrichtig seien, und fragte, ob sie mir auf ihr Gewissen nicht so antworten wollen wie ein liebenswürdiges junges Mädchen, an das ich einmal die gleiche Frage gestellt habe: »Ich wünsche mir zu heiraten und alle meine Freunde glücklich um mich zu sehen.« Die Mädchen lachten und einige von ihnen antworteten: »Wenn der Rechte kommt.« Und diese Antwort charakterisiert die Lebensstellung und Gemütsart der jungen Amerikanerin. Das junge Mädchen, das sich in günstigen Verhältnissen befindet, sein Leben und seine Freiheit genießen kann, in nichts gezwungen oder gebunden ist, fühlt kein großes Verlangen, seine Lebensstellung zu verändern. Doch sagt sie nicht Nein, wenn der Rechte kommt. Und für manches junge Mädchen kommt er viel zu früh, so scheint es mir wenigstens bei vielen, die sich verheiraten, wenn sie kaum erst die Kinderschuhe vertreten haben. Ich habe von einer gehört, die sich mit 14 Jahren verheiratete und dann von ihrem Mann in die Schule geschickt wurde.

Während meines Aufenthalts in dieser Gegend war es ganz kalt; auf den Kartoffelfeldern war das Kraut erfroren. Der Wind war rau und frostig. Niemals habe ich ihn in Schweden im Monat August so kalt empfunden.

Von Lennox reiste ich mit Osgoods nach New York durch

das schöne Housatoniatal. Dabei gestatteten das Eisenbahn-gerassel, der Staub und Rauch es mir lediglich, die unendlich pittoreske und zuweilen grandios düstere Szenerie zu sehen, – nicht aber, sie zu genießen. So betäubend wirkten die Begleitumstände auf meine Sinne. Bei New York begaben wir uns in einen andern Bahnzug, der lang wie eine Straße war und wo wir durch ganze Reihen von Leuten aus einem Wagen in den andern wanderten, um Plätze zu suchen. Diese bewegliche Straße war ein Zug von gewiss 1.000 Personen. Mit ihm kamen wir nach New York, und es tat mir nicht Leid, dass ich damit den amerikanischen Eisenbahnen Lebewohl gesagt hatte. Vortrefflich in mehreren Beziehungen, namentlich durch die Bequemlichkeit, die sie allen bieten, und durch ihre billigen, für jedermann gleichen Preise, sind sie gleichwohl in hohem Grad ermüdend. Nach den paar ersten Stunden ist es mit allem Vergnügen der Reise vorbei und man versinkt in einen leidenden, sozusagen duseligen Zustand; man fühlt sich nicht wie ein Mensch, sondern wie ein Nachtsack, und ich kann mir im Ganzen eine weniger nützliche und vergnügliche Art zu reisen gar nicht denken. Man kann da nicht einmal eine Nase voll frischer und reiner Luft bekommen. Könnte die Menge von Rauch und Staub vermindert werden, so wäre dies eine große Wohltat für die Passagiere. Die europäischen Eisenbahnen, mit denen ich gereist bin, sind in dieser Beziehung den amerikanischen weit überlegen.

In New York musste ich mich von Osgoods trennen. Ach, es wurde mir schwer, von den Freunden zu scheiden mit dem Gedanken, dass ich sie wahrscheinlich nie wieder sehen werde – von meinem guten Doktor und meiner liebenswürdigen Marianne, seiner Frau! Noch im letzten Augenblick überhäuften sie mich mit Liebesbeweisen – ich kann es nicht anders nennen.

*»Ach, es wurde mir schwer, von den Freunden zu scheiden mit
dem Gedanken, dass ich sie wahrscheinlich nie wieder sehen
werde«*

Den 5. und 10. September

Tage am Hudson! Letzte Tage in meiner ersten schönen Heimat an seinem Ufer, schöne Tage, aber dennoch – bitter. Es überkommen mich sehr häufig mit einem Gefühl von herzzerreißendem Schmerz, das ich nicht beschreiben kann, Gedanken, dass der Augenblick der Trennung jetzt herannaht, dass ich *wirklich* und für immer dieses große herrliche Land verlassen soll, wo ich ein so genussreiches Leben gehabt, das mich mit einer Gastfreundschaft ohnegleichen empfangen hat; diese edlen liebenswürdigen Menschen, die meine Freude sind, an die ich mich so innig angeschlossen habe, mit denen ich immer leben und umgehen möchte. Nirgends habe ich solche Freunde gefunden! – Glaube nicht, meine teure Agatha, dass ich darum minder gern nach Hause komme; glaube mir, ich könnte nirgends leben und wirken als in Schweden, aber dennoch ist es mir bitter, von hier zu scheiden, und ich begreife manchmal gar nicht, dass es möglich, dass es wirklich sein kann! – Es kommt mir so ungereimt vor.

Mr Downing, Andrew Downing, mein erster Freund auf Amerikas Erde, mein junger amerikanischer Bruder, wie ich ihn zu nennen liebe, welch eine Freude war es für mich, ihn wieder zu sehen! Der gute Marcus Spring hatte mich bis ans Dampfboot begleitet und wartete dort im Salon bei mir, bis Downing der Verabredung gemäß von Washington kam, worauf er mich seiner Obhut übergab. Es waren mehr als anderthalb Jahre verflossen, seit ich ihn zum letzten Mal gesehen hatte. Er schien mir schöner, männlicher geworden zu sein; ich meinte, er sei gewachsen, er habe sich entwickelt; und so war es auch, er hatte sich geistig entwickelt; er selbst und seine Welt. Seine schönen Augen strahlten von selbstbewusster Kraft.

Wir fuhren, wie schon früher vor etwa zwei Jahren, den Hudson hinan; er saß still, wie gewöhnlich, neben mir, nachdem wir die ersten natürlichen Mitteilungen zwischen Freunden gewechselt hatten; auch ich fühlte kein Bedürfnis zu sprechen, denn – wir verstanden ja einander.

Es war der schönste Nachmittag und Abend. Der Wind war lebhaft und frisch, obschon warm; die mehr als gewöhnlich aufgeregten Wogen tanzten und sangen um uns her, die Natur war voll von einem unruhigen, aber lieblichen Leben. Kein Nachtfrost hatte noch die grünen Höhen angehaucht. Des Herbstsommers zauberhafter Schleier begann sich auf sie zu legen. Der Mond stieg auf und vermischte seine Lichtwellen mit denen des Windes und des Wassers. Ich saß still lauschend und wehmütig da. Ich fühlte, dass die Abschiedsstunde nahe war.

Caroline Downing empfing uns wie das erste Mal. Auch sie fand ich verjüngt, verschönt. Ich selbst fühlte, dass ich an Seele und Leib gealtert hatte; aber ich hatte auch in diesen zwei Jahren mehr erlebt als sonst in zehn, und vieles davon und Dinge, die mich am innigsten berühren, kann ich dir erst mündlich mitteilen.

Am Abend

Jetzt schreibe ich dir wenig mehr von hier aus, es fehlt mir die Zeit, es fehlt mir das Herz dazu. Viele Briefe, die ich zu schreiben habe, Geschäfte des Augenblicks nehmen meine Stunden in Anspruch, und der Gedanke an den Abschied von diesem Land, diesen Freunden, diesem Volke ist mir wie ein Dorn im Herzen. Auch das Wetter drückt mich nieder; die Wärme ist erstickend; kein Windhauch, keine Luft, sondern eine Hitze wie in einem Ofen. Nur abends, wenn der Mond aufgegangen ist und seine Silberfluten unter die Schatten der Ufer und des Flusses ausgießt, dann ist es schön. Gestern Abend schlich ich mich allein und mit unsäglicher Wehmut durch den Park. »Dies alles ist jetzt vorbei, diese Zeit, diese Bande der Freundschaft, diese großen Erscheinungen einer Neuen Welt, diese schönen lebenswarmen Verhältnisse, vorbei, vorbei!« Ich benetzte das Gras mit meinen Tränen. Aber als ich emporschaute, da sah der Vollmond klar und groß auf mich herab und leuchtete mir in die Seele und sagte: »Nein, es ist nicht vorbei. Stärke dein Herz mit dem Licht, das ewig währt. Was der Mensch so gefunden, so vernommen hat, das bleibt ihm für immer und kann nicht sterben. Das ist eine unvergängliche Saat, die sich in neuen reichen Ernten im

Reiche des Lichtes erneuen wird.« Siehst du, das sagte der Mond, mein Freund, zu mir, und getröstet ging ich wieder hinein und war still und dankbar. Morgen reise ich nach New York, wohin meine Freunde mich begleiten.

Manches inhaltreiche Wort habe ich in diesen Tagen von einem stillen Freund gehört, der jetzt wie früher nur wenig sagt, aber in diesem Wenigen so viel. Er wünscht, dass ich das Gute und Böse in diesem Land mit Klarheit auffassen und ohne Vorbehalt aussprechen solle, aber er überlässt es meinem eigenen Geist, die Wahrheit und die Art und Weise zu finden. »Das alles«, sagt er, »werden Sie wissen, wenn Sie einmal nach Haus und in Ruhe kommen.« Sein ganzes Benehmen und seine vollkommene Zuversichtlichkeit entzücken mich. Downings Interesse für die intellektuelle Entwicklung der Frauenzimmer in Europa ist ein Kapitel, das mich besonders mit ihm verbindet. Dieser helläugige Beobachter sieht besser als irgendjemand, was darin fehlt. Mit großem Vergnügen hat er mir von Miss Coopers (einer Tochter des Romanschreibers) neuerdings erschienener Arbeit *Rural hours* (ländliche Stunden)*, erzählt, einem Tagebuch, worin sie einfach und wahrheitsgemäß alle Ereignisse schildert, die während eines Stilllebens auf dem Lande in der Natur um sie her eintreffen; man sieht die Jahreszeiten, das Gras, die Blumen, die Vögel kommen und gehen, und schöne Bilder der Letzteren zieren die Arbeit. In seinem Journal *The horticulturist* spricht sich Downing mit großem Beifall über Miss Coopers Arbeit aus, sowohl wegen ihres wissenschaftlichen Wertes als auch wegen des Vorbildes, das sie der weiblichen Aufmerksamkeit gibt, indem sie dieselbe auf die täglichen Wunder in der Natur und auf das Große auch im stillen Alltagsleben lenkt, wo die Biografien der Blumen, der Insekten, der Vögel von den Naturfreundinnen vorzugsweise aufgefasst und gezeichnet werden sollten. Downing ist übrigens ein großer »*Ladiesman*« (Weibermann), wie man es hier

---

* Susan Fenimore Cooper: *Rural Hours* (1851) [Anmerkung des Herausgebers]

nennt, und ein Bewunderer des Eigentümlichen am Weibe. »Die Weiber müssen uns sozial neugebären *(socially regenerate)*«, ist ein Ausdruck, den ich mehr als einmal von ihm gehört habe. Oh! – dass ich von diesem Freunde scheiden soll, einem der trefflichsten, meiner Natur am besten zusagenden, welche jemals das Glück oder vielmehr Gottes Güte mir geschenkt hat!

Rosenhütte, den 12. September

Noch ein paar Worte, aber bloß ein paar; denn ich bin überschwemmt von Briefen und Geschäften und noch niedergedrückt von einer Migräne, welche die geistige und leibliche Überanstrengung mir zugezogen hat. Ehe ich von Downing schied, verbrachten wir einen Tag zusammen in Westpoint. Eine herrliche Aussicht, aber der Tag drückend heiß und ohne Luft. Die Segel glitten auf Hudsons spiegelglatter Fläche, ich weiß nicht, von welcher Kraft getrieben, denn Wind war es nicht. An der Table d'Hôte mittags saßen vor uns ein paar kleine, magere, schmächtige, blassgelbe Mädchen allein und tranken Wein und aßen von allen Leckerbissen, wie wenn sie große Leute gewesen wären. Dies entging Downings ernstem missbilligendem Blick nicht. Er sagte zu mir: »Dies ist eines der Verhältnisse, von denen ich wünsche, dass Sie darauf aufmerksam machen.« Man tut in diesem Lande so viel für die Kinder, man betrachtet sie beinahe als heilige Wesen, und gleichwohl verderbt man die Kindheit durch weichliche Vernachlässigung.

»Dies müssen Sie Ihrer Schwester Agatha von mir bringen«, sagte D., indem er mir einen großen, schönen Kupferstich von der Aussicht in Westpoint gab. Sein letztes Geschenk für mich waren Bartletts kostbares Werk *American scenery* (Amerikanische Landschaft)* und Miss Coopers

---

* William Henry Bartlett: *American Scenery* (1840) [Anmerkung des Herausgebers]

Andrew, Caroline, my dear, dear friends, I am about to depart and I just must my once more to you good bye and God bless you dear kind souls I say it with tears, tears of sorrow, of love! Your beautiful parting gift is with me Andrew (only too great a one, it was too much!) and I will go over these scenes as hand in hand with you, with the feeling of your mind your eye — that dear dark eye so sunny and

Fredrika Bremers letzter Brief von amerikanischem Boden ging am 13. September 1851 an Andrew J. und Caroline Downing

warm! God bless these
three _____, and the
Violets of my dear Caroline
My dear friends, I
cannot say more but
will yours in love

Fredka. Bremer

N. York 14. Sept 1857.

»ländliche Stunden«. Dies war in New York. Im Astorhaus, wo wir einander zum ersten Mal getroffen hatten, trennten wir uns. – Ich fühle, dass es für immer ist auf Erden. Marcus Spring, sehr blass von der Hitze, aber stets freundlich und sorgsam, kam im Wagen, um mich nach seiner Wohnung ab-zuholen.

Jetzt ist es spät am Abend, mein letzter Abend in der Neuen Welt. Die Hitze ist entsetzlich; die Nächte bringen keine Kühlung. Die Leute sehen aus, als wären sie mehlig im Gesicht. Alle leiden an Husten. Ich begreife nicht, wie ich bis morgen reisefertig werden soll. Gute Nacht! Bald werde ich Schweden wieder sehen. Ach, wenn ich dann dein artiges Gesichtchen, deine lieben blauen Augen am Ufer sehen dürfte!

Mein Herzchen, ich habe mich sehr gesehnt, vor meiner Abreise aus Amerika noch einen Brief von dir zu erhalten, welcher mir sagte, dass du wieder sommerwarm geworden seiest; die beiden letzten waren so schrecklich kühl. Aber kein Sommerbrief ist gekommen und ich muss im Glauben und in der Hoffnung leben. Und in Liebe umfasse ich herzlich Mama und dich.

Auf dem Meer, September 1851

Es ist vorbei. Ich habe es auf immer verlassen, das große Land, die lieben teuren Freunde! Es musste einmal gesche-hen und es ist geschehen; aber ich fühle mich noch wie betäubt davon. Gott sei Dank jedoch, dass der schwerste Au-genblick vorüber ist. Und der Morgen, wo ich abreisen soll-te – das war ein wunderlicher Morgen. Ich war beinahe in Verzweiflung über die Menge kleiner Geschäfte, die ich noch besorgen musste, und über das Kopfweh, das ich daneben hatte. Aber auf einmal wich es und alles nahm eine heitere Gestalt an; oben auf meinem Zimmer saß der gute Marcus und versiegelte meine Billette eins ums andere, sobald ich sie geschrieben hatte, und nahm meine Aufträge an und sagte dazwischen hinein ruhig und beruhigend: »Zeit genug, wir haben keine Eile!« Und es kam mir beinahe wunderbar vor, wie die Stunden und die Zeit sich streckten. Alles kam in Ordnung, alles wurde licht und leicht, so wunderbar ruhig und auch so lieblich – es war der Einfluss des milden Geistes, der mir nahe war. Ich war zur rechten Zeit fertig; alles war fertig. Ich umarmte meine teure Rebecca, küsste Jenny und Baby und fuhr ab, begleitet von Marcus und Eddy.

An Bord des *Atlantic* befand ich mich auf einmal in einem wahren Wirbel von alten und neuen Bekannten, Herren, die mir die Hand schüttelten und Abhandlungen schenkten, die sie geschrieben hatten; Frauen, die mir schöne Gaben überreichten; Bekannten, die mir Bekannte vorstellten; lieben Freunden aus dem Norden und Süden, die mich hier überraschen und mir Lebewohl sagen wollten, und wohin ich den Kopf drehte, wurde ich von jemand geküsst. Ach, ich musste froh sein, als die Glocke die Freunde vom Schiffe wegwies und ich mich in meiner Kajüte verbergen durfte. Die letzten Gesichter, die ich sah, waren die engelgleiche Eddy und der brüderliche, gute Marcus Spring. Hernach saß ich stundenlang still und unbeweglich da, aber in meinem Zimmer hatte Marcus ein Bouquet von ewig grünen Pflanzen und roten und gelben Immortellen aus dem Garten bei Rosenhütte aufgehängt und daran eine Karte mit einigen mit Bleistift geschriebenen Worten befestigt, und auf dieses Bouquet sah ich beinahe unverwandt, bis es gleichsam sein saftgrünes Laub um mein Herz schlang, und dann wurde alles ruhiger in mir.

Es war um die Mittagszeit, als wir abreisten. Gegen Abend ging ich auf das Verdeck, um der großen neuen Welt noch einen Blick zuzuwerfen. Da lag sie am westlichen Horizont, dunkelgrün auf den blauen Wassern, in einem großen Halbkreis wie ein offener Schoß, ein ruhiger einladender Hafen. Wolken mit pfirsichweichen Farbenschattierungen, vom dunkelsten Violett bis zum klarsten Gold und mildesten Rosenrot, lagen in pittoresken Massen über ihr; Regenschauer und Sonnenstrahlen ergossen sich befruchtend über sie; die Sonne befreite sich aus den Wolken und strahlte immer heller, je tiefer sie sich gegen den Rand des Himmels senkte, wo das große Land lag. Dies war das letzte Bild, das ich von ihm hatte; so werde ich es in der Tiefe meiner Seele immer sehen.

Weiterführende Literatur

*Empfehlungen für Leser,
die mehr über Fredrika Bremer wissen möchten*

Während Fredrika Bremer in Schweden immer noch als Vorkämpferin für die Sklavenbefreiung und als Bahnbrecherin für die Frauenbewegung gefeiert wird und in populären Monografien als Stammmutter aller Feministinnen erscheint, ist sie bei uns schon seit langem vergessen. Neben den rein lexikalischen Notizen in den üblichen Nachschlagewerken empfiehlt sich deshalb zur Information über diese Schriftstellerin, deren Œuvre einst diesseits der Ostsee verbreitet war wie kaum eines sonst, in deutscher Sprache aus neuerer Zeit lediglich ein einziges Buch. Zur Lektüre von anderen Titeln sind Interessenten auf Bibliotheken oder Antiquariate angewiesen.

Friederike Bremer: Hertha [1856], Leipzig 1856 (F. A. Brockhaus) [danach wurden sowohl bei Brockhaus als auch bei anderen Verlagen zahlreiche weitere Ausgaben und Auflagen gedruckt].
Jener Roman, zu dem seine Autorin unter dem Eindruck des Kampfes der Amerikanerinnen um die Gleichstellung der Frau ermutigt worden war – und ihr bis heute streitbarstes Buch. Die Geschichte einer Tochter, die in Hingabe und Hass an ihren Vater gefesselt ist, einen Despoten, von dem sie sich erst lösen kann, als er tot ist. Mündig aber ist die ledige 25-Jährige da laut Gesetz noch lange nicht. »Ich will«, erklärte Fredrika Bremer deshalb, »von jetzt an eintreten für die Unterdrückten und Missachteten meines Geschlechts« … und hielt deswegen dieses Plädoyer für das Selbstbestimmungsrecht der unverheirateten Frauen.

Friederike Bremer: Lebensschilderung, Briefe und Nachgelassene Schriften. Herausgegeben von Charlotte Quiding [1868], Leipzig 1868 (F. A. Brockhaus).

Ein Sammelband, der in der Vielfalt und Fülle seines Materials auf 542 Seiten ein vortreffliches Bild der Autorin entwirft – zumal er von einer ihrer Schwestern zusammengestellt und in seinen biografischen Passagen verfasst worden ist.

Karin Carsten Montén: Fredrika Bremer in Deutschland. Aufnahme und Kritik, Neumünster 1981 (Karl Wachholtz).

Eine Studie, die im Rückgriff auf eine Fülle von Originalzitaten zeigt, wie ambivalent der Triumph Fredrika Bremers hier zu Lande war: Das bloß auf Unterhaltung erpichte Publikum verschlang die Werke der Schwedin mit solchem Entzücken, dass die fortschrittlichen Leser vor lauter Empörung über dergleichen interesseloses Wohlgefallen nicht merkten, welch starke Bundesgenossin sie in der Schwedin besaßen – und nunmehr verloren.

Für die eigene Überprüfung der geistesgeschichtlichen Rolle von Fredrika Bremers Bericht aus den Jahren 1849–1850 bieten sich die beiden folgenden Titel an:

Charles Dickens: Aufzeichnungen aus Amerika [1842], Nördlingen 1987 (Greno) sowie Stuttgart–Wien 2002 (Edition Erdmann)

Ein erfrischend spontaner Report, in dem die helle Begeisterung über die Wohlfahrt in den Nordstaaten bald umschlägt in blankes Entsetzen über die Sklavenschinderei in den Südstaaten: »Oh möchte doch der Urwald wieder da sein und das indianische Dorf!«

Alexis de Tocqueville: Über die Demokratie in Amerika I–II
[1835/1840], Stuttgart 1959–1962 (Deutsche Verlags-
Anstalt) oder – in Textauswahl – Stuttgart 1985 (Reclam).
*Eine profunde Analyse der sozialen Strukturen der USA –
und ein skrupulöses Menetekel. Es spricht von der Furcht,
dass die Demokratie in ihrer Aufwertung der verbrauchs-
lüsternen breiten Massen letzten Endes zur kulturellen De-
kadenz führt, zur Allmacht von Talmi, Tand und Tinnef.
Dennoch: »Die Gleichheit ist vielleicht weniger erhaben;
aber sie ist gerechter, und ihre Gerechtigkeit macht ihre
Größe aus und ihre Schönheit.« Es waren Sätze wie dieser, die
Fredrika Bremer zum Aufbruch in die Neue Welt beflügelt
hatten.*

Editorische Notiz

Das schwedische Original, *Hemmen i den Nya Verlden. En dagbok i brev skrifna under tvenne års resor i Norra Amerika och på Cuba* [»Zuhause in der Neuen Welt. Ein Tagebuch in Briefen, geschrieben während einer Reise von zwei Jahren in Nordamerika und auf Cuba«] kam 1853 und 1854 in drei Bänden bei P. A. Norstedt & Söner in Stockholm heraus, wobei es nur im Schlussteil mit drei Abbildungen ausgestattet war. Die Veröffentlichung dieses Werkes war kaum abgeschlossen, da erschien es 1854 – ebenfalls in drei Bänden, aber ohne Illustrationen – in der Franckh'schen Verlagshandlung, Stuttgart, mit dem eingedeutschten Namen der Autorin »Friederike Bremer« und in der Übersetzung durch Gottlob Fink unter dem Titel *Die Heimath in der Neuen Welt. Ein Tagebuch in Briefen, geschrieben auf zweijährigen Reisen in Nordamerika und auf Cuba.* Fast gleichzeitig, nämlich von 1854 bis 1855, wurde das Journal – wiederum in drei bilderlosen Bänden, doch nunmehr mit der Urheberzeile »Frederike Bremer« – vermutlich in der Übertragung durch Karl Eichel unter dem Titel *Die Heimat in der neuen Welt. Ein Tagebuch in Briefen, geschrieben während zweijähriger Reisen in Nordamerika und auf Cuba* von F. A. Brockhaus, Leipzig, ausgeliefert und schon 1858 im Rahmen von Fredrika Bremers »Gesammelten Schriften« als Band 21–29 nachgedruckt. Derweilen, das heißt: zwischen 1857 und 1861, publizierte die Franckh'sche Verlagshandlung ihren Text zudem in der Reihe »Das belletristische Ausland« als Heft 2009–2023 und 2114–2122. Dann geriet das Ganze bei uns in Vergessenheit, bis es letzthin für den deutschen Sprachraum wieder entdeckt wurde.

Der Auswahl in der EDITION ERDMANN liegt die Lesart der Franckh'schen Verlagshandlung von 1854 zugrunde –: die erste deutsche Ausgabe dieses Berichts.

Zur Wahrung seines Zeitkolorits ist – da es hierbei keine

Verständnisschwierigkeiten gibt – die in jener Fassung übliche Schreibweise von Ortsbezeichnungen beibehalten worden. Die nicht eben wenigen Druck- und Übersetzungsfehler wurden hingegen beseitigt. Last not least bekam die Absenderin durchweg ihren eigentlichen Namen zurück – Fredrika Bremer.

Namenverzeichnis

Aufgelistet sind Gestalten der Kultur- und Geistesgeschichte

Die Deutsche Bibliothek – CIP-Einheitsaufnahme
Ein Titeldatensatz für diese Publikation ist bei
Der Deutschen Bibliothek erhältlich

Fredrika Bremer
Durch Nordamerika und Kuba
ISBN 3 522 60033 9

Umschlaggestaltung: Roman Lang, Stuttgart
Umschlagtypografie: Michael Kimmerle, Stuttgart
Reproduktionen: Die Repro, Tamm
Schrift: Galliard
Satz: KCS GmbH, Buchholz/Hamburg
Druck und Bindung: Friedrich Pustet, Regensburg
© 2001 by Edition Erdmann in
K. Thienemanns Verlag Stuttgart – Wien
Alle Rechte vorbehalten. Printed in Germany.

5 4 3 2 1*   01 02 03 04 05

Fredrika Bremers Reise

Durch Nordamerika und Kuba

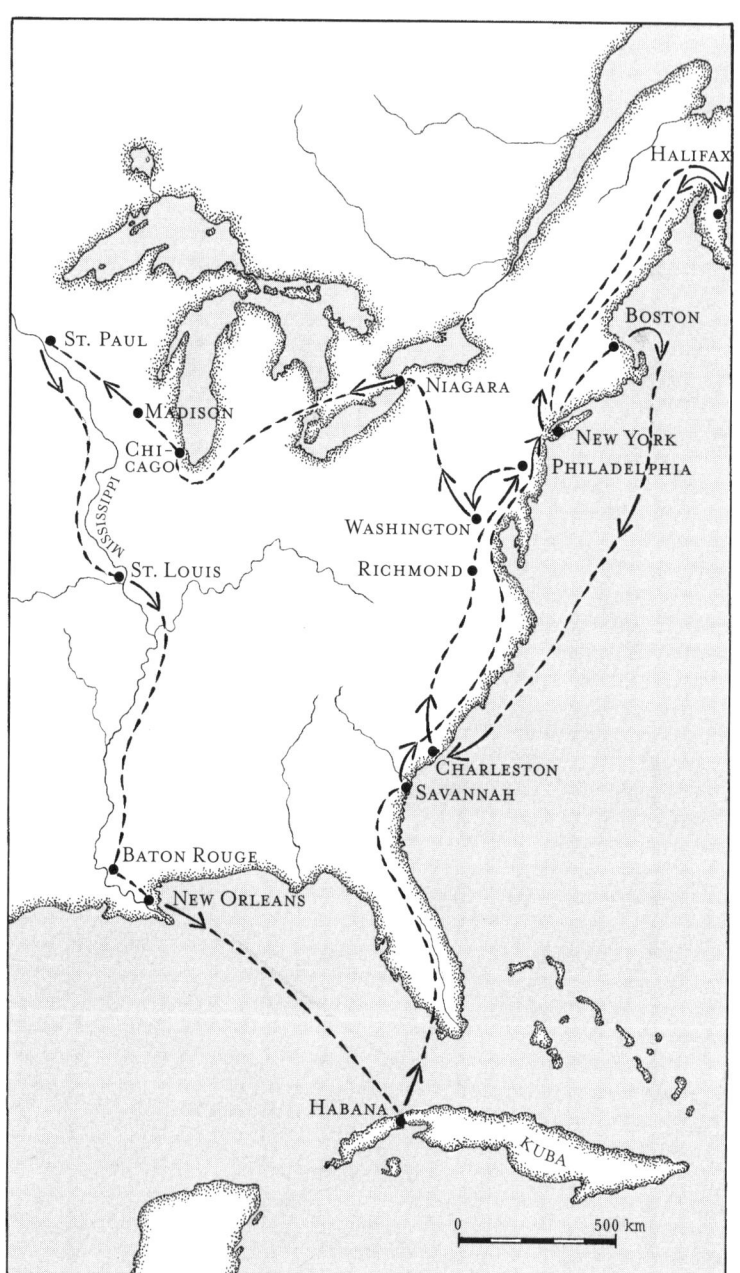